2016년도 제2회 실시

일본유학시험(EJU)
기출문제집

▶ 시험문제 〈출제언어 일본어/영어〉
▶ 해답용지 〈실전연습용 해답용지〉
▶ 참고자료 〈일본유학시험 실시요강〉
▶ 정답표, 출제범위 등 수록

독립행정법인
일본학생지원기구
JASSO Japan Student Services Organization

㈜해외교육사업단

청해 · 청독해 문제
CD 1장 포함

머 리 말

독립행정법인 일본학생지원기구는 일본의 대학(학부) 등에 입학을 희망하는 외국인 유학생에 대해 일본어 능력 및 기초학력을 평가하는 목적으로 매년 2회 일본 국내외에서 일본유학시험을 실시하고 있으며 2016년 제2회 시험은 11월 13일(일)에 실시하였습니다.

본서는 「일본유학시험」의 제2회(2016년 11월 13일 실시분)에 출제된 시험문제가 수록된 것이며 그 구성과 내용은 다음과 같습니다.

1. 본서는 본 책자와 CD 1장으로 되어 있습니다. CD에는 일본어과목 중 「청해·청독해」의 음성이 수록되어 있습니다.

2. 일본어과목의 「청해·청독해」 스크립트(음성을 문장으로 한 것)가 수록되어 있습니다.

3. 실제 시험문제 용지와 해답용지는 A4 크기입니다. 여기에 실린 시험문제 용지와 해답용지는 실물보다 축소되어 있습니다.

4. 시험의 출제범위에 대해서는 본서의 「출제범위」부분에 나와 있습니다.

시험문제의 공개는 수험 희망자 및 관계기관에게 일본유학시험을 홍보함과 더불어 수험 희망자의 시험 공부에 편의를 도모하는 목적으로 실시하는 것이며, 본서가 일본 국내외의 많은 일본유학 희망자에게 도움이 되기를 바랍니다.

2017년 1월
독립행정법인 일본학생지원기구

목 차

시험문제

일본어 ―――――――――――――――――――――――――――― 7

기술문제	9	청독해문제	41
독해문제	13	청해문제	57

〈일본어판〉

이과 ――――――――――――――――――――――――――――― 61

물리	63
화학	85
생물	99

종합과목 ―――――――――――――――――――――――――― 113

수학 ――――――――――――――――――――――――――――― 139

수학코스1 (기본코스)	141
수학코스2 (상급코스)	155

〈영어판〉

Science ―――――――――――――――――――――――――― 169

Physics	171
Chemistry	193
Biology	207

Japan and the World ―――――――――――――――――――― 221

Mathematics ―――――――――――――――――――――――― 249

Mathematics Course 1 (Basic Course)	251
Mathematics Course 2 (Advanced Course)	265

해답용지 ―――――――――――――――――――――――――― 278

참고자료 ―――――――――――――――――――――――――― 285

2016년도 일본유학시험 실시요강	287
2016년도 일본유학시험(제2회)실시 지역별 응모자수, 수험자수 일람	290
2016년도 일본유학시험(제2회) 시험장소 일람	291
일본어 출제범위	292
이과 출제범위	295
종합과목 출제범위	306
수학 출제범위	308
EJU Syllabus for Basic Academic Abilities (Japanese as a Foreign Language)	313
EJU Syllabus for Basic Academic Abilities (Science)	316
EJU Syllabus for Basic Academic Abilities (Japan and the World)	327
EJU Syllabus for Basic Academic Abilities (Mathematics)	329
청독해문제 스크립트	334
청해문제 스크립트	340

정답표 The Correct Answers ――――――――――――――― 349

平成28年度

日本留学試験（第２回）

試験問題

The Examination

平成28年度（2016年度）日本留学試験

日本語

（125分）

Ⅰ **試験全体に関する注意**

1．係員の許可なしに，部屋の外に出ることはできません。

2．この問題冊子を持ち帰ることはできません。

Ⅱ **問題冊子に関する注意**

1．試験開始の合図があるまで，この問題冊子の中を見ないでください。

2．試験開始の合図があったら，下の欄に，受験番号と名前を，受験票と同じように記入してください。

3．問題は，記述・読解・聴読解・聴解の四つの部分に分かれています。
  それぞれの問題は，以下のページにあります。

	ページ
記述	1～3
読解	5～31
聴読解	33～47
聴解	49～52

4．各部分の解答は，指示にしたがって始めてください。指示されていない部分を開いてはいけません。

5．足りないページがあったら手をあげて知らせてください。

6．問題冊子には，メモなどを書いてもいいです。

Ⅲ **解答用紙に関する注意**

1．解答は，解答用紙に鉛筆（ＨＢ）で記入してください。

2．記述の解答は，記述用の解答用紙に日本語で書いてください。
  読解・聴読解・聴解の問題には，その解答を記入する行の番号 **1** ，**2** ，**3** ，…がついています。解答用紙（マークシート）の対応する解答欄にマークしてください。

3．解答用紙に書いてある注意事項も必ず読んでください。

※ 試験開始の合図があったら，必ず受験番号と名前を記入してください。

受験番号			＊				＊					
名　前												

記述問題

説明

記述問題は，二つのテーマのうち，どちらか一つを選んで，記述の解答用紙に書いてください（解答用紙には，テーマの番号を書く必要はありません）。

文章は横書きで書いてください。

解答用紙の裏（何も印刷されていない面）には，何も書かないでください。

記述問題

　以下の二つのテーマのうち，どちらか一つを選んで 400〜500字程度で書いてください（句読点を含む）。

① 　観光地には，以前は有名ではなかった場所が有名になって，多くの人が来るようになった所もあります。

　ある場所が，有名な観光地になっていくと，どんなことが起こるでしょうか。良い点と悪い点の両方に触れながら，あなたの考えを述べなさい。

② 　現在，社会の様々なところで，人の代わりに仕事をするロボットが使われています。

　社会の中でロボットが今より使われるようになっていくと，どんなことが起こるでしょうか。良い点と悪い点の両方に触れながら，あなたの考えを述べなさい。

――――― このページには問題はありません。―――――

読解問題

説明

読解問題は，問題冊子に書かれていることを読んで答えてください。

選択肢１，２，３，４の中から答えを一つだけ選び，読解の解答欄にマークしてください。

Ⅰ　次の文章で，筆者が考える「経営の目的」として，最も適当なものはどれですか。

1

　そもそも「企業は何のために存在するのか」，すなわち「経営の目的」について考えてみましょう。

　その答えもけっして一様ではありません。「利益を上げること」「株主価値を極大化すること」が経営の目的だと主張する人もいるでしょう。確かに，利益を上げ，企業のオーナーである株主に還元することは，資本主義社会の中の存在である企業にとって，大切な命題です。

　しかし，私は企業経営の本質は，「価値創造」にあると考えています。顧客に認められる価値を生み出してこそ，顧客はそれを購入し，対価を支払おうとします。それによって，企業は収益を上げることができます。価値創造に成功しなければ，利益を上げることも，株主に還元することもできません。

　…（略）…

　利益にしても，株価や配当にしても，顧客が認める価値を生み出したことによる「副産物」にすぎません。企業活動の本質とは，価値創造活動のことなのです。

（遠藤功『経営戦略の教科書』光文社）

　１．利益を生み出し続けること
　２．利益を株主に還元すること
　３．社会に貢献できる企業であること
　４．顧客に認められる価値を作ること

II　次のお知らせの内容と合っているものはどれですか。 　2

新入生の皆さんへのお知らせ

●**履修登録**

　入学時に配付される履修ガイドをよく読んで，学部ごとに行われる説明会に参加してください。履修計画は自分でしっかり立て，期日までに履修登録を行ってください。

●**教科書・参考書**

　教科書・参考書は，キャンパス内の書籍売り場で購入することができます。一度購入した書籍は返品できません。必要なものをよく確認し，間違いのないように購入しましょう。在庫のないものは店頭で注文できます。

●**チューター相談会**

　1号館1階1101教室（10:00～17:00）で，各学部の上級生がチューターとして新入生の履修登録や学生生活の相談に応じています。予約は不要です。

＜4月の予定＞	4月2日	入学式
	4月3日～5日	学部ごとの説明会
	4月7日	授業開始
	4月7日～19日	チューター相談会（土日除く）
	4月26日	履修登録締め切り

1．履修ガイドは，学部ごとの説明会の時に配付される。

2．授業に出てから，その授業を履修するかどうかを決めることができる。

3．教科書を間違えて購入した場合，書籍売り場に返品できる。

4．チューターに相談するには，学生課で申し込まなければならない。

III　下線部「この性質をうまく利用している」の具体例として，最も適当なものはどれですか。　　　　　　　　　　　　　　　　　　　　　　　　　　　　　　3

　秋になると多くの植物の葉は枯れ落ちますが，一年中葉をつけている常緑樹は緑のままです。実は，常緑樹の葉は，冬になると寒さに耐えて生きるために，葉の中に凍らないための物質を増やしているのです。その一つが糖分です。糖分とは，砂糖のように甘みをもたらす成分です。葉が含んでいる糖分の量が増えれば増えるほど，葉は凍りにくくなるというわけです。

　この性質は常緑樹の葉だけではなく，果実の他，食べる部分が地中にあるダイコンやニンジンなどにも見られます。野菜作りをしている農家の中には，ニンジンをより甘くするために，この性質をうまく利用しているところがあります。

　　　　　　　　　　　　　　（田中修『植物はすごい』中央公論新社　を参考に作成）

　１．地上の葉を落とす。
　２．砂糖水を与える。
　３．寒い環境に置く。
　４．太陽の光に当てない。

IV　次の文章で，子どもの我慢する力を育てる方法として，最も適当なものはどれです
　　か。

　　　　　　　　　　　　　　　　　　　　　　　　　　　　　　　　　　　　　　　4

　　昔に比べて今の生活は，我慢を必要としなくなった。社会的，経済的な成長がもたらし
た，豊かな生活は大変に喜ばしいことであるが，一方で我慢する機会がなかなか得られな
いために，子どもが我慢するこころを育てるにはむずかしい時代であるともいえるだろう。
　　我慢する力のことを，欲求不満耐性という。…（略）…
　　欲求不満耐性は，欲求不満の体験があってはじめて育てることができる。周囲の人たち
の配慮によって，いつも満足ばかりでは，我慢する経験がないためにコントロールする力
を育てる機会が得られない。かといって，欲求不満の過度の経験は，子どもの緊張を高め，
欲求不満に対する敏感さを強めてしまうために，かえって欲求不満耐性を弱くしてしまう。
適度な欲求不満の経験とは，その子の発達段階に応じて，少しがんばれば耐えられるよう
な強度と頻度の経験といえる。周囲のおとなが，子どもの様子をみながら上手にコント
ロールしてあげるとともに，悔しい気持ち，悲しい気持ちを共感的に理解すること，合理
的解決ができるように促し，手助けすることで，子どもの欲求不満耐性は育っていく。

　　　　　　　　　　　　　　　　　　　　　（石﨑一記「情緒と欲求」櫻井茂男他編著

　　　　　　　　　　　　　　　　　　『たのしく学べる乳幼児の心理〔改訂版〕』福村出版）

１．何に対しても，毎回，最大限我慢させるようにする。
２．おとなの手助けのもと，成長に応じた適度な我慢を経験させる。
３．おとなが子どもに欲求不満を和らげる方法を教える。
４．同じ発達段階の子どもと触れ合わせ，気持ちを共有させる。

V　次の文章の内容と合っているものはどれですか。　　　　　　　　　5

　よく，文章やことばを，あるがままに読んだり解したりする，というけれども，客観的な理解ということは，頭では考えられても，実際には存在しない。頭に入ってきたものは，かならず，受け手の先行経験や知識によって「加工」される。

　この「加工」が誤解となることもあるけれども，同時にまた，これがわかったという実感を支えていることも忘れてはなるまい。…（略）…

　われわれは，知らず知らずのうちに，ことばを自分に引き寄せて読み，聞いている。もしあらかじめ知識がないと，わかることもわからなくなる。よく知っていることなら，一を聞いて十を知ることができる。本なら斜めに読んでも結構わかるのである。

　　　　　　　　　　　　　　　　　　　　　（外山滋比古『「読み」の整理学』筑摩書房）

１．文章やことばは，理解したという実感を得にくいものである。
２．文章やことばを理解することとは，書き手の意図を理解することである。
３．文章やことばの理解には，読み手の知識や経験が影響を与える。
４．文章やことばを，読み手は「加工」せず客観的に理解しなければならない。

VI　次の文章の内容と合っているものはどれですか。　　　　　6

　インターネット上における匿名どうしの人々による善意の行動や，助言の行動について，それがどのような特徴を持っているのか調べてみよう。

　ネット上には，…（略）…　募金活動や寄付活動など，同じく見ず知らずの相手に対して非常に好意的な態度を持って行われる行動が見られる。また，商品購入に関するサイトなどでは，すでに購入した人から，未購入者へのアドバイスや，商品に関する質問に対する解答などが，金銭的な利益とは関係なく自発的に行われることが多い。

　このような行動を考える手掛かりとしては，従来の社会心理学における，他人に対して利益をもたらす援助行動についての研究がある。この研究によると，興味深いことに，多くの人が援助できる可能性を持っていれば，それだけ援助行動が活発になるかといえば，必ずしもそうではなく，むしろ他に援助できる人がいるだろう，と考えることで，自分自身が援助をする責任を考えることが希薄になり（責任の分散），その結果，最悪の場合では誰も援助を起こさない場合も出てくるのである。

（是永論「電子空間のコミュニケーション―ネットはなぜ炎上するのか」橋元良明編著
『メディア・コミュニケーション学』大修館書店）

1．見知らぬ人に対しては，自発的に援助しようとする人が少なくなる傾向がある。
2．たくさんの人が援助する可能性があれば，かえって援助する人が少なくなる。
3．見知らぬ相手に対して援助をすれば，結果的に自分の利益となる。
4．援助の必要性が強く認識されれば，より多くの援助が集まりやすい。

VII　次の文章で，筆者は，日本でさまざまな茶色や鼠色が生まれた理由について，どのように説明していますか。

7

　　*江戸時代における庶民の服だが，最も多かった色は，茶色と鼠色（灰色）だった。すてきな色だったから流行したわけではない。これも江戸**幕府のせいだった。

　　幕府は，庶民が身につける服の生地だけでなく，色についても制限を加えたのだ。とくに紅や紫といった高貴な色を服の色として用いることを禁じたのである。

　　ゆえに江戸の庶民は，仕方なく茶色や鼠色系統の地味な色を身につけるようになった。

　　ただ，反骨精神旺盛な彼らなので，同じ茶色や鼠色でも，微妙な色合いの違いを数多くつくり出していった。

　　さらに，そうした微妙な色合いの違いに，***風月山水や偉人，歌舞伎役者の名をつけた。こうして「四十八茶百鼠」と呼ばれる多様な茶色と鼠色が生まれたのだった。

　　　　　　　　　　（河合敦『江戸のお裁き―驚きの法律と裁判』角川学芸出版）

＊江戸時代：1603年から1867年の時代区分

＊＊幕府：武家による政権，政府

＊＊＊風月山水：草木や自然に関すること

１．権力者がさまざまな色の原料を開発させていったから

２．服の色を制限された庶民が創意工夫を凝らしたから

３．庶民の職業の違いを色の違いで表していたから

４．偉い人や有名な人が身につけた色だったから

VIII　次の文章で，筆者は，どんなことが困ると述べていますか。　　　　8

　　大学の教員をやっていて一番困るのが，「分からない」という学生の反応である。「○○が分からない」と言ってくれれば，それをもっとていねいに説明すればよいが，たいていの場合，そうは問屋がおろさない。そこで，「どこが分からないのですか？」と聞いても，「何が分からないのか，自分でも分からない」とか，時には，「ただ何となく」という答が返ってくることがある。こうなったら，禅問答のようである。

　　逆説めいているが，「無知を知る」というように，「何が分からないかが分かる」のも，実はとても大事な進歩なのだ。

（酒井邦嘉『科学者という仕事』中央公論新社）

１．学生が何に対しても「分からない」と言うこと
２．学生の基礎学力が年々低下していること
３．指示に従わない学生が増えていること
４．何が分からないのか分からない学生がいること

IX　次の文章で，筆者は，茶畑にある扇風機はどのような働きをしていま

　　すか。

　ときどき，「新幹線で静岡付近を走っている時，お茶畑に小さな風車がたくさんついて
いるのを見かけますが，あれは発電のためですか」という質問を受ける。実は，あれは風
車ではなく大型の扇風機（防霜ファン）なのである。つまり，地表付近の比較的層の薄い
冷たい空気層の上に逆転層と呼ばれる暖かい空気の層があるので，この暖かい空気を防霜
ファンで地上に吹き下ろし，霜を防ぐのである。

　一般に，ファンの高さは地上６ｍ程度以上である。特に効果的なのは，傾斜地の斜面の
上空から下方に向けて吹き下ろす場合である。防霜は，１度ないし２度程度のわずかな温
度差でも効果は非常に大きく，特に茶の摘み取りの直前の霜が降りるか否かの微妙な時期
には防霜ファンの効果は決定的である。

（牛山泉『さわやかエネルギー風車入門』三省堂）

１．茶畑の傾斜地に吹く風を利用して発電する。

２．地表の涼しい空気を茶畑に吹きつける。

３．上空の暖かい空気を茶畑に送る。

４．低地の熱を上空に送る。

Ⅹ　次の文章で，筆者は，外国で日本文化を研究して良かったことは何だと言っていますか。　　10

　　わたしが人文科学の研究をする上で幸運だったことは，他言語の環境の中でそれを行うことが出来たということだ。

　　もちろん，研究資料に不自由しないことが前提であるが，母国以外の場所，母語を使用しない場所で自国の文化を検証したおかげで，少し離れた目線で見ることができた。他言語の思考になっている頭で母語の文献を研究すると，今までと違った見方で読みすすめることができるようになった。そして，今まで見えなかった母国やそこに暮らす人々の姿が見えてきた。必要以上に美化することもなく，同化し過ぎず，違った視点で批評できるようになった。物事すべてに思考の幅が広がった。

1．日本文化の良い点が見えるようになったこと
2．日本文化の本当の価値が見えてきたこと
3．日本文化とその国の文化を対立的に見られるようになったこと
4．日本文化に対して新しい見方ができるようになったこと

このページには問題はありません。
次のページに進んでください。

XI　次の文章を読んで後の問いに答えなさい。

　現代っ子の特徴は学校から帰宅した後，公園などで縄跳びや野球，かくれんぼなど，遊びで筋肉を疲労させることがないことです。筋肉が疲労しないので，昔にはよくあった夕食を食べながら疲れて眠ってしまうようなことがなくなり，夜遅くまで*ファミコン遊びをしてしまうことになります。これが，遅寝・遅起き・朝の食欲なしにつながり，朝食抜きを増やす原因の一つになっています。

　…（略）…

　昔の子どもたちは，毎朝決まった仕事を与えられていました。例えば，布団を押入れに格納する。障子をはたきで叩いて掃除する。雨戸を開ける。庭を掃除し，水を撒く。台所の水がめに井戸で汲み上げた水を運び入れる。等々，子どもたちは毎朝決まった仕事を与えられていました。

　（　Ａ　）現代っ子は，**猫の額のような庭しかついていない住宅や，自分の部屋から居間の食卓まで十歩くらいで行けるようなマンションに住んでいる環境の中で，朝の仕事が与えられていません。起床して十分から十五分筋肉を伸縮させる運動でもあれば，朝食抜きの子どもがあらわれる心配など無用なのです。

　　　　　　　　　（鈴木正成「朝食を抜くと基礎代謝が小さくなって太りやすくなる」

　　　　　　田中葉子他『それでも「好きなものだけ」食べさせますか？』日本放送出版協会）

　＊ファミコン：コンピュータゲーム機の一種
　＊＊猫の額：場所の狭いことのたとえ

問1　（　Ａ　）の中に入るものとして，最も適当なものはどれですか。　□11□

1．しかし
2．それでも
3．そして
4．だから

問2　子どもたちと朝食の関係について，筆者が最も言いたいことはどれですか。　□12□

1．昔の子どもは朝，家の仕事をしたので，朝食をとる時間がなかった。
2．現代の子どもは朝遅く起きて，ゆっくり朝食をとる。
3．昔の子どもは疲れていたので，朝，食事をする体力がなかった。
4．現代の子どもは身体を動かすことが少ないので，朝，食欲が出ない。

XII　次の文章を読んで後の問いに答えなさい。

「それ知ってる」

「だけど，だれかから聞いたのか，何かで読んだのか，思い出せない」

　このようなことは，だれもがよく経験するはずだ。内容はインパクトがあるから覚えている。しかし，その情報をどこから仕入れたのかが，どうしても思い出せない。

　…（略）…

　ある偏った意見文を読ませて，どの程度信用するかを尋ねる実験もある。その際，半分の人には，この意見文は権威ある科学雑誌に掲載されたものだと思い込ませ，残りの半分の人には，この意見文はあまり信用できない雑誌に掲載されたものだと思い込ませた。

　結果は予想通りだった。権威ある科学雑誌に掲載された意見文だと思い込まされた人のほうが，その意見文を信用する率は，はるかに高かった。同じ意見文であっても，（　Ａ　）のだ。

　だが，４週間後に再び意見を求めたところ，意外な発見があった。情報ソースによる違いがなくなってしまったのである。権威ある科学雑誌に掲載されたと思い込まされた人たちは，時が経つにつれて，その意見を当初ほど信用しなくなった。あまり信用できない雑誌に掲載されたと思い込まされた人たちは，時が経つにつれて，その意見を以前よりも信用するようになった。その結果，両者の差が消えたのである。

　これは，情報ソースが何だったかがよくわからなくなったためと考えられる。時とともに情報ソースに関する記憶が薄れたのである。

（榎本博明『記憶の整理術』PHP研究所）

問1　（　A　）に入るのはどれですか。　　　　　　　　　　　　　　13

1．情報ソースの信頼性が高いと信用されやすい

2．情報ソースの信頼性が低いと信用されやすい

3．情報ソースの信頼性に関係なく，信用されやすい

4．情報ソースの信頼性に関係なく，信用されにくい

問2　筆者は，下線部「情報ソースによる違いがなくなってしまったのである」の原因は
　　　何だと考えていますか。　　　　　　　　　　　　　　　　　　　14

1．情報ソースに掲載された内容が事実に反することだとわかったから

2．情報ソースの権威が，思い込まされたものだとわかったから

3．時間とともに，情報ソースに関する記憶がはっきりしなくなるから

4．時間とともに，情報ソースの信頼性に疑問を持つようになったから

XIII　次の文章を読んで後の問いに答えなさい。

　野生動物の行動観察をする場合，多少でも人に慣れている動物で行うことが多い。動物を慣らす方法として，食べ物を用いる「餌付け」と用いない「人付け」がある。食べ物を用いたほうが慣れやすいが，食べ物をくれない人間に危害を加えたり，農作物の食害に発展する場合もあるので，観察者個人が野生動物を餌付けするのは避けるべきである。一方，「人付け」は，野生動物にとって人間を，食べ物を与えてくれるというメリットもない代わり，危害を加えるというデメリットもない，いわば石ころのような存在であると学習させるべく，粘り強く頻繁に動物との出会いを繰り返し，徐々に距離を詰めていく方法である。動物種にもよるが，必然的に慣れるまで長い時間がかかる。また，あまり人に慣れていない場合は，遠くから観察しないと通常の行動をしない可能性があるので，注意が必要である。いずれかの手法により人に慣れている場合であっても，人が観察している影響はないとはいえない。十分に対象動物に配慮して，なるべく行動に影響を与えないように研究しなければならない。

（井上英治・中川尚史・南正人『野生動物の行動観察法　実践　日本の哺乳類学』

東京大学出版会　より19頁本文）

問1　「人付け」とはどのような方法ですか。　　　　　　　　15

1．野生動物に食べ物を与えて，人に近づかせる方法
2．野生動物に頻繁に出会って，人を警戒しないようにさせる方法
3．野生動物をかわいがって，人と親しく接するようにさせる方法
4．野生動物を追い払って，野生動物が人を避けるようにさせる方法

問2　「人付け」の特徴として，最も適当なものはどれですか。　　　16

1．一般に，野生動物が人に慣れるまでに時間がかかる。
2．食べ物を与えない人間に野生動物が危害を加える恐れがある。
3．農作物が野生動物に食べられる被害につながる場合もある。
4．観察者の存在が観察対象の動物の行動に影響を与えることはない。

XIV　次の文章は，たくさんの本を集めた蔵書家が書いたものです。読んで，後の問いに
　　答えなさい。

　数年たってまた引越すとき，私は<u>蔵書を整理しようと決心した</u>。年齢からいって残され
た歳月は短い。いつまで健康でいて読書できるか，限りなく不透明である。そのことに思
いがいたると，けんめいに蔵書してきた空しさを感じたのである。

　それから，どうしても手元に置いておきたい，また読みたい本を選んだ。たいした蔵書
でないが，長年溜めこんだし，目的をもって集めたものもあったし，過去の思い出と重な
るものもあったので，それを振り切るのには，けっこう痛みがともなった。

　そのつぎに，寄贈すれば利用してくれる場所，二，三に連絡を取り，受け入れてくれる
か訊ねた。その承諾を得て，それらに向く相当数の本を献本した。それから残りは図書館
でなく，だれかに読んでもらえる可能性がある古書店に引き取ってもらった。

　…（略）…

　それからは，できるかぎり本は買わず，手元に置いた未読の本を読み，あわせて再読し
た。ときどき，整理した本のなかで，必要なものが出てきたが，寄贈したところに行って
借りることで用は足りた。そこにないものは，図書館で借りた。もっぱら国会図書館を利
用したが，整備の進んだ街の図書館にもあることを知った。

　そのこともあって，街の図書館で私は，評判だけは知っていたが，読んだことのないエ
ンターテインメントものに開架で出会い，趣味としての，娯楽としての読書の楽しさを知
ることになる。私の図書館通いは，そこからはじまったと言ってよい。

（宮田昇『図書館に通う　当世「公立無料貸本屋」事情』みすず書房）

問1　下線部「蔵書を整理しようと決心した」理由として，最も適当なものはどれですか。

17

1．残り少ない人生で，大量の本を所有して何になるのかと思ったから

2．本と重なる過去の思い出を振り切りたかったから

3．手元に置いておきたい本や，また読みたい本がなくなったから

4．図書館から，本を譲ってほしいという申し出があったから

問2　筆者が街の図書館に行くようになってわかったことはどれですか。

18

1．図書館に本を寄贈する喜び

2．国会図書館が，一番蔵書が多いこと

3．図書館の娯楽的な本を読むことの楽しさ

4．国会図書館よりも街の図書館のほうが，整備が進んでいること

XV　次の文章を読んで後の問いに答えなさい。

　　午後の早い時間になぜ人は眠くなるのか。これについては，多くの解釈がなされている。昼食との関係で，昼食を食べると血液が胃のほうに行ってしまうため，脳に血液が行かなくなって眠くなるというものがある。これは医学的な意味がありそうに聞こえるが，朝食や夕食後にも眠たくなるかというと，必ずしもそうでない。さらに，ものを食べるたびに脳への血液供給に支障が起こるということもあり得ない。

　　朝から起きて過ごしていると，脳が疲れて眠たくなってくるという解釈も成り立つだろう。もしそうであれば，例えば昼食後に眠たくなると，これは直線的に夕方にかけてさらに眠たくなっていってよいはずだ。日常生活で午後の早い時刻に眠たくなっても，夕方になって少し休める時刻になるとかえって眠れないことが多い。

　　もう一つの考えは，時刻に依存したもの，つまり体内時計により午後の時間帯だけに引き起こされる積極的な現象という可能性もある。私たちは，こうしたことを確かめるために実験を行った。その結果，午後の早い時刻には，食事をとった，とらないに関係なく一過性に眠気が出現するが，夕方に向けてこれが減少していくこと，全体に体内時計のリズムが遅れていると午後の眠気が出現する時刻も遅れることなどから，午後の眠気は体内時計によって昼の時間帯に引き起こされる現象と考えた。これは，動物が昼寝をするのと同じで気温が最も高い時間帯に動き回るとエネルギーを消耗するため，これを防ぐ仕組みとしてできたものではないかと思っている。

（内山真『睡眠のはなし』中央公論新社）

問1　下線部「午後の早い時間になぜ人は眠くなるのか」という疑問を，筆者は，どのように論じていますか。　　　　　　　　　　　　　　　　　　　　　　　19

1．従来の説のうち，有望な説を一つ選び，実験でそれが正しいことを示している。

2．従来の説すべてについて検討し，どれも正しい可能性があると述べている。

3．従来の説について，日頃の経験をもとに検討し，結論を出している。

4．従来の説すべてに反例を示し，いまだに答えが導き出せないことを説明している。

問2　筆者によれば，午後眠くなるのはなぜですか。　　　　　　　　　　　　　20

1．昼食をとると，血液が胃に行き，脳の血液が少なくなるから

2．不足している睡眠を，脳が昼間に補おうとするから

3．体内時計によって，午後に眠気が引き起こされるから

4．朝から働いていたことにより，午後は脳が疲れるから

XVI　次の文章を読んで後の問いに答えなさい。

①　バクテリアやゾウリムシなどには三つ以上の性をもつものも知られているが，多細胞生物のほとんどは二つの性しかもってない。つまり，卵を作るメスと，精子を作るオスである。では卵と精子はどこが違うのか。

②　まず，大きさが違う。卵は栄養分（卵黄）をたっぷり含んだ大*配偶子，精子は遺伝子を運ぶだけで栄養分を切り詰めた小配偶子である。大きさが違うと，当然，作れる数が違ってくる。小さい精子は卵に比べて圧倒的にたくさん作れるのである。つまり，オスとは小配偶子をたくさん作る性，メスとは大配偶子を少しだけ作る性，と定義することができる。これが雌雄の繁殖戦略の違いをもたらす根本原因である。

③　繁殖戦略とは，自分の遺伝子を受け継いだ子をより多く残すための方策のことである。では，なぜ性は二つだけになったのか。大配偶子を作ると栄養たっぷりだから，子の生存率は高くなる。一方，小配偶子をたくさん作っておけば，大配偶子と出会う確率が上がり，その栄養分に寄生して自分の遺伝子を受け継いだ子の生存が期待できる。もし中配偶子を作ったとしたら，栄養分の点でも数の点でも中途半端だから，繁殖戦略としては淘汰されてしまうのである。残るのは大配偶子を作るメス戦略と，小配偶子を作るオス戦略，この二つの両極端だけである。

（桑村哲生『性転換する魚たち』岩波書店）

＊配偶子：生殖にかかわる細胞

問1　第二段落（②），第三段落（③）の内容として，最も適当なものはどれですか。

　　　　　　　　　　　　　　　　　　　　　　　　　　　　　21

1．②卵と精子の共通性　③生存率を高める繁殖方法

2．②卵と精子の違い　　③なぜ性が二つだけ存在するのか

3．②卵と精子の数　　　③中配偶子についての説明

4．②卵と精子の性質　　③生物の繁殖戦略の変遷

問2　この文章の内容と合っているものはどれですか。　　　22

1．精子と卵に含まれる栄養分の量により性が決定される。

2．精子と卵以外に中配偶子が繁殖戦略に寄与している。

3．精子と卵は栄養分を多く保持することで遺伝子を残す可能性を高くしている。

4．精子と卵の大きさと数の違いが繁殖戦略に大きく影響している。

XVII　次の文章を読んで後の問いに答えなさい。

　企業が数多くの新製品を市場に導入する理由は，次の2つの認識に集約できる。1つめは，「消費者ニーズの多様化」という認識である。経済が右肩上がりであった時代，消費者は他者と同じ製品を持ち，使用するだけで満足感を得た。そのような状況で，企業は画一的な製品ラインを構築し，「少品種・大量生産」型のビジネスモデルを構築して成長してきた。しかし，経済の成長が鈍化し，物が売れにくいと言われる今日では，そのビジネスモデルで他社に対して競争優位性を築くことはできなくなっている。企業はこれまでのビジネスモデルを変革するために，(1)その重要性は認識していながらも積極的に目を向けてこなかった個々の消費者に注目するようになった。現在の消費者のニーズは個々に大きな違いがあり，人と同じものを持っているだけでは大きな満足を感じなくなっている。そのため，企業はそうした認識のもとで新たなビジネスモデルを構築しなければならない。そこで登場するのが(2)「多品種・少量生産」型のビジネスモデルである。個々の消費者ニーズを満たしうるよう，数多くの品種をつくり販売すれば，旧型のビジネスモデルよりも多くの利益を生み出せると考えたのである。以上が，新製品を数多く市場に導入する1つめの理由である。

　2つめは，「市場の成熟化（市場が成長しない）とコモディティー化（差別化できない）の進展」という認識である。この認識は個々の世帯を考えてみれば明らかである。たとえば，「テレビがない世帯があるだろうか？」と考えれば，そのような世帯は非常に少ないと気づく。すなわち，テレビは現在の市場で必然的に売れにくいのである。また，同じテレビの例で考えてみると，解像度や消費電力量などの，機能的な側面でどのメーカーのテレビでも差がないと気づくだろう。すなわちテレビはコモディティー化の進展によって差別化が難しくなっているのである。しかし企業が，いまより売上や利益を高めようとした場合，消費者に少しでも新しく他の製品とは違うと感じてもらい，しかも競合製品にはない特徴を有していると理解してもらわなければならない。ところが，消費者の頭のなかに製品に関する知識が蓄積されている既存製品で，そのようなマーケティング活動を行うことは難しいため，新製品に頼らなければならない状況が生み出されている。これが，新製品が数多く市場導入される2つめの理由である。

　　　　　（佐藤忠彦「新製品の普及」照井伸彦・佐藤忠彦『現代マーケティング・リサーチ
　　　　　　―市場を読み解くデータ分析』有斐閣）

問1　下線部(1)「その重要性」とは，何の重要性ですか。 　23

1．他社に対する競争優位性
2．個々の消費者
3．これまでのビジネスモデル
4．人と同じものを持つこと

問2　下線部(2)「『多品種・少量生産』型のビジネスモデル」を，企業が採用するように
　　なったのはなぜですか。 　24

1．生産コストが抑えられ，安い値段で売ることができるから
2．従来のビジネスモデルでは，生産工場が人手不足になってしまったから
3．消費者の多様なニーズに対応したほうが，製品が売れると考えたから
4．「少品種・大量生産」型の工場は設備投資や生産コストが高くなるから

問3　筆者は，企業が数多くの新製品を市場に導入する第2の理由は何だと述べています
　　か。 　25

1．消費者に市場の成熟化やコモディティー化が認識されていないから
2．新しいビジネスモデルを構築するのにコストがかかるから
3．市場調査の結果，新製品は消費者に人気があることがわかったから
4．既存製品では，消費者が他社製品との違いを感じにくくなっているから

――――― このページには問題はありません。―――――

聴読解問題

説明

　聴読解問題は，問題冊子に書かれていることを見ながら，音声を聴いて答える問題です。

　<u>問題は一度しか聴けません。</u>

　それぞれの問題の最初に，「ポーン」という音が流れます。これは，「これから問題が始まります」という合図です。

　問題の音声の後，「ポーン」という，最初の音より少し低い音が流れます。これは，「問題はこれで終わりです。解答を始めてください」という合図です。

　選択肢１，２，３，４の中から答えを一つだけ選び，聴読解の解答欄にマークしてください。

　１番の前に，一度，練習をします。

聴読解問題

練習

　学生がコンピュータの画面を見ながら先生の説明を聞いています。学生は今，画面のどの項目を選べばいいですか。

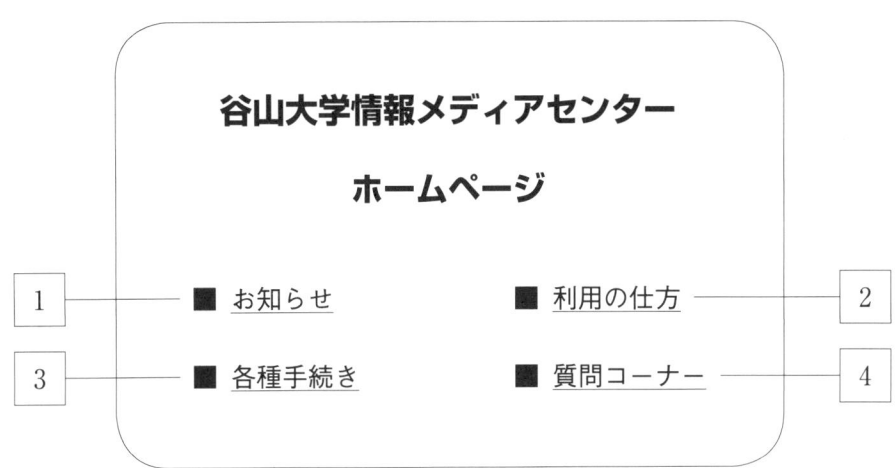

1番

　先生が，快適な駅の条件について話しています。この先生が最後にする質問の答えはどれですか。 　　　　　　　　　　　　　　　　　　　　　　　　　　　　　　　　　| 1 |

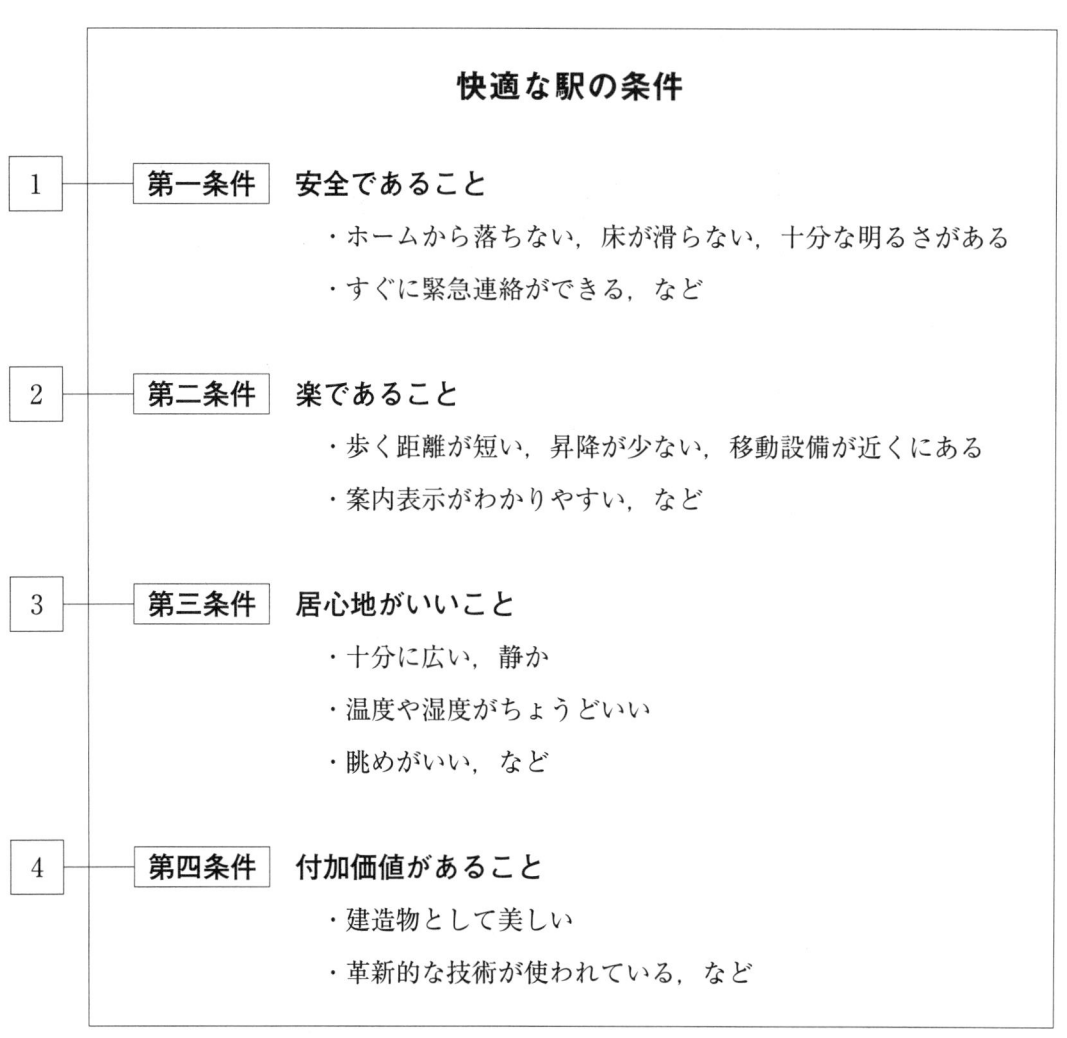

（赤瀬達三『駅をデザインする』筑摩書房　を参考に作成）

２番

先生が授業で，イルカが出す音について話しています。この先生が最後にする質問の答えはどれですか。 2

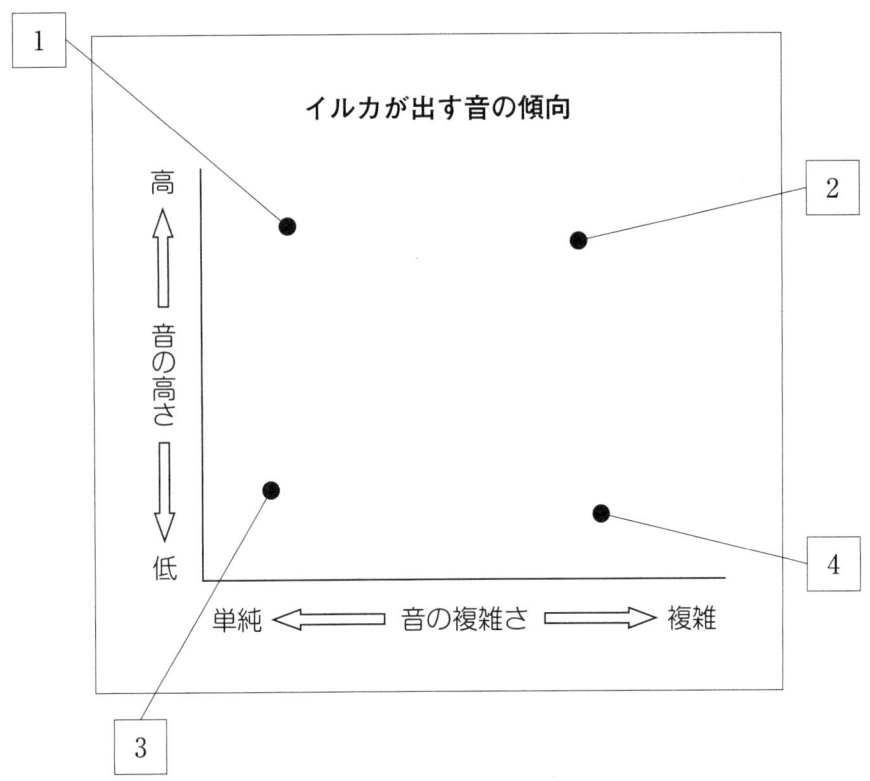

（森阪匡通「盗み聞きするイルカ」佐藤克文・森阪匡通『サボり上手な動物たち』岩波書店を参考に作成）

3番

　女子学生と男子学生が，レポートについて話をしています。この男子学生がこのあと詳しく調べようとしているのは，グラフのどの時期ですか。　　3

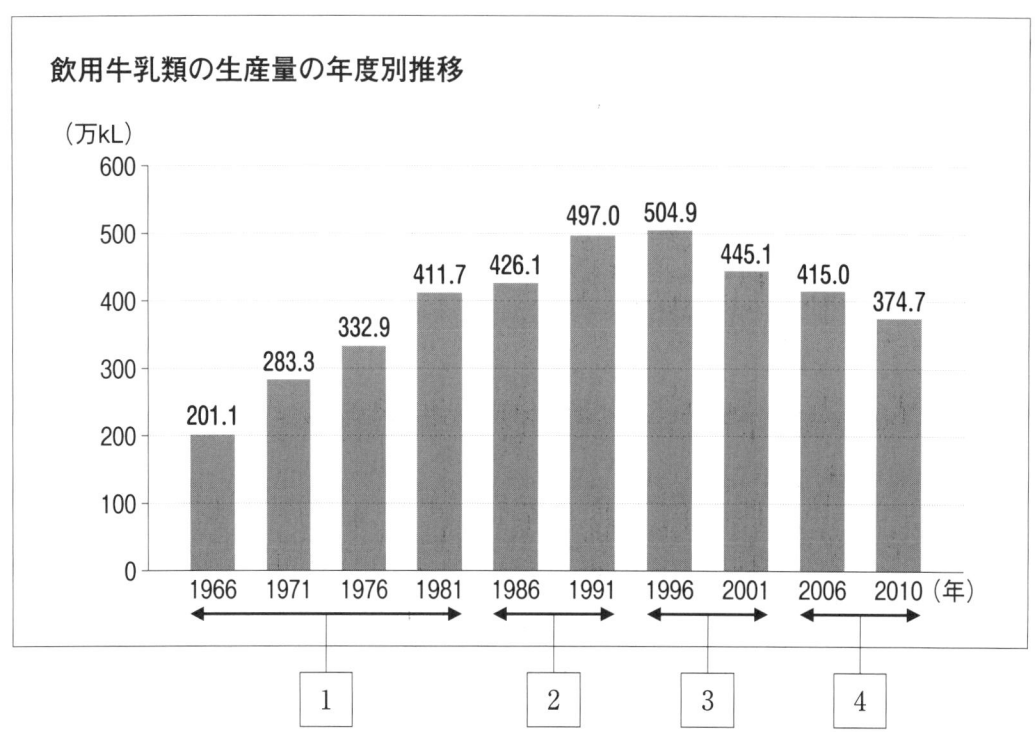

（Ｊミルク編集「牛乳・乳製品の知識」

http://www.j-milk.jp/tool/kiso/berohe0000004ak6-att/allpage.pdf　を参考に作成）

4番

先生が，猫の活動時間について話しています。この先生の話に出てくる「室内ネコ」の活動時間を図で表すと，どのようになりますか。　4

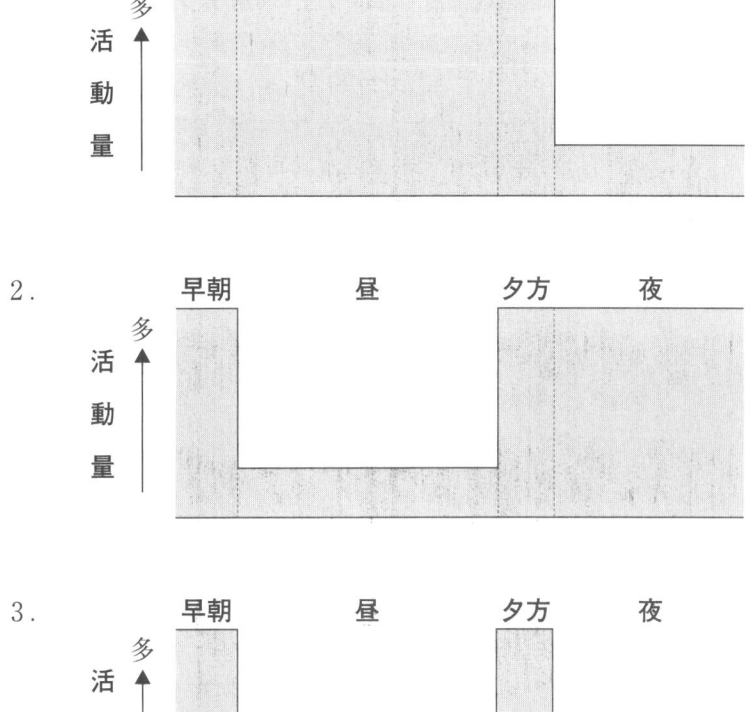

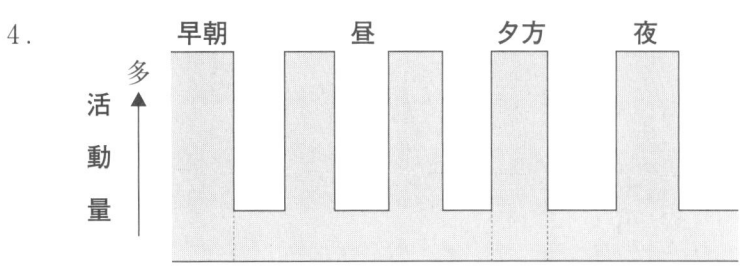

（唐沢孝一『都市動物の生態をさぐる』（平田久「大都会のネコたち」）裳華房　を参考に作成）

5番

先生が，自治体と住民との間で起こる対立について話しています。この先生の話によると，住民側が問題視しているのは，資料のどの項目ですか。 5

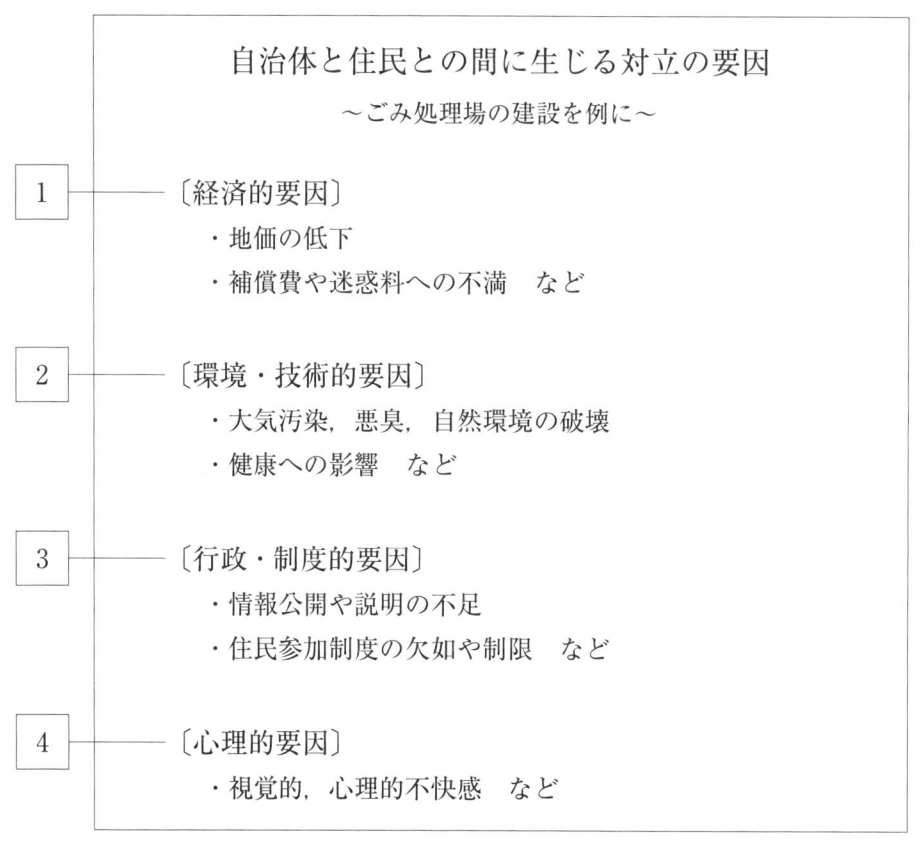

（金今善「迷惑施設問題への自治体の対応をめぐる実態とそのあり方」

『都市問題』第106巻第7号　後藤・安田記念東京都市研究所　を参考に作成）

6番

先生が，動物学の授業で，動物の体温調節について話しています。この先生が最後にする質問の答えはどれですか。 **6**

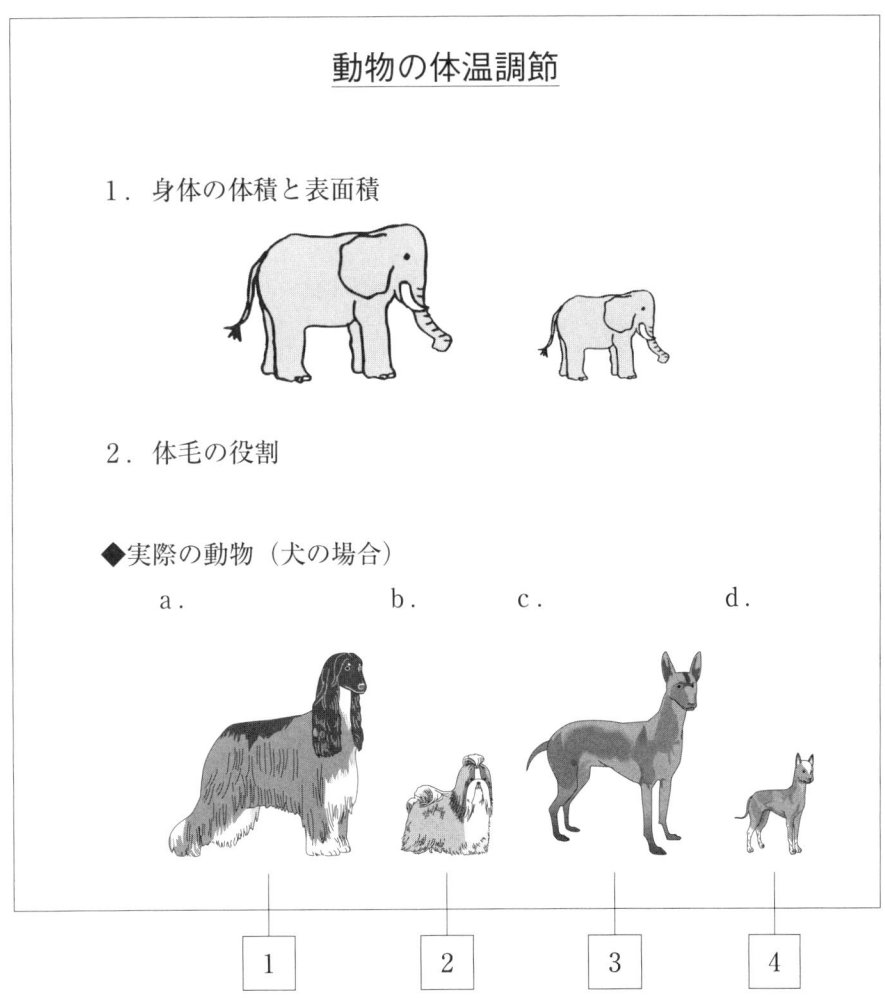

7番

先生が，騒音についての調査結果を見ながら話しています。この先生が問題の解決が難しいと話しているのは，表のどの部分ですか。 7

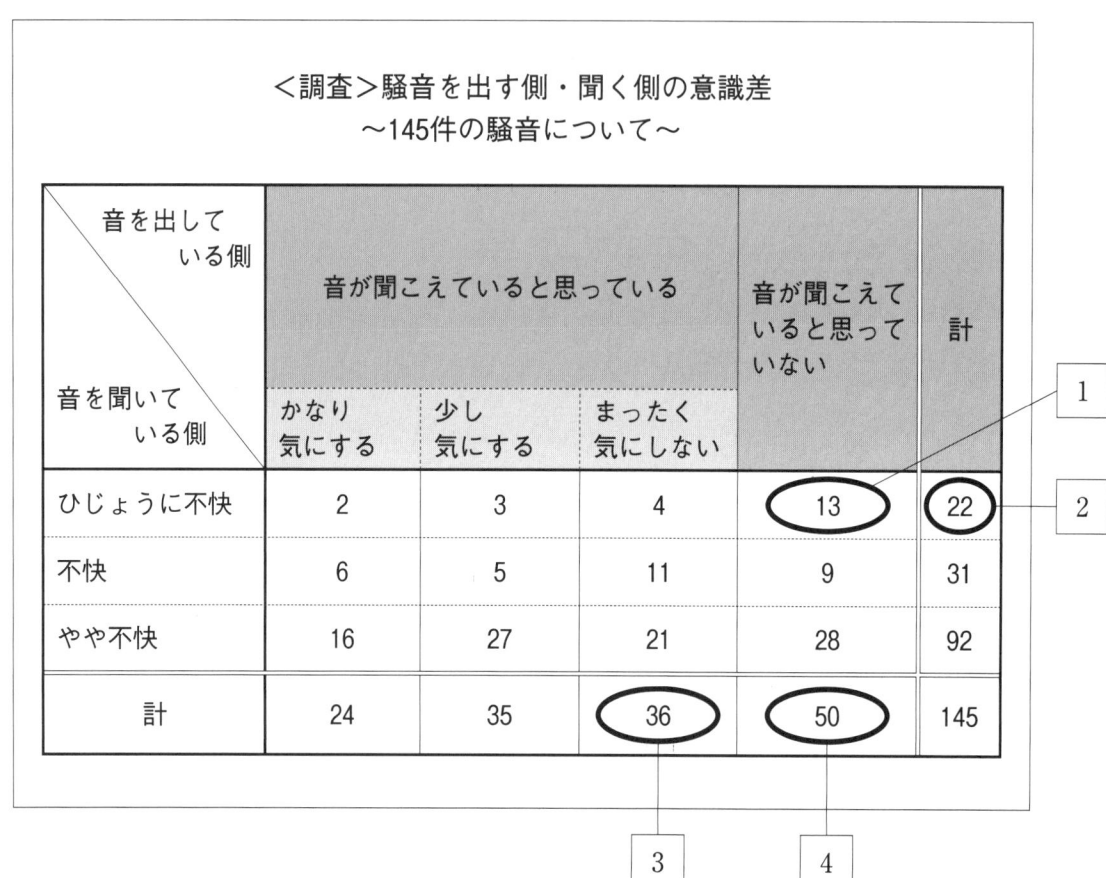

（久田満・山本和郎「近隣騒音の問題」 山本和郎編『講座 生活ストレスを考える 第2巻 生活環境とストレス』垣内出版 を参考に作成）

8番

　男子学生と女子学生が，アンケートを見ながら話しています。この女子学生が関心を持ったのは，どの項目ですか。　　　　8

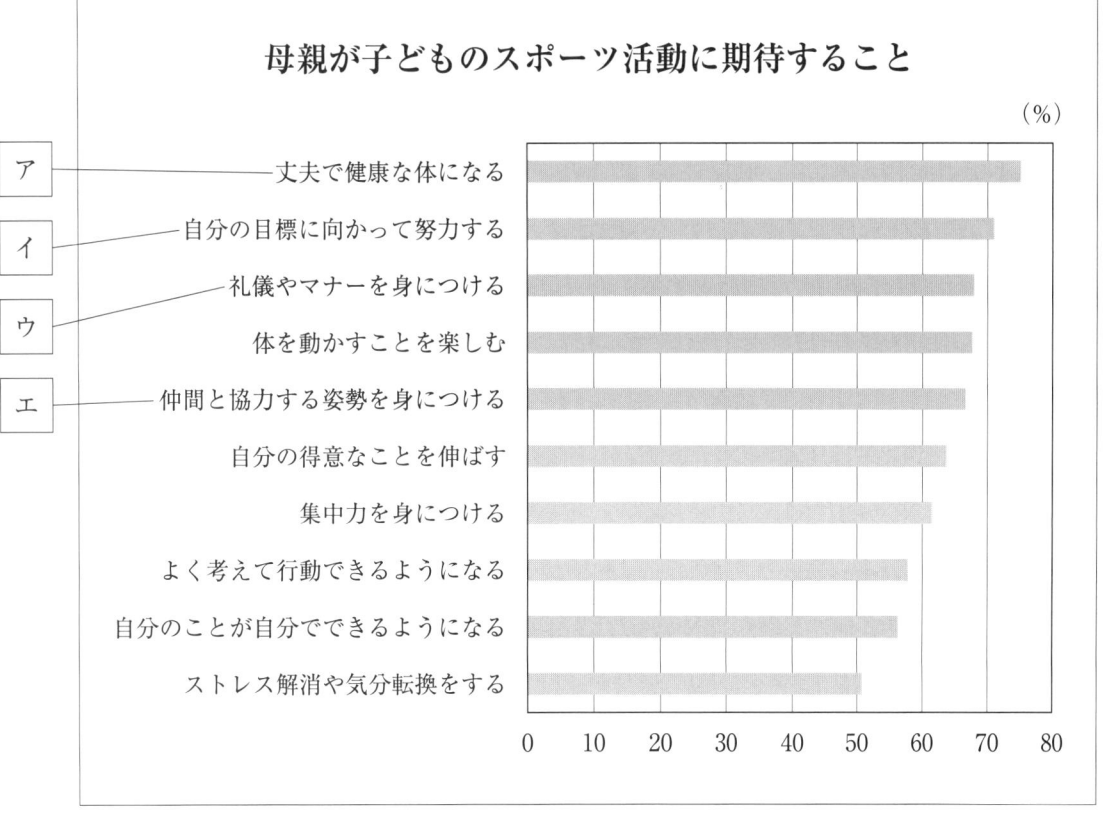

（Benesse 教育研究開発センター「子どものスポーツ・芸術・学習活動データブック」

http://berd.benesse.jp/up_images/research/data_all5.pdf　を参考に作成）

1．ア，イ

2．ア，ウ

3．イ，エ

4．ウ，エ

9番

　先生が授業で，商品の販売促進方法について話しています。この先生が最後にする質問の答えはどれですか。　　　　　　　　　　　　　　　　　　　9

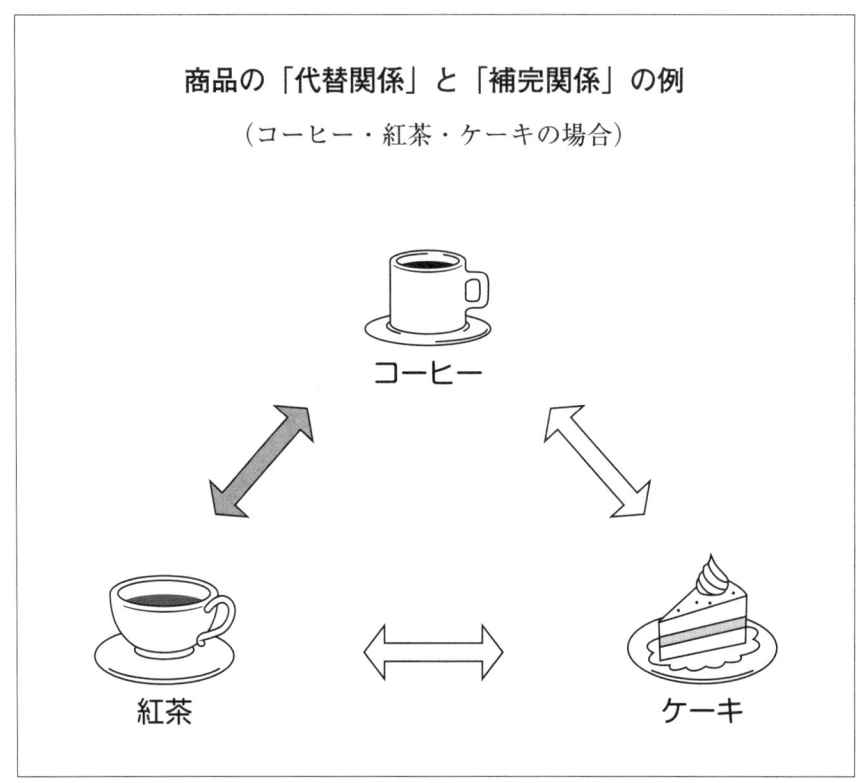

（吉本佳生『無料ビジネスの時代』筑摩書房　を参考に作成）

1．ケーキ

2．コーヒー

3．紅茶

4．コーヒーと紅茶

10番

先生が，江戸時代の時刻の決め方について，図を見せながら説明しています。この先生が，現代の日本人には不便に感じられるだろうと言っているのは，どのような点ですか。

10

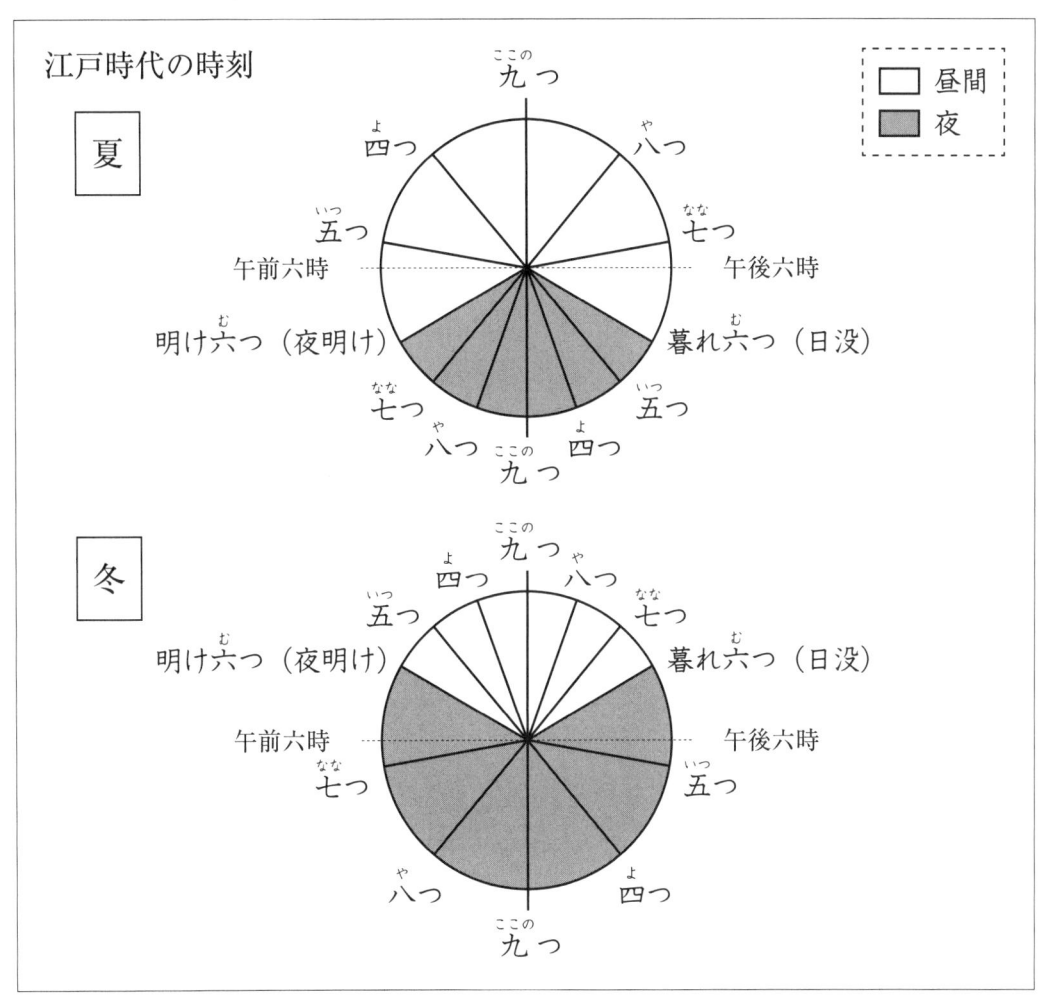

（橋本毅彦「時計と時間の歴史」東京大学教養学部編

『16歳からの東大冒険講座2　情報／歴史と未来』培風館　を参考に作成）

1．季節や昼夜によって，「いっとき」の長さが変わること

2．季節によって，夜明けと日没の時刻が変わること

3．六つ，五つ，四つのあとが九つになること

4．一日を12のときに分けていること

11番

　先生が，経営学の授業で，顧客ロイヤルティについて話しています。この先生が最後にする質問の答えはどれですか。 11

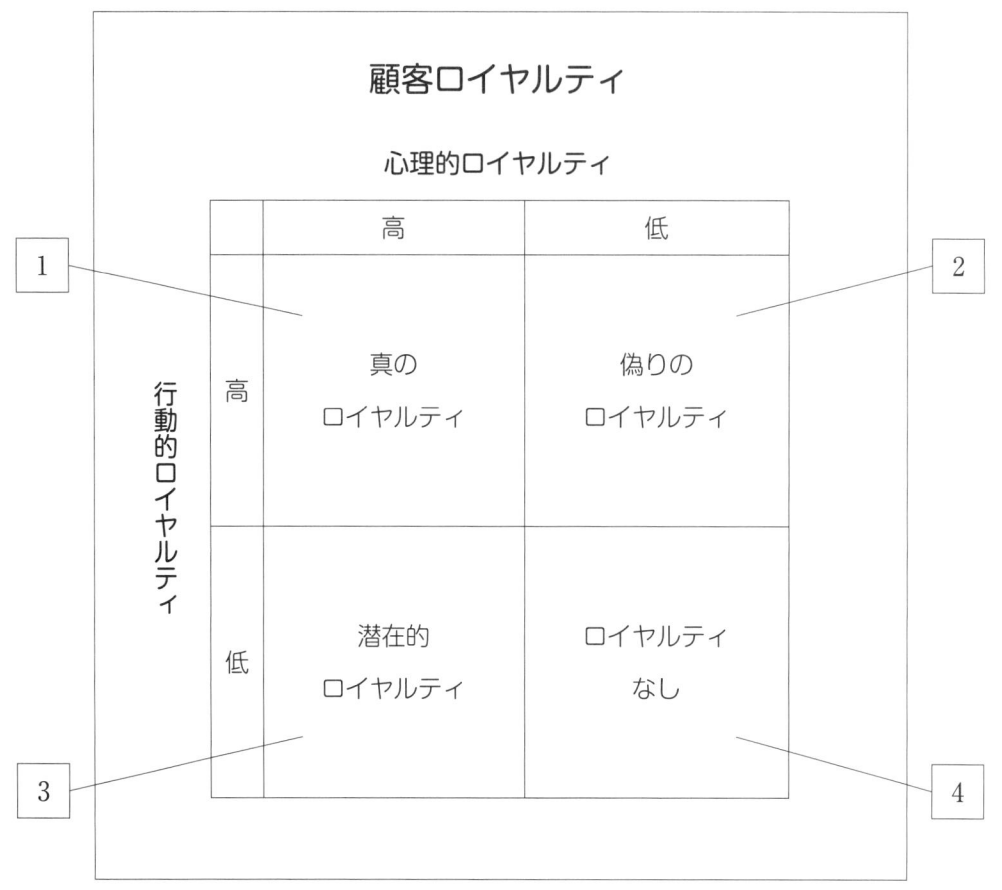

（久保田進彦他著『はじめてのマーケティング』有斐閣　を参考に作成）

12番

　先生が，製品の性能とデザインの関係について話しています。この先生が製品やメーカーにとって問題になると言っているのは，表のどれとどれの場合ですか。 | 12 |

性能とデザインについての印象
○良い　△ふつう　×悪い

	性能	デザイン
A	○	○
B	○	△
C	○	×
D	△	○
E	△	△
F	△	×
G	×	○
H	×	△
I	×	×

（木全賢『デザインにひそむ<美しさ>の法則』ソフトバンク　クリエイティブ
を参考に作成）

1．B，C

2．D，G

3．E，I

4．F，H

──── このページには問題はありません。────

聴解問題

説明

　聴解問題は，音声を聴いて答える問題です。問題も選択肢もすべて音声で示されます。問題冊子には，何も書かれていません。

　<u>問題は一度しか聴けません。</u>

　このページのあとに，メモ用のページが3ページあります。音声を聴きながらメモをとるのに使ってもいいです。

　聴解の解答欄には，『正しい』という欄と『正しくない』という欄があります。選択肢1，2，3，4の一つ一つを聴くごとに，正しいか正しくないか，マークしてください。正しい答えは一つです。

　一度，練習をします。

この問題冊子を持ち帰ることはできません。

－ メ モ －

－ メ モ －

－ メ モ －

平成28年度（2016年度）日本留学試験

理　科

（８０分）

【物理・化学・生物】

※　3科目の中から，2科目を選んで解答してください。

※　1科目を解答用紙の表面に解答し，もう1科目を裏面に解答してください。

Ⅰ　**試験全体に関する注意**

1．係員の許可なしに，部屋の外に出ることはできません。

2．この問題冊子を持ち帰ることはできません。

Ⅱ　**問題冊子に関する注意**

1．試験開始の合図があるまで，この問題冊子の中を見ないでください。

2．試験開始の合図があったら，下の欄に，受験番号と名前を，受験票と同じように記入してください。

3．各科目の問題は，以下のページにあります。

科目	ページ		
物理	1	～	21
化学	23	～	36
生物	37	～	50

4．足りないページがあったら，手をあげて知らせてください。

5．問題冊子には，メモや計算などを書いてもいいです。

Ⅲ　**解答用紙に関する注意**

1．解答は，解答用紙に鉛筆（HB）で記入してください。

2．各問題には，その解答を記入する行の番号 **1**，**2**，**3**，…がついています。解答は，解答用紙（マークシート）の対応する解答欄にマークしてください。

3．解答用紙に書いてある注意事項も必ず読んでください。

※　試験開始の合図があったら，必ず受験番号と名前を記入してください。

受 験 番 号		＊			＊					
名　　前										

物理

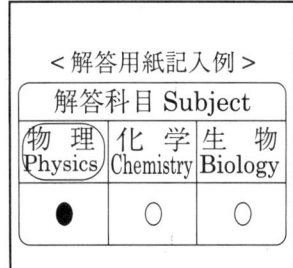

Ⅰ　次の問い **A**（問1），**B**（問2），**C**（問3），**D**（問4），**E**（問5），**F**（問6）に答えなさい。ただし，重力加速度の大きさを g とし，空気の抵抗は無視できるものとする。

A　次の図のように，質量の等しい5つの物体A，B，C，D，Eを，なめらかな水平面上の直線上に，この順番で隣どうしが接するように置いた。Aに左からこの直線に平行な向きに一定の大きさ F の力を加え続けたところ，5つの物体は一体となって等加速度運動をした。

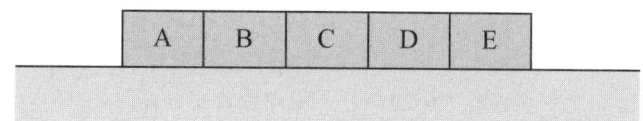

問1　CがBから受ける力の大きさはどのように表されるか。また，CがDから受ける力の大きさはどのように表されるか。正しい組み合わせを，次の①〜④の中から一つ選びなさい。　　　　　　　　　　　　　　　1

	①	②	③	④
CがBから受ける力の大きさ	$\dfrac{2F}{5}$	$\dfrac{2F}{5}$	$\dfrac{3F}{5}$	$\dfrac{3F}{5}$
CがDから受ける力の大きさ	$\dfrac{2F}{5}$	$\dfrac{3F}{5}$	$\dfrac{2F}{5}$	$\dfrac{3F}{5}$

B　直線上を運動する小物体の加速度 a が，時刻 t とともに次の図のように変化した。小物体は $t = 0$ で静止していた。$t = 0$ から $t = T$ の間に小物体が移動した距離を L とする。ただし，$a_0 > 0$ である。

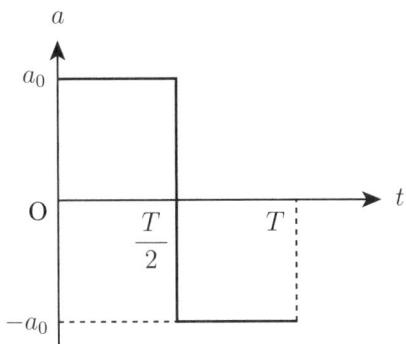

問2　L はどのように表されるか。正しいものを，次の①～⑤の中から一つ選びなさい。

2

①　0　　　　②　$\dfrac{a_0 T^2}{8}$　　　③　$\dfrac{a_0 T^2}{4}$　　　④　$\dfrac{a_0 T^2}{2}$　　　⑤　$a_0 T^2$

C 　次の図のように，水平な地表面上の点Oから，水平方向となす角 θ の向きに，小球を初速 v_0 で投げ上げた。小球の達する最高点の地表面からの高さを H，Oから小球の落下点までの距離を L とする。

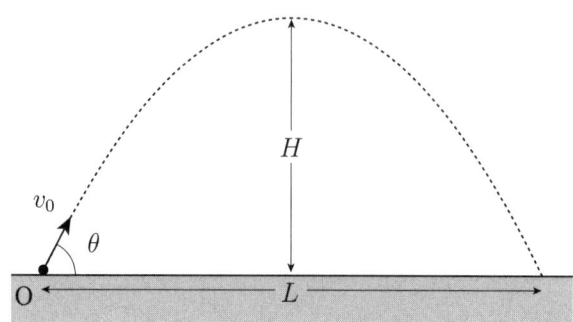

問3　$\dfrac{H}{L}$ はどのように表されるか。正しいものを，次の①～⑥の中から一つ選びなさい。

　　　3

①　$\dfrac{\tan\theta}{4}$　　　　　②　$\dfrac{\tan\theta}{2}$　　　　　③　$\tan\theta$

④　$\dfrac{1}{4\tan\theta}$　　　　　⑤　$\dfrac{1}{2\tan\theta}$　　　　　⑥　$\dfrac{1}{\tan\theta}$

D　次の図のように，なめらかな水平面上を小物体A（質量20 kg）が速さ3.0 m/sで直線運動している。Aに，その運動の向きに10 Nの力を一定の時間加え続けた。この時間内にAは16 m移動した。

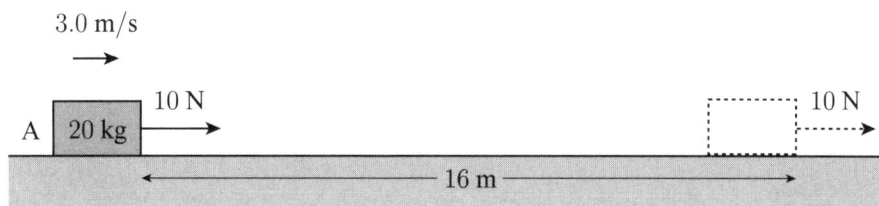

問4　16 m移動した後のAの運動エネルギーと運動量の大きさはいくらか。最も適当な組み合わせを，次の①～④の中から一つ選びなさい。　　　**4**

	①	②	③	④
運動エネルギー（J）	160	160	250	250
運動量の大きさ（kg·m/s）	80	100	80	100

E　図1のように，なめらかな水平面上で，質量 m の小球Aが，静止している質量 $2m$ の小球Bに速さ v_0 で衝突する。衝突後，図2のように，Aは衝突前の進行方向に対して時計回りに角 θ の方向に進み，Bは衝突前のAの進行方向に対して反時計回りに角 θ の方向に進んだ。衝突後のAの速さを v_A，Bの速さを v_B とする。

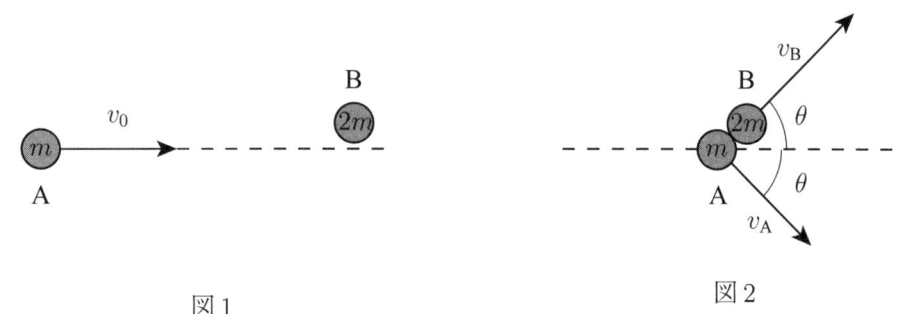

図1　　　　　　　　　　　　　　　　　図2

問5　$\dfrac{v_B}{v_A}$ はどのように表されるか。また，$\dfrac{v_A}{v_0}$ はどのように表されるか。正しい組み合わせを，次の①～⑧の中から一つ選びなさい。　　**5**

	①	②	③	④	⑤	⑥	⑦	⑧
$\dfrac{v_B}{v_A}$	$\dfrac{1}{2}$	$\dfrac{1}{2}$	$\dfrac{1}{2}$	$\dfrac{1}{2}$	2	2	2	2
$\dfrac{v_A}{v_0}$	$\dfrac{1}{2\sin\theta}$	$\dfrac{1}{2\cos\theta}$	$\dfrac{1}{5\sin\theta}$	$\dfrac{1}{5\cos\theta}$	$\dfrac{1}{2\sin\theta}$	$\dfrac{1}{2\cos\theta}$	$\dfrac{1}{5\sin\theta}$	$\dfrac{1}{5\cos\theta}$

F 　長さ ℓ の軽くて伸び縮みしない糸の一端を点 O に固定し，他端に質量 m の小球をつけた。図1のように，糸がたるまないようにして O と同じ高さの位置に小球を持ち上げ，静かに手を離した。図2のように，糸と鉛直線のなす角が θ のとき，糸の張力は T であった。

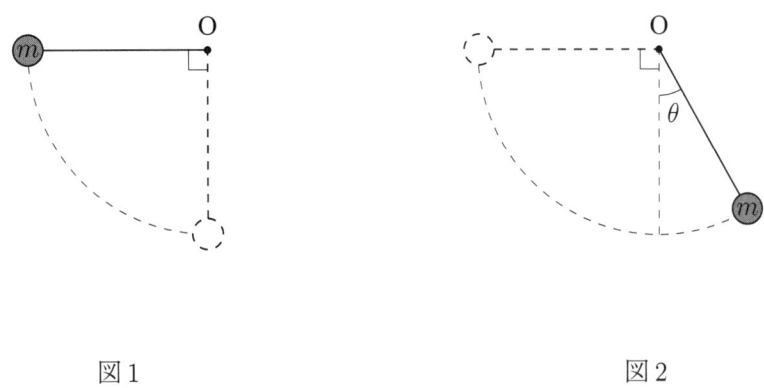

図1　　　　　　　　　　　　　　　図2

問6　　T はどのように表されるか。正しいものを，次の①〜⑥の中から一つ選びなさい。

　　　　　　　　　　　　　　　　　　　　　　　　　　　　　　6

① 　$2mg \sin\theta$　　　　　② 　$2mg \cos\theta$　　　　　③ 　$2mg \tan\theta$

④ 　$3mg \sin\theta$　　　　　⑤ 　$3mg \cos\theta$　　　　　⑥ 　$3mg \tan\theta$

Ⅱ　次の問い **A**（問1），**B**（問2），**C**（問3）に答えなさい。

A　容器に −20°C の氷 20 g を入れ，20°C の水 100g を加えた。じゅうぶん時間がたった後，氷はすべて融けて容器内の水は一定温度になった。氷の比熱を 2.1 J/(g·K)，氷の融解熱を 3.3×10^2 J/g，水の比熱を 4.2 J/(g·K) とする。容器の熱容量は無視でき，外部との熱の出入りはないものとする。

問1　じゅうぶん時間がたった後，水の温度は何°C か。最も適当な値を，次の①～⑤の中から一つ選びなさい。　　　　　　　　　　　　　　**7** °C

①　0.0　　　　　②　1.9　　　　　③　2.9　　　　　④　5.4　　　　　⑤　14

B 　なめらかに動くことのできるピストンを使って，理想気体をシリンダー内に閉じ込めた。理想気体の圧力が 1.0×10^5 Pa，絶対温度が 300 K のときに，その体積は 6.0×10^{-3} m^3 であった。理想気体の圧力を一定に保って，その絶対温度を 400 K にまで上げた。

問2　このとき，理想気体が外部に対してする仕事は何 J か。最も適当な値を，次の①～④の中から一つ選びなさい。　　　　　　　　　　　　　　　　8 J

① 　2.0　　　　　　② 　2.0×10^1　　　③ 　2.0×10^2　　　④ 　2.0×10^3

C 次の p-V 図のように，一定量の理想気体の圧力 p と体積 V を A→B→C→A と変化
させる。A→B は定積変化，B→C は等温変化，C→A は定圧変化である。

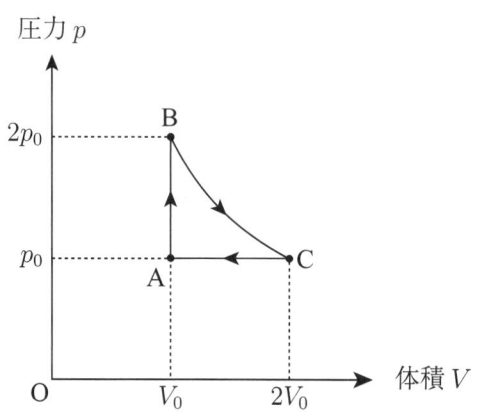

問3　このとき，気体の絶対温度 T と体積 V の変化を表すグラフとして最も適当なもの
を，次の①～⑥の中から一つ選びなさい。　　　　　　**9**

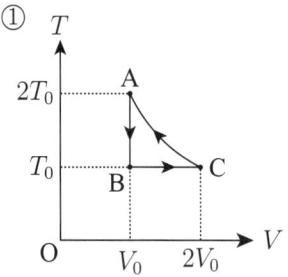

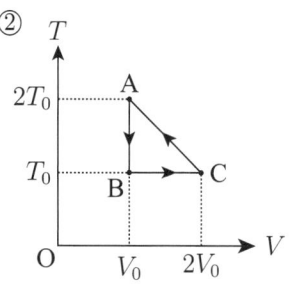

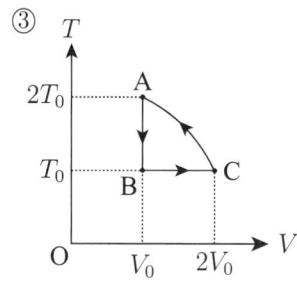

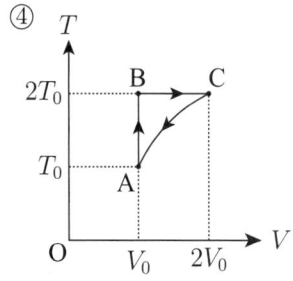

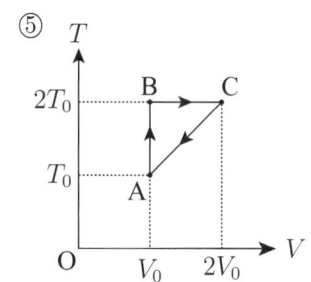

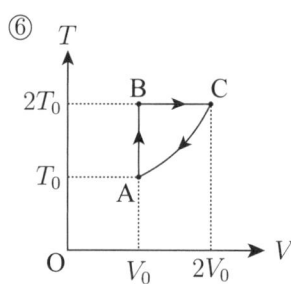

$\boxed{\text{III}}$　次の問い **A**（問1），**B**（問2），**C**（問3）に答えなさい。

A　x 軸上を正の向きに進む正弦波がある。この正弦波の周期は0.8秒である。次の図は，この波の時刻 $t = 0$ s の時の媒質の変位 y と位置座標 x との関係を示したグラフである。

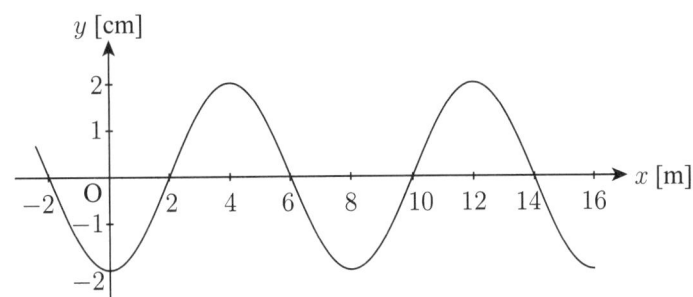

問1　$x = 6$ m の位置が，次に波の谷になる（変位 $y = -2$ cm になる）時刻 t の値はいくらか。最も適当な値を，次の①〜⑤の中から一つ選びなさい。　　　　$t = \boxed{10}$ s

①　0.2　　　　②　0.4　　　　③　0.6　　　　④　0.8　　　　⑤　1

B 次の図のように，音源ＡとＢ及び観測者Ｏが一直線上に並んでいる。音源ＡとＢから同時にそれぞれ一定の振動数の音を出したところ，静止している観測者に毎秒 n 回のうなりが聞こえた。次に，観測者が一定の速さ u でＡに近づいたところ，うなりは聞こえなかった。Ａが出す音の振動数を f [Hz]，音速を V とし，$u < V$ とする。

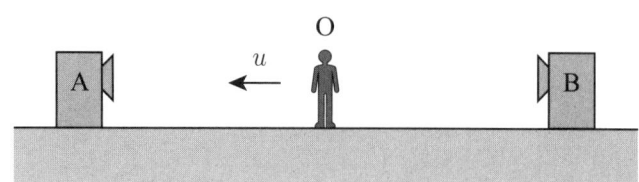

問2　Ｂの出す音の振動数はどのように表されるか。また，$\dfrac{u}{V}$ はどのように表されるか。正しい組み合わせを，次の①～④の中から一つ選びなさい。　**11**

	①	②	③	④
Ｂの出す音の振動数	$f+n$	$f+n$	$f-n$	$f-n$
$\dfrac{u}{V}$	$\dfrac{n}{2f+n}$	$\dfrac{n}{2f-n}$	$\dfrac{n}{2f+n}$	$\dfrac{n}{2f-n}$

C　次の図のように，ガラスと水が平面で接している。ガラスから水に単色光を入射角 θ で入射させる。θ を 0 から徐々に増やしていくと，$\sin\theta$ が 0.8 をこえたところで全反射が起きた。水の屈折率を 1.3 とする。

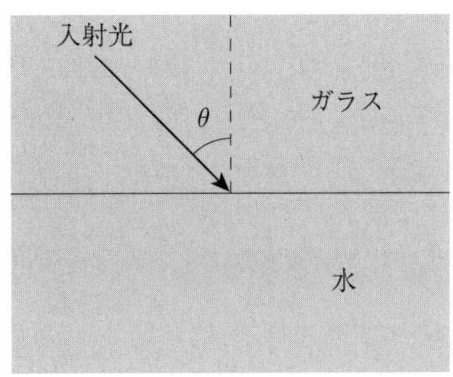

問3　このガラスの屈折率はいくらか。最も適当な値を，次の①〜⑤の中から一つ選びなさい。　　　　　　　　　　　　　　　　　　　　　　　　　　　　　　**12**

①　1.0　　　　②　1.2　　　　③　1.4　　　　④　1.6　　　　⑤　1.8

$\boxed{\text{IV}}$ 　次の問い **A**（問1），**B**（問2），**C**（問3），**D**（問4），**E**（問5），**F**（問6）に答えなさい。

A 　次の図のように，xy平面上の点A$(0, d)$に電気量Qの点電荷を固定し，点B$(0, -d)$に電気量$3Q$の点電荷を固定する。ここで，$d > 0$，$Q > 0$である。クーロンの法則の比例定数をkとする。

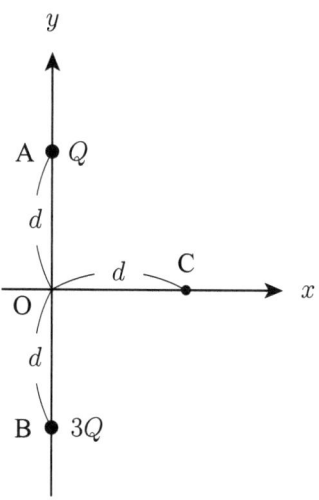

問1　図中の点C$(d, 0)$における電場の強さはどのように表せるか。正しいものを，次の①～⑦の中から一つ選びなさい。　$\boxed{13}$

①　$\dfrac{kQ}{d^2}$　　　②　$\dfrac{\sqrt{2}\,kQ}{d^2}$　　　③　$\dfrac{2kQ}{d^2}$　　　④　$\dfrac{\sqrt{10}\,kQ}{2d^2}$

⑤　$\dfrac{2\sqrt{2}\,kQ}{d^2}$　　　⑥　$\dfrac{4kQ}{d^2}$　　　⑦　$\dfrac{\sqrt{10}\,kQ}{d^2}$

B   次の図のように，xy 平面上の原点 O に電気量 q の点電荷が固定されている。電気量 $-2q$ の点電荷を，点 A$(0, d)$ から点 B$(-3d, -4d)$ まで，図の矢印のように A と B を結ぶ直線に沿って移動させた。ここで，$q > 0$，$d > 0$ である。クーロンの法則の比例定数を k とする。

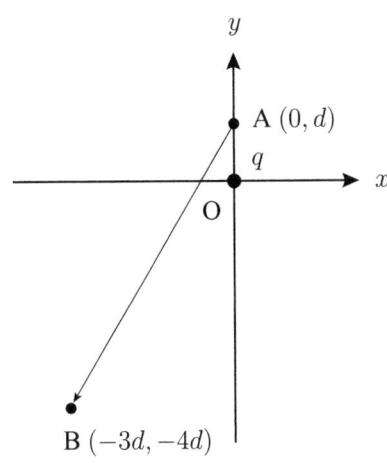

問2   電気量 $-2q$ の点電荷が A から B に移動する間に，電気量 q の点電荷から受けた力のした仕事はどのように表されるか。正しいものを，次の①～⑧の中から一つ選びなさい。 14

① $\dfrac{2kq^2}{5d}$ ② $\dfrac{4kq^2}{5d}$ ③ $\dfrac{6kq^2}{5d}$ ④ $\dfrac{8kq^2}{5d}$

⑤ $-\dfrac{2kq^2}{5d}$ ⑥ $-\dfrac{4kq^2}{5d}$ ⑦ $-\dfrac{6kq^2}{5d}$ ⑧ $-\dfrac{8kq^2}{5d}$

C　次の図のように，起電力が V_1 と V_2 の 2 つの電池，電気容量 C の 2 つのコンデンサー A と B，2 つのスイッチ S_1 と S_2 とを接続した。最初，S_1 と S_2 は開いていて，2 つのコンデンサーには電荷が蓄えられていなかった。次に，S_1 を閉じ，じゅうぶん時間が経過した後，S_1 を開いた。その後，S_1 を開いたままで S_2 を閉じた。S_2 を閉じてから，じゅうぶん時間が経過した後，回路中の点 O を基準とした点 P の電位を V とする。

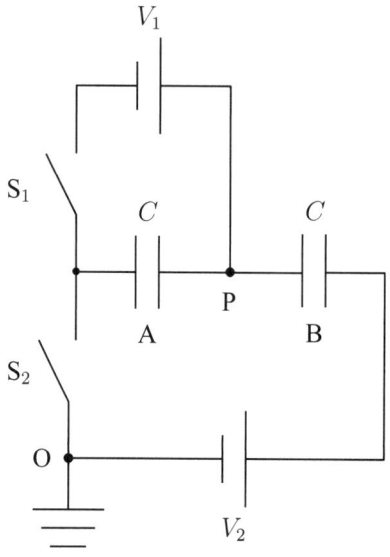

問 3　V はどのように表されるか。正しいものを，次の①～④の中から一つ選びなさい。

15

①　$\dfrac{V_1 + V_2}{2}$　　②　$\dfrac{V_1 - V_2}{2}$　　③　$\dfrac{V_2 - V_1}{2}$　　④　$-\dfrac{V_1 + V_2}{2}$

D 次の図のように，起電力 5.0 V の電池，抵抗値 1.0 Ω，2.0 Ω，3.0 Ω，4.0 Ω の抵抗
と抵抗値が 0 Ω から 5.0 Ω まで変えることのできる可変抵抗を接続した。

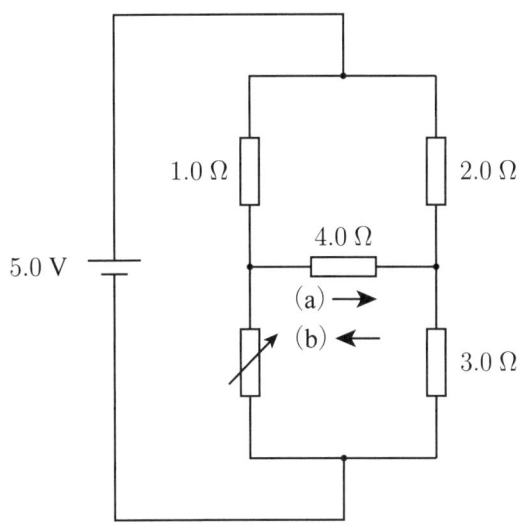

問4 可変抵抗の抵抗値が 0 Ω のときに，4.0 Ω の抵抗に流れる電流の向きは図中の矢印
(a)，(b) のどちらか。また，可変抵抗の抵抗値をいくらに選べば 4.0 Ω の抵抗に電流
が流れなくなるか。最も適当な組み合わせを，次の①～④の中から一つ選びなさい。

16

	①	②	③	④
電流の向き	(a)	(a)	(b)	(b)
抵抗値 (Ω)	0.67	1.5	0.67	1.5

E　ダイオードは，図1に示した記号で表され，図2の中の矢印の方向にのみ電流が流れる性質がある。図3のように，ダイオード4個と抵抗を接続した。入力端子AB間に，時刻 t とともに図4のグラフのように変化する起電力 V を加えた。ただし，図4のグラフは端子Aを基準とした端子Bの電位を示している。

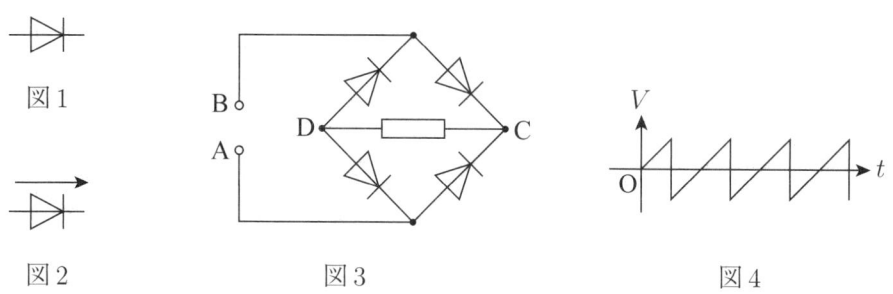

図1　　図2　　図3　　図4

問5　図中のCからDの向きに流れる電流を正とするとき，抵抗に流れる電流 I は時刻 t とともにどのように変化するか。最も適当なグラフを，次の①～⑧の中から一つ選びなさい。　　**17**

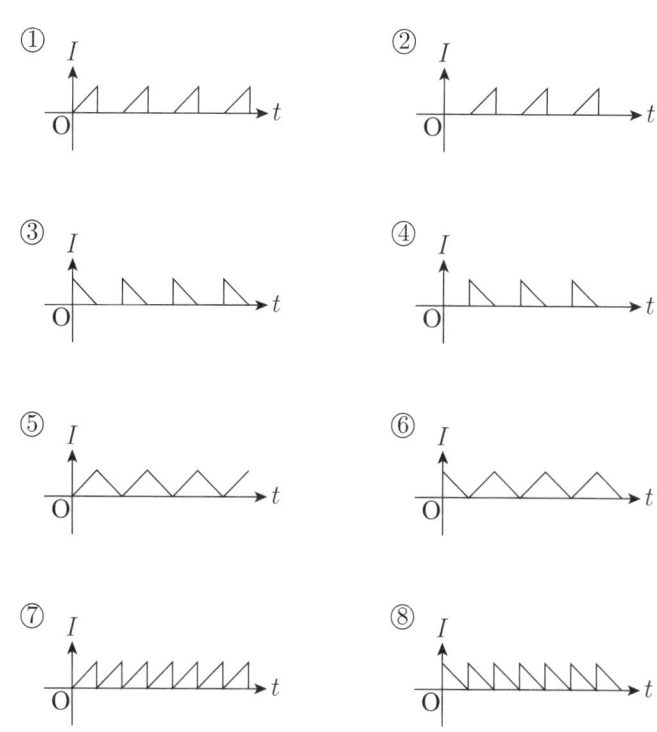

F 次の図のように，xy 平面（紙面）上の原点を通り紙面に垂直になるように長い直線導線 A を固定し，紙面の裏から表に向かって電流の大きさ I の電流を流す。xy 平面上の点 (X, a) を通り紙面に垂直になるように長い直線導線 B を置き，紙面の表から裏の向きに電流の大きさ I の電流を流す。導線 A の長さ ℓ の部分が導線 B を流れる電流から受ける力の x 成分を F_x とする。ただし，$a > 0$ である。

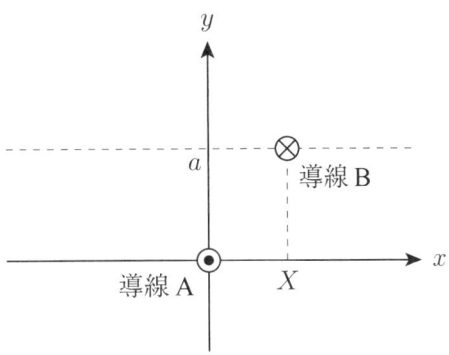

問 6 　X を変化させたとき，F_x は X とともにどのように変化するか。最も適当なグラフを，次の①〜④の中から一つ選びなさい。　　　　18

①
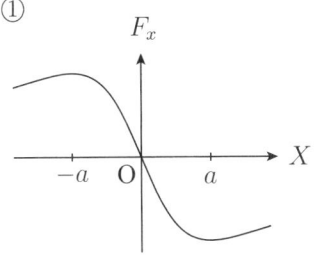

②
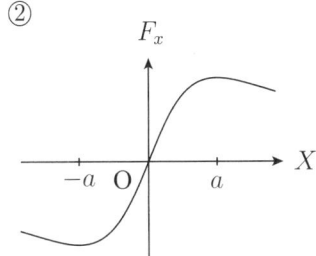

③
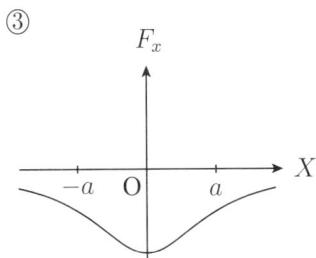

④
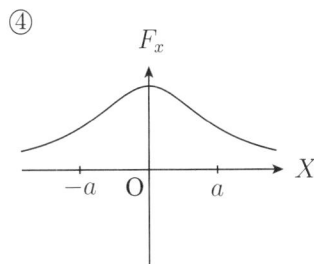

V 次の問い **A**（**問1**）に答えなさい。

A ウラン235（^{235}U）は半減期 7.0×10^8 年で放射性崩壊を起こす。

問1 ある量のウラン235を考える。このウラン235の原子核の数が現在の $\dfrac{1}{1024}$ となるのは何年後か。最も適当な値を，次の①〜④の中から一つ選びなさい。 19 年

① 5.6×10^9 ② 6.3×10^9 ③ 7.0×10^9 ④ 7.7×10^9

物理の問題はこれで終わりです。解答欄の $\boxed{20}$ ～ $\boxed{75}$ はマークしないでください。

解答用紙の科目欄に「物理」が正しくマークしてあるか，もう一度確かめてください。

この問題冊子を持ち帰ることはできません。

化学

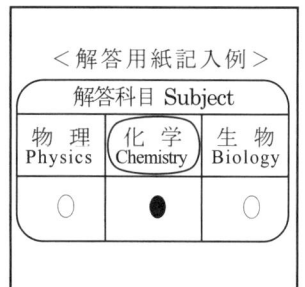
計算には次の数値を用いること。また,体積の単位リットル（liter）は L で表す。

標準状態（standard state）: 0 ℃, 1.01×10^5 Pa（= 1.00 atm）

　標準状態における理想気体（ideal gas）のモル体積（molar volume）: 22.4 L/mol

気体定数（gas constant）: $R = 8.31 \times 10^3$ Pa·L/(K·mol)

アボガドロ定数（Avogadro constant）: $N_A = 6.02 \times 10^{23}$ /mol

ファラデー定数（Faraday constant）: $F = 9.65 \times 10^4$ C/mol

原子量（atomic weight）: H : 1.0　C : 12　N : 14　O : 16　Na : 23

S : 32　Cl : 35.5

この試験における元素（element）の族（group）と周期（period）の関係は下の周期表（periodic table）の通りである。ただし,**H** 以外の元素記号は省略してある。

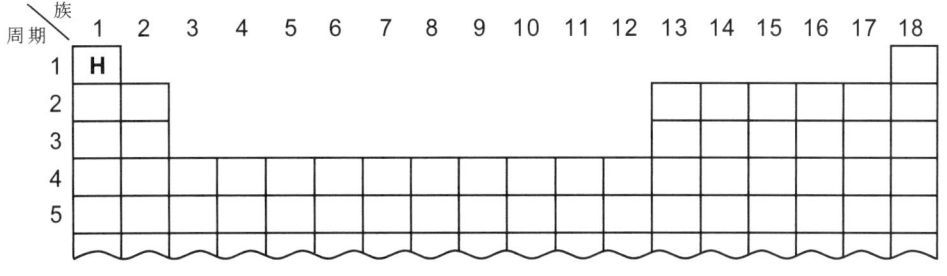

問1　マンガン(II)イオン Mn^{2+} の質量数（mass number）は 55 であり，23 個の電子（electron）をもっている。マンガン(II)イオンは何個の中性子（neutron）をもつか。正しい数を，次の①〜⑤の中から一つ選びなさい。　　　**1**

① 23　　　② 25　　　③ 30　　　④ 32　　　⑤ 55

問2　次の原子（atom）やイオン（ion）の組み合わせ①〜⑤のうち，電子配置（electron configuration）が互いに同じものを，一つ選びなさい。　　　**2**

① Cl^- と Na^+　　　② H^+ と He　　　③ Na^+ と Ca^{2+}

④ Ne と Mg^{2+}　　　⑤ Cl^- と Br^-

問3　周期表に関する次の記述(**a**)〜(**e**)のうち，正しいものが二つある。それらの組み合わせを，下の①〜⑥の中から一つ選びなさい。　　　**3**

(**a**)　同じ族の元素は，常温・常圧（normal temperature and pressure）で固体・液体・気体のいずれかの同じ状態にある。

(**b**)　同じ周期の典型元素（main group element）は，18 族（group 18）を除いて，一般に族の番号が大きいほど電気陰性度（electronegativity）が大きい。

(**c**)　遷移元素（transition element）は，第 3〜7 周期（third to seventh period）にある。

(**d**)　18 族の元素を希ガス（貴ガス：noble gas）とよぶ。

(**e**)　知られている元素のうちのほぼ半分は，非金属元素（nonmetallic element）である。

① **a**, **b**　　　② **a**, **d**　　　③ **b**, **c**　　　④ **b**, **d**　　　⑤ **c**, **e**　　　⑥ **d**, **e**

問4 　塩化ナトリウム NaCl とヨウ素 I_2 の混合物を分離するのに適当な方法が，次の (a)～(e)の中に二つある。それらの組み合わせとして正しいものを，下の①～⑥の中から一つ選びなさい。　　　　　　　　　　　　　　　　　　　　　　 **4**

(a) 　蒸留 （distillation）

(b) 　昇華 （sublimation）

(c) 　再結晶 （recrystallization）

(d) 　抽出 （extraction）

(e) 　分留 （fractional distillation）

① a, b 　　② a, e 　　③ b, c 　　④ b, d 　　⑤ c, d 　　⑥ d, e

問5 　次の気体①～⑤のうち，それぞれ 1 g 中に含まれる分子の数が最も多いものを，一つ選びなさい。　　　　　　　　　　　　　　　　　　　　　　　　　 **5**

① 　酸素 （oxygen）

② 　窒素 （nitrogen）

③ 　塩素 （chlorine）

④ 　一酸化窒素 （nitrogen monoxide）

⑤ 　二酸化炭素 （carbon dioxide）

問6　0.1 mol/L のある酸 **A** の水溶液 10mL に適当な指示薬（indicator）**B** を加えて，0.1mol/L の水酸化ナトリウム水溶液 NaOH aq で滴定（titration）しながら pH を測定すると，次に示す滴定曲線（titration curve）が得られた。このとき，**A** と **B** の組み合わせとして正しいものを，下表の①～⑥の中から一つ選びなさい。　　**6**

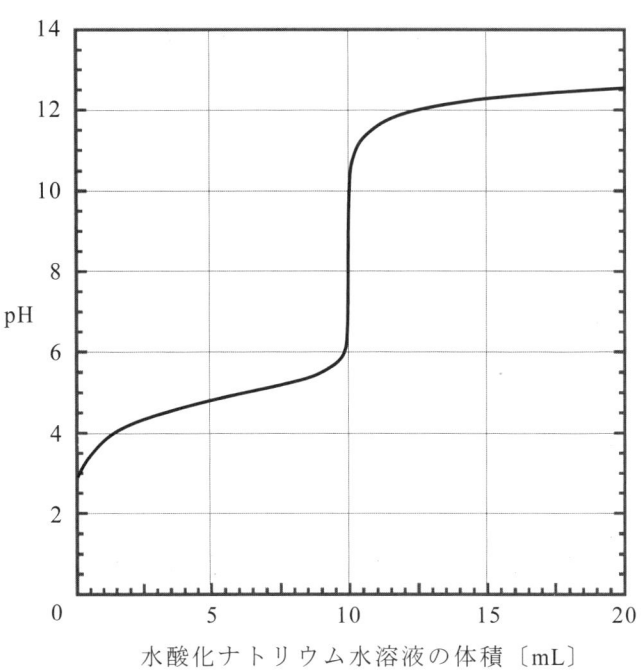

水酸化ナトリウム水溶液の体積〔mL〕

	A	**B**
①	CH$_3$COOH	フェノールフタレイン（phenolphthalein）
②	CH$_3$COOH	メチルオレンジ（Methyl Orange）
③	HCl	フェノールフタレイン
④	HCl	メチルオレンジ
⑤	H$_2$SO$_4$	フェノールフタレイン
⑥	H$_2$SO$_4$	メチルオレンジ

問7　次の化学反応（chemical reaction）①～④のうち，酸素　O　の酸化数（oxidation number）
が減少しているものを，一つ選びなさい。　　　　　　　　　　　　　　　7

① 　2KClO$_3$ $\longrightarrow$ 2KCl ＋ 3O$_2$

② 　3O$_2$ $\longrightarrow$ 2O$_3$

③ 　H$_2$O$_2$ ＋ H$_2$S $\longrightarrow$ S ＋ 2H$_2$O

④ 　Na$_2$O ＋ 2HCl $\longrightarrow$ 2NaCl ＋ H$_2$O

問8　下図は，可逆反応（reversible reaction）（ⅰ）の進行に伴うエネルギー（energy）の変化を示したものである。反応経路（reaction path）**A** は触媒（catalyst）のない場合であり，反応経路 **B** ではある触媒を用いている。それらに関する記述①～⑥のうち，正しいものを一つ選びなさい。　　　　　　　　　　　　　　　　8

$$H_2（気）＋I_2（気）\ \rightleftharpoons\ 2HI（気）\qquad（ⅰ）$$

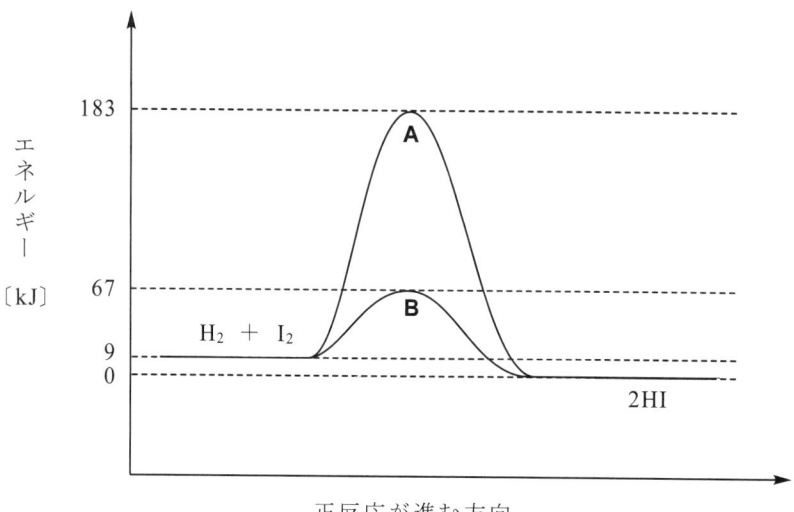

正反応が進む方向

① 　（ⅰ）の正反応（forward reaction）が **A** を通るとき，活性化エネルギー（activation energy）は 183 kJ/mol である。

② 　（ⅰ）の逆反応（reverse reaction）が **B** を通るとき，活性化エネルギーは 58 kJ/mol である。

③ 　（ⅰ）の正反応が **A** を通るときの反応熱（heat of reaction）は，**B** を通るときの反応熱よりも大きい。

④ 　同じ温度で，**A** を通るときの平衡定数（equilibrium constant）は，**B** を通るときの平衡定数よりも大きい。

⑤ 　ある反応容器内で（ⅰ）の平衡（equilibrium）が成り立っているとき，温度一定で容積を小さくすると HI の割合が増加する。

⑥ 　ある反応容器内で（ⅰ）の平衡が成り立っているとき，容器内の温度を下げると HI の割合が増加する。

問9　2 mol/L の塩化ナトリウム水溶液 NaCl aq を U 字管（U-tube）に入れ，炭素電極（graphite electrode）C を用いて，3 V の電圧（voltage）で電気分解（electrolysis）を行った。

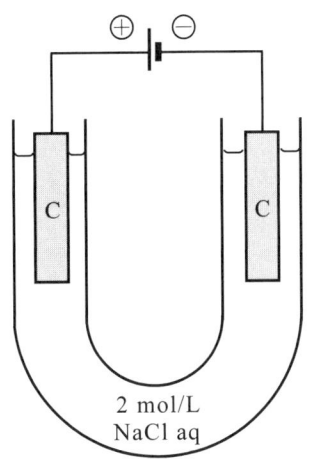

2 mol/L
NaCl aq

次の記述(a)～(d)の中に，このとき観察される現象として正しいものが二つある。それらの組み合わせを，下の①～⑥の中から一つ選びなさい。　9

(a)　陽極（anode）からのみ，気体が発生した。

(b)　U 字管の口に，純水（pure water）でぬらしたヨウ化カリウムデンプン紙（potassium iodide-starch paper）を近づけると，陽極側で青色に変化した。

(c)　U 字管の底に白色沈殿（white precipitate）が生じた。

(d)　電気分解後，U 字管の口からフェノールフタレイン（phenolphthalein）の水溶液を滴下（add drop by drop）すると，陰極（cathode）付近の水溶液が赤色に変化した。

①　a, b　　②　a, c　　③　a, d　　④　b, c　　⑤　b, d　　⑥　c, d

問 10　温度 20 ℃，圧力 1.0 × 10⁵ Pa において，酸素 （oxygen） は水 1.0 L あたり 1.4 × 10⁻³ mol 溶解する （dissolve）。20 ℃，5.0 × 10⁵ Pa で水 2.0 L に溶解する酸素は，標準状態に換算すると何 L か。最も近い値を，次の①～⑤の中から一つ選びなさい。　**10** L

① 0.031　　② 0.063　　③ 0.16　　④ 0.31　　⑤ 0.63

問 11　次表①～⑥は，実験操作とそれにより発生する気体の性質を示している。気体の性質として**誤っているもの**を，一つ選びなさい。　**11**

	実験操作	気体の性質
①	硫化鉄(Ⅱ) FeS に希硫酸 dil. H₂SO₄ を加える	還元作用 （reducing property） をもつ
②	濃塩酸 conc. HCl に酸化マンガン(Ⅳ) MnO₂ を加えて加熱する	酸化作用 （oxidizing property） をもつ
③	水にカルシウム Ca を加える	最も軽い気体である
④	銅 Cu に希硝酸 dil. HNO₃ を加える	褐色 （brown） である
⑤	銅に濃硫酸 conc. H₂SO₄ を加えて加熱する	漂白作用 （bleaching property） をもつ
⑥	石灰石 CaCO₃ に希塩酸 dil. HCl を加える	水に溶けて弱酸性 （weak acidity） を示す

問 12　ハロゲン（halogen）X（X ＝ F，Cl，Br，I）に関する次の記述①～⑥のうち，**誤っているもの**を一つ選びなさい。　$\boxed{12}$

①　X_2 の沸点（boiling point）を比較したとき，最も沸点が低いものは F_2 である。

②　X_2 の酸化力（oxidizing power）を比較すると，分子量（molecular weight）の小さいものほど酸化力が強い。

③　HX の沸点を比較したとき，最も沸点が低い物質は HCl である。

④　フッ化水素 HF の水溶液の保存には，プラスチック（plastic）のびんを用いる。

⑤　次亜塩素酸 HClO は酸化作用（oxidizing property）を示す。

⑥　フッ化銀 AgF は水に溶けにくい。

問 13　14 族元素（group 14 element）に関する次の記述①～⑦のうち，**誤っているもの**を一つ選びなさい。　$\boxed{13}$

①　炭素 C は，共有結合の結晶（covalent crystal）をつくる。

②　炭素の同素体（allotrope）は，いずれも電気をよく通す。

③　ケイ素 Si は，ケイ砂（quartz sand）を炭素で還元（reduction）することにより得られる。

④　ケイ素は，半導体（semiconductor）である。

⑤　スズ Sn は，酸（acid）と塩基（base）の水溶液のいずれとも反応し，水素 H_2 を発生する。

⑥　鉛 Pb は，常温（normal temperature）では希硫酸 dil. H_2SO_4 に溶けにくい。

⑦　鉛は，放射線（radiation）のしゃへい材（shielding material）として用いられる。

問 14　次の記述(**a**)〜(**e**)のうち，アルミニウム Al と鉄 Fe に共通するものが二つある。それらの組み合わせとして正しいものを，下の①〜⑥の中から一つ選びなさい。　　　**14**

(**a**)　どちらも遷移元素（transition element）である。

(**b**)　どちらも 3 価（trivalent）の陽イオン（cation）になる。

(**c**)　どちらも塩酸 HCl aq と反応して水素 H_2 を発生する。

(**d**)　どちらも水酸化ナトリウム水溶液 NaOH aq と反応して水素を発生する。

(**e**)　どちらも塩化亜鉛水溶液 $ZnCl_2$ aq に入れると亜鉛 Zn が析出する（deposit）。

①　**a**, **b**　　②　**a**, **e**　　③　**b**, **c**　　④　**b**, **d**　　⑤　**c**, **d**　　⑥　**d**, **e**

問 15　酸化物（oxide）が関与する反応についての記述①〜⑤のうち，下線部に示す生成物（product）が**誤っているもの**を，一つ選びなさい。　　　**15**

①　酸化アルミニウム Al_2O_3 は，水酸化ナトリウム水溶液 NaOH aq と反応して<u>テトラヒドロキシドアルミン酸ナトリウム $Na[Al(OH)_4]$</u> を生じる。

②　酸化カルシウム CaO は，塩酸 HCl aq と反応して<u>水酸化カルシウム $Ca(OH)_2$</u> を生じる。

③　酸化マンガン（Ⅳ）MnO_2 は，過酸化水素 H_2O_2 から<u>酸素 O_2</u> を生じる反応の触媒（catalyst）としてはたらく。

④　酸化ナトリウム Na_2O は，水と反応して<u>水酸化ナトリウム NaOH</u> を生じる。

⑤　十酸化四リン P_4O_{10} は，水に溶かして熱すると<u>リン酸 H_3PO_4</u> を生じる。

問 16　アルカン（alkane）とアルケン（alkene）に関する次の記述(a)〜(d)について，正誤の組み合わせとして正しいものを，下表の①〜⑧の中から一つ選びなさい。　**16**

(a)　アルカンは，硫酸酸性（acidified with sulfuric acid）の過マンガン酸カリウム水溶液　$KMnO_4$ aq　で酸化（oxidation）されやすい。

(b)　直鎖アルカン（straight chain alkane）は，炭素原子　C　が多いほど沸点（boiling point）が高い。

(c)　炭素数（number of carbon atoms）が同じアルケンのシス体（*cis* form）とトランス体（*trans* form）は，同じ融点（melting point）を示す。

(d)　アルケンは，一般に付加反応（addition reaction）を受けやすい。

	a	b	c	d
①	正	正	正	正
②	正	正	正	誤
③	正	誤	誤	正
④	正	誤	誤	誤
⑤	誤	誤	正	誤
⑥	誤	誤	正	正
⑦	誤	正	誤	誤
⑧	誤	正	誤	正

問 17　カルボン酸（carboxylic acid）およびその塩に関する次の記述①〜⑤のうち，**誤りであるもの**を一つ選びなさい。　　　　　　　　　　　　　　　**17**

①　フタル酸（phthalic acid）は，不斉炭素原子（asymmetric carbon atom）をもつ。

②　シュウ酸（oxalic acid）は，二価カルボン酸（dicarboxylic acid）である。

③　リノール酸（linoleic acid）は，高級脂肪酸（higher fatty acid）に分類される。

④　トルエン（toluene）を硫酸酸性（acidified with sulfuric acid）の過マンガン酸カリウム $KMnO_4$ で酸化（oxidation）すると，安息香酸（benzoic acid）が生成する。

⑤　ナトリウムフェノキシド（sodium phenoxide）と二酸化炭素 CO_2 を高温・高圧（high temperature and pressure）で反応させると，サリチル酸ナトリウム（sodium salicylate）が生成する。

問 18　酢酸ナトリウム CH_3COONa 8.2 g と過剰（excess）の水酸化ナトリウム $NaOH$ を試験管（test tube）に入れて加熱したところ，反応は完全に進んでメタン CH_4 が発生した。このとき発生したメタンは，標準状態で何 L か。最も近い値を，次の①〜⑤の中から一つ選びなさい。　　　　　　　　　　　　　　　**18** L

①　1.0　　　②　1.6　　　③　2.2　　　④　3.4　　　⑤　4.4

問 19　次表のポリマー（polymer）とその原料のモノマー（monomer）の組み合わせとして正しいものを，①～⑥の中から一つ選びなさい。 19

	ポリマー	モノマー
①	グリコーゲン（glycogen）	マルトース（maltose）
②	タンパク質（protein）	アミノ酸（amino acid）
③	DNA（デオキシリボ核酸） （deoxyribonucleic acid）	リボース（ribose）
④	天然ゴム（natural rubber）	プロペン（プロピレン） （propene（propylene））
⑤	ポリアミド（polyamide）	アニリン（aniline）
⑥	ポリエステル（polyester）	エテン（エチレン） （ethene（ethylene））

問 20　アミノ酸（amino acid）に関する記述①～⑤のうち，正しいものを一つ選びなさい。

20

① 　α-アミノ酸を構成するカルボキシ基（carboxy group）とアミノ基（amino group）の数は，それぞれ一つである。

② 　すべてのα-アミノ酸には，不斉炭素原子（asymmetric carbon atom）がある。

③ 　α-アミノ酸には，炭素 C，水素 H，酸素 O，窒素 N のみが含まれる。

④ 　すべての必須アミノ酸（essential amino acid）は，ヒトの体内で合成される。

⑤ 　α-アミノ酸の分子間で，一方のカルボキシ基ともう一方のアミノ基が脱水縮合（dehydration condensation）して生じる化合物は，ペプチド（peptide）とよばれる。

化学の問題はこれで終わりです。解答欄の **21** ～ **75** はマークしないでください。

解答用紙の科目欄に「化学」が正しくマークしてあるか，もう一度確かめてください。

この問題冊子を持ち帰ることはできません。

生物

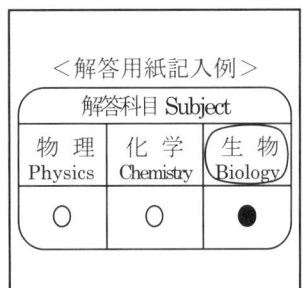
問1　細胞骨格（cytoskeleton）には微小管（microtubule），中間径フィラメント（intermediate filament），アクチンフィラメント（actin filament）などがある。そのうち，筋収縮（muscle contraction）と紡錘体（spindle body）の形成に直接関係しているものはどれか。正しい組み合わせを，次の①～⑤の中から一つ選びなさい。 <u>1</u>

	筋収縮	紡錘体の形成
①	微小管	中間径フィラメント
②	微小管	アクチンフィラメント
③	中間径フィラメント	アクチンフィラメント
④	アクチンフィラメント	微小管
⑤	アクチンフィラメント	中間径フィラメント

問2　次の文 a~d は，細胞小器官（organelle）について述べたものである。ミトコンドリア（mitochondria）と葉緑体（chloroplast）のそれぞれについて述べた文として正しい組み合わせを，下の①~⑥の中から一つ選びなさい。 **2**

a　二重の膜からなり，内部には平らな袋状のものが積み重なった構造をもつ。

b　一重の膜からなり，内部が細胞液で満たされている。

c　二重の膜からなり，内側の膜が折れ込んでひだ状の構造（highly folded structure）をもつ。

d　一重の膜からなり，表面にリボソーム（ribosome）が付着している。

	ミトコンドリア	葉緑体
①	a	c
②	b	a
③	b	d
④	c	a
⑤	c	d
⑥	d	b

問3　大腸菌（*Escherichia coli*）と植物の葉の細胞を比較したとき，植物の葉の細胞だけにあてはまるものを，次の①~⑤の中から一つ選びなさい。 **3**

①　転写（transcription）が終了してから翻訳（translation）が始まる。

②　細胞質基質（cytoplasmic matrix）で ATP の合成を行う。

③　細胞膜（cell membrane）の外側に細胞壁（cell wall）が存在する。

④　細胞内に DNA をもつが核（nucleus）がない。

⑤　中心体（centrosome）がない。

問4 ヒトのだ液に含まれるアミラーゼ（amylase）の基質（substrate），生成物（product），最適 pH として最も適当な組み合わせを次の①～⑧の中から一つ選びなさい。 　　4

	基質	生成物	最適 pH
①	デンプン （starch）	マルトース （maltose）	pH2
②	デンプン	マルトース	pH7
③	デンプン	グルコース （glucose）	pH2
④	デンプン	グルコース	pH7
⑤	マルトース	デンプン	pH2
⑥	マルトース	デンプン	pH7
⑦	マルトース	グルコース	pH2
⑧	マルトース	グルコース	pH7

問5 次の図は，一度加熱し室温に戻したグルコース（glucose）水溶液と，酵母（yeast）とを適切な割合で混ぜた発酵液（fermentation solution）を，キューネの発酵管（Kühne's fermentation tube）に入れて，アルコール発酵（alcoholic fermentation）したものを示している。温度を 35℃ に保ってアルコール発酵を行うと，気体が発生した。発生した気体として正しいものを，下の①～④の中から一つ選びなさい。 　　5

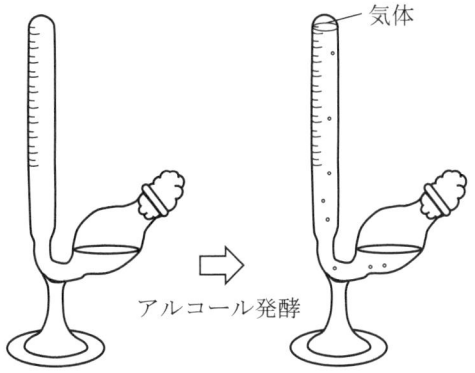

① 酸素（O_2）　　② 水素（H_2）　　③ 二酸化炭素（CO_2）　　④ 窒素（N_2）

問6 光合成（photosynthesis）の反応をまとめると，次の反応式で表すことができる。

$$6CO_2 + 12H_2O + 光エネルギー → C_6H_{12}O_6 + 6H_2O + 6O_2$$

反応式の左辺の H_2O は，光合成のどの過程で分解されるか。また，右辺の $C_6H_{12}O_6$ は，光合成のどの過程で生成されるか。正しい組み合わせを，次の①～⑥の中から一つ選びなさい。 6

	左辺の H_2O が分解される過程	右辺の $C_6H_{12}O_6$ が生成される過程
①	カルビン・ベンソン回路 （Calvin-Benson cycle）	光化学系 I （photosystem I ）
②	カルビン・ベンソン回路	光化学系 II （photosystem II ）
③	光化学系 I	カルビン・ベンソン回路
④	光化学系 I	光化学系 II
⑤	光化学系 II	カルビン・ベンソン回路
⑥	光化学系 II	光化学系 I

問7　一定の順序で塩基(base)が繰り返し配列する人工 mRNA をタンパク質合成系に入れると，ポリペプチド (polypeptide) が合成される。次の表は，合成した mRNA からポリペプチドをつくると，どのようなアミノ酸配列 (amino acid sequence) のものが得られたかをまとめたものである。ACA，CAC のコドン (codon) に対応するアミノ酸として正しい組み合わせを下の①～⑥の中から一つ選びなさい。　　　　　　　　　　　7

mRNA の塩基配列（base sequence）	得られたポリペプチド
ACACAC・・・の繰り返し	トレオニン（threonine）とヒスチジン（histidine）の繰り返しのみ
CAACAACAACAA・・・の繰り返し	グルタミン（glutamine）のみ，アスパラギン（asparagine）のみ，トレオニンのみからなるポリペプチドの3種類

	ACA	CAC
①	トレオニン	ヒスチジン
②	ヒスチジン	トレオニン
③	グルタミン	トレオニン
④	ヒスチジン	アスパラギン
⑤	グルタミン	ヒスチジン
⑥	トレオニン	グルタミン

問8 ある生物の A（a），B（b）の2組の対立遺伝子（allele）について，遺伝子型（genotype）が *AAbb* の個体と *aaBB* の個体を交雑（cross）し，F₁ を得た。この F₁ と遺伝子型が *aabb* の個体を交雑すると，次のような表現型（phenotype）の個体とその分離比（segregation ratio）が得られた。ただし，A と B はそれぞれ a と b に対して優性（dominant）である。

〔AB〕：〔Ab〕：〔aB〕：〔ab〕＝1：5：5：1

表現型を〔AB〕で示した上記の個体の染色体（chromosome）と遺伝子との関係はどのようになるか。最も適当なものを，次の①～④の中から一つ選びなさい。 8

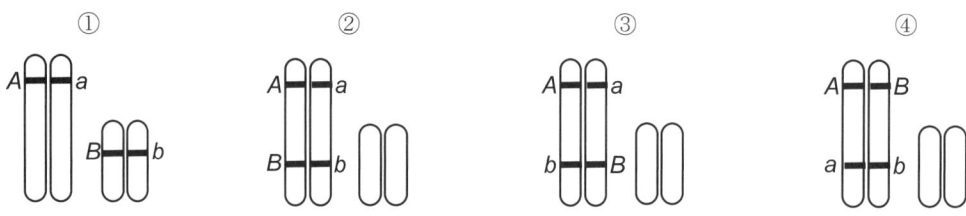

問9 次の図は，あるヒトの体細胞の分裂中期（mitotic metaphase）における性染色体（sex chromosome）を示したものである。この図を参考にして，ヒトの染色体（chromosome）について述べた文として最も適当なものを下の①～⑤の中から一つ選びなさい。なお，ヒトの染色体数は 2n＝46 である。 9

X　Y

① X 染色体は，男子にのみみられる。

② ヒトの体細胞には，23 対の常染色体（autosome）がある。

③ ヒトの体細胞の性染色体は，男女で，2 本とも形が異なる。

④ ヒトの体細胞で分裂中期には 23 本の染色体が存在する。

⑤ 図の X の染色体は，母方から受け継いだものである。

問10 次の文は，イモリ（newt）の眼の形成に関する移植（transplantation）について述べたものである。文中の空欄 a ～ c にあてはまる語句の組み合わせとして正しいものを，下の①～⑥の中から一つ選びなさい。

10

　イモリの尾芽胚（tailbud stage embryo）の眼胞（optic vesicle）を切り取り，それを別の尾芽胚の頭部の表皮（epidermis）の下に移植したところ，移植した部分には本来存在しないはずの眼の構造の一部がつくられた。これは a から形成された眼胞自身が b になると同時に，移植された周囲の細胞に働きかけ，その運命を眼になる方向に決定したためだと考えられる。このような働きを c という。

	a	b	c
①	中胚葉	眼杯	分化
②	中胚葉	水晶体	分化
③	中胚葉	眼杯	誘導
④	外胚葉	水晶体	分化
⑤	外胚葉	眼杯	誘導
⑥	外胚葉	水晶体	誘導

中胚葉（mesoderm），眼杯（optic cup），分化（differentiation），
水晶体（crystalline lens），誘導（induction），外胚葉（ectoderm）

問11 次の図は，ヒトの循環系（circulatory system）の一部を簡単に示したものである。この中で，健康なヒトでは食後にグルコース（glucose）の濃度が最も高い血液が流れる血管 X と，尿素（urea）の濃度が最も低い血液が流れる血管 Y は，それぞれどれか。最も適当な組み合わせを，下の①〜⑥の中から一つ選びなさい。　11

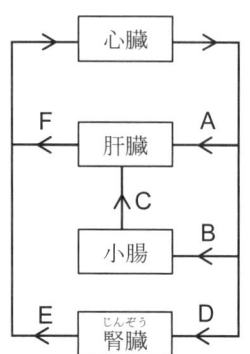

肝臓（liver），小腸（small intestine），腎臓（kidney）

	血管 X	血管 Y
①	A	C
②	A	E
③	C	E
④	C	F
⑤	D	B
⑥	D	C

問 12　次の文 a～d は，動脈 (artery)，静脈 (vein)，毛細血管 (capillary)，リンパ管 (lymph duct)

のいずれかについて説明したものである。このうち，静脈とリンパ管のそれぞれについて述べ

たものはどれか。正しい組み合わせを下の①～⑥の中から一つ選びなさい。　　　　12

a　筋肉の層と弾力性のある層がおおっている。血液の逆流を防ぐ弁 (valve) がついている。

b　筋肉の層と弾力性のある層がおおっている。筋肉の層が厚く，血液の逆流を防ぐ弁は存在

　　しない。

c　組織液 (tissue fluid) の一部が入り，血球 (blood cell) では白血球 (leukocyte) のみが

　　みられる。逆流を防ぐ弁がついている。

d　一層の細胞からなっており，血しょう (blood plasma) の一部がしみ出して組織液となる。

	静脈	リンパ管
①	a	b
②	a	c
③	a	d
④	b	a
⑤	b	c
⑥	b	d

問 13 次の図は，ヒトの眼の水平断面図を上から見た模式図である。これに関する下の問い(1)，(2)
について答えなさい。

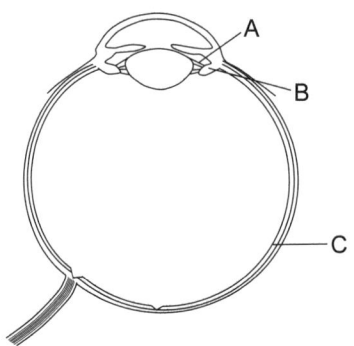

(1) 図の A，B，C の名称の組み合わせとして正しいものを，次の①～④の中から一つ選びなさ
い。　　　　　　　　　　　　　　　　　　　　　　　　　　　　　　　　　　**13**

	A	B	C
①	チン小帯	毛様体	網膜
②	チン小帯	毛様体	角膜
③	毛様体	チン小帯	網膜
④	毛様体	チン小帯	角膜

チン小帯（zonule of Zinn），毛様体（ciliary body），
網膜（retina），角膜（cornea）

(2) ヒトの眼の遠近調節には図の A，B の二つの構造が関係している。近くを見るときの調節を行う場合，A，B と水晶体（crystalline lens）について正しく述べているものはどれか。最も適当なものを次の①〜⑧の中から一つ選びなさい。 | 14 |

① B の筋肉が収縮（contraction）し，A がゆるむので，水晶体が薄くなる。

② B の筋肉が収縮し，A がゆるむので，水晶体が厚くなる。

③ B の筋肉が収縮し，A が引っ張られるので，水晶体が薄くなる。

④ B の筋肉が収縮し，A が引っ張られるので，水晶体が厚くなる。

⑤ B の筋肉が弛緩（relaxation）し，A がゆるむので，水晶体が薄くなる。

⑥ B の筋肉が弛緩し，A がゆるむので，水晶体が厚くなる。

⑦ B の筋肉が弛緩し，A が引っ張られるので，水晶体が薄くなる。

⑧ B の筋肉が弛緩し，A が引っ張られるので，水晶体が厚くなる。

問14 次の図は，1本の有髄神経（medullated nerve）の一部を模式的に示したものである。領域 E に閾値（threshold value）以上の刺激（stimulation）を与えた場合に，軸索（axon）で興奮（excitation）する部位の順序として正しい組み合わせを，下の①～⑤の中から一つ選びなさい。 | 15 |

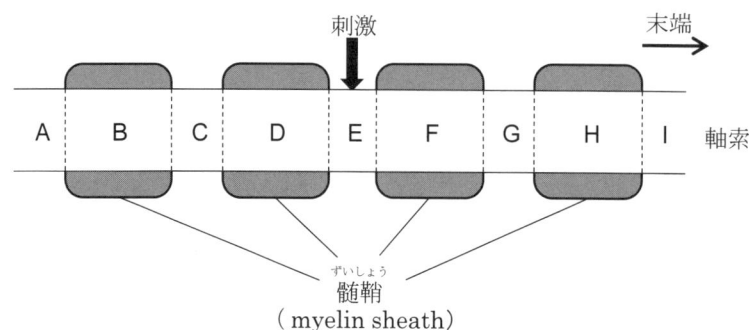

① E→F→G→H→I

② E→F→H

③ E ⟨ D→C→B→A
      F→G→H→I

④ E ⟨ D→B
      F→H

⑤ E ⟨ C→A
      G→I

問 15 次の文①～⑤は，いろいろな植物ホルモン（plant hormone）の働きについて述べたものである。エチレン（ethylene）について述べた文として最も適当なものを一つ選びなさい。 $\boxed{16}$

① 落葉の季節になると葉の付け根で離層（separation layer）の形成を促進する。

② 種子の発芽（seed germination）を抑制し，休眠状態（dormancy）を維持させる。

③ 種子の胚（embryo）でつくられ，発芽を促進する。

④ 茎の先端でつくられ，細胞の伸長を促進する。

⑤ 側芽（lateral bud）の成長を促進する。

問 16 次の表は，ある生態系（ecosystem）における総生産量（gross primary productivity）または同化量（secondary production）を栄養段階（trophic level）ごとに示したものである。各栄養段階のエネルギー効率（%）の大小関係として最も適当なものを，下の①～⑥の中から一つ選びなさい。 $\boxed{17}$

栄養段階	総生産量または同化量 （J／cm²／年）
太陽エネルギー	*499262.4
生産者（producer）	467.9
一次消費者（primary consumer）	62.2
二次消費者（secondary consumer）	13.0

*入射光のエネルギー

① 生産者 ＞ 一次消費者 ＞ 二次消費者

② 生産者 ＞ 二次消費者 ＞ 一次消費者

③ 一次消費者 ＞ 生産者 ＞ 二次消費者

④ 一次消費者 ＞ 二次消費者 ＞ 生産者

⑤ 二次消費者 ＞ 一次消費者 ＞ 生産者

⑥ 二次消費者 ＞ 生産者 ＞ 一次消費者

問17 次の文の空欄　a　～　c　にあてはまる語句の組み合わせとして最も適当なものを，下の①
～⑥の中から一つ選びなさい。

18

　被子植物(angiosperms)は，生殖器官(reproductive organ)の構造が裸子植物(gymnosperms)
よりも複雑になり，動物によって　a　が運搬され，受精 (fertilization) するしくみが発達し
た。また　b　の形成に伴って風や動物を利用した種子散布も発達した。現在の鳥類 (birds)，
昆虫類 (insects) には特定の花の蜜を吸うために特殊なくちばし (beak) や口器 (mouthpart)
をもつものがみられる。

　このように被子植物は動物と互いに影響を及ぼしながら進化 (evolution) してきたといわれ
ている。この進化の現象を　c　という。

	a	b	c
①	果実	花粉 (pollen)	中立進化 (neutral evolution)
②	果実	花粉	共進化 (coevolution)
③	果実	花粉	工業暗化 (industrial melanism)
④	花粉	果実	中立進化
⑤	花粉	果実	共進化
⑥	花粉	果実	工業暗化

　生物の問題はこれで終わりです。解答欄の **19** ～ **75** はマークしないでください。
　解答用紙の科目欄に「生物」が正しくマークしてあるか，もう一度確かめてください。

この問題冊子を持ち帰ることはできません。

平成28年度（2016年度）日本留学試験

総合科目

（８０分）

I　試験全体に関する注意

1．係員の許可なしに，部屋の外に出ることはできません。

2．この問題冊子を持ち帰ることはできません。

II　問題冊子に関する注意

1．試験開始の合図があるまで，この問題冊子の中を見ないでください。

2．試験開始の合図があったら，下の欄に，受験番号と名前を，受験票と同じように記入してください。

3．この問題冊子は，23ページあります。

4．足りないページがあったら，手をあげて知らせてください。

5．問題冊子には，メモや計算などを書いてもいいです。

III　解答用紙に関する注意

1．解答は，解答用紙に鉛筆（HB）で記入してください。

2．各問題には，その解答を記入する行の番号 **1**，**2**，**3**，…がついています。解答は，解答用紙（マークシート）の対応する解答欄にマークしてください。

3．解答用紙に書いてある注意事項も必ず読んでください。

※　試験開始の合図があったら，必ず受験番号と名前を記入してください。

受験番号			＊					＊						
名　　前														

問1　次の文章を読み，下の問い(1)～(4)に答えなさい。

　₁トルコ共和国（Republic of Turkey）は，ヨーロッパ（Europe）とアジア（Asia）の二つの地域に領土を有する国で，₂1923年，トルコ建国の父と言われるケマル・アタテュルク（Mustafa Kemal Atatürk）を指導者として成立した。

　現在のトルコは，イスラームと民主主義の両立を果たし，「イスラーム民主主義の優等生」と呼ばれている。また，₃比較的安定した経済発展を遂げてきた。

　一方，外交面では，₄NATO（北大西洋条約機構）に加盟しているが，EU（欧州連合）への加盟は実現していない。

(1)　下線部1に関して，トルコの位置として正しいものを，次の地図中の①～④の中から一つ選びなさい。　　　　　　　　　　　　　　　　　　　　　　　1

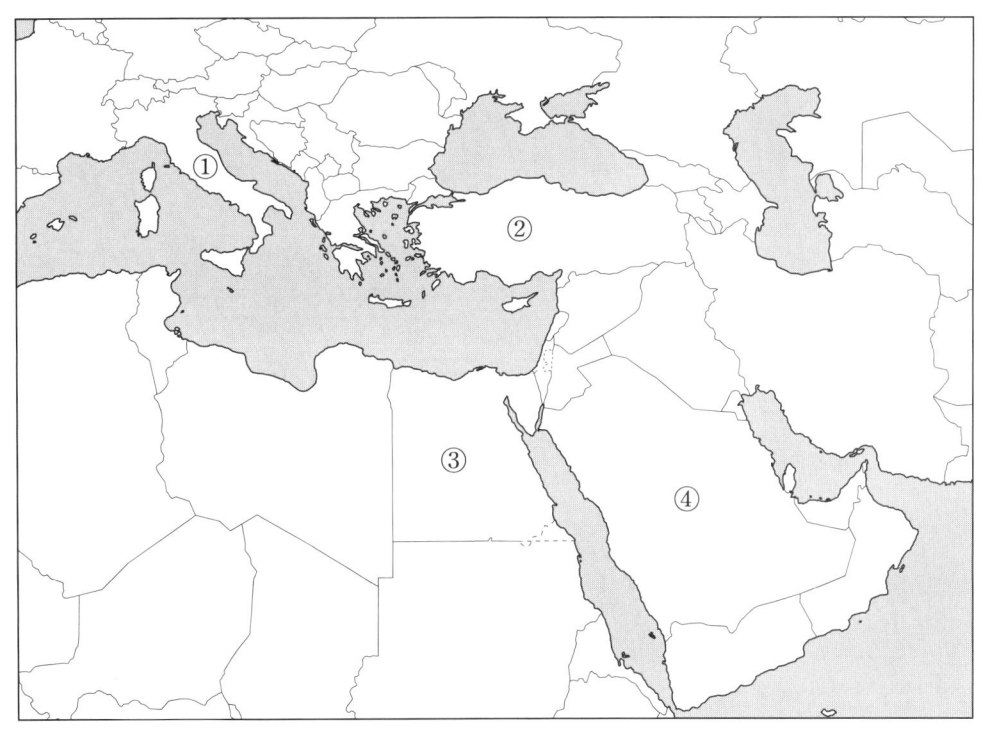

(2)　下線部**2**に関して，1923年は日本では関東大震災が起こった年である。この時期に生じた歴史的出来事を年代順に並べたものとして正しいものを，次の①～④の中から一つ選びなさい。　　　　**2**

① 第一次世界大戦の勃発（ぼっぱつ）→ ロシア革命 → 関東大震災 → 世界恐慌の発生

② ロシア革命 → 第一次世界大戦の勃発 → 世界恐慌の発生 → 関東大震災

③ ロシア革命 → 第一次世界大戦の勃発 → 関東大震災 → 世界恐慌の発生

④ 第一次世界大戦の勃発 → 世界恐慌の発生 → ロシア革命 → 関東大震災

注）ロシア革命（Russian Revolution），世界恐慌（Great Depression）

(3)　下線部**3**に関して，次の表は，日本，トルコ，アラブ首長国連邦（UAE），中国（China）における購買力平価に基づく一人当たりGDP（国内総生産）の推移を示したものである。トルコに当てはまるものを，下の①～④の中から一つ選びなさい。　　　　**3**

単位：ドル

	1990年	1995年	2000年	2005年	2010年
A	74,017	77,467	84,975	84,338	56,245
B	19,230	22,922	25,938	30,441	33,741
C	4,439	5,411	9,321	11,512	16,166
D	980	1,860	2,915	5,053	9,239

世界銀行ウェブサイトより作成

① A

② B

③ C

④ D

(4) 下線部 **4** に関して，2016年現在NATOに**加盟していない**国を，次の①〜④の中から一つ選びなさい。 　　　　　　　　　　　　　　　　　　　　　　　　　　**4**

① ギリシャ（Greece）

② フランス（France）

③ アメリカ（USA）

④ スイス（Switzerland）

問2　次の文章を読み，下の問い(1)～(4)に答えなさい。

　メキシコ（Mexico）は，北米大陸に位置する ₁連邦制の共和国であり， ₂人口が１億人を超える国の一つである。経済面では隣国アメリカとの関係が深く， ₃NAFTA（北米自由貿易協定）の発効以降，アメリカとの関係がさらに深まっている。日本とはスペイン（Spain）の植民地時代から400年以上の交流の歴史があり，日本がアジア以外の国と ₄平等条約を締結した最初の相手国である。

(1)　下線部 **1** に関して，メキシコと同様に連邦制をとる共和国を，次の①～④の中から一つ選びなさい。　　　　　　　　　　　　　　　　　　　　　　　**5**

　　① サウジアラビア（Saudi Arabia）

　　② ドイツ（Germany）

　　③ シンガポール（Singapore）

　　④ ニュージーランド（New Zealand）

(2)　下線部 **2** に関して，人口が１億人を超える国を，次の①～④の中から一つ選びなさい。　　　　　　　　　　　　　　　　　　　　　　　　　　　　　　**6**

　　① ブラジル（Brazil）

　　② フランス

　　③ エジプト（Egypt）

　　④ アルゼンチン（Argentina）

(3) 下線部 **3** に関して，NAFTAに関する記述として最も適当なものを，次の①～④の中から一つ選びなさい。 **7**

① 対外共通関税の導入により，ブロック経済化を目指したものである。

② 関税の段階的撤廃や非関税障壁の除去を目指したものである。

③ 労働者の移動の自由や共通農業政策の実施を目指したものである。

④ 共通通貨の導入により，域内の金融政策の一元化を目指したものである。

(4) 下線部 **4** に関して，日本はメキシコと平等条約を締結する前に，列強と不平等条約を締結していた。そうした不平等条約に関する記述として最も適当なものを，次の①～④の中から一つ選びなさい。 **8**

① 日本と条約を結んだ国の言語も，日本の公用語として認めるものであった。

② 日本の最高裁判所の裁判官に外国人を任命しなければならなかった。

③ 日本は関税自主権を持たず，相手国に領事裁判権を認めるものであった。

④ 外国人が日本に来ることは認められたが，日本人が相手国に行くことは認められなかった。

問3 次の記述を説明するグラフとして最も適当なものを，下の①〜④の中から一つ選びなさい。 9

農作物は，作付け量を簡単に変更できないため，価格が上昇しても生産量を大きく増やすことはできない。

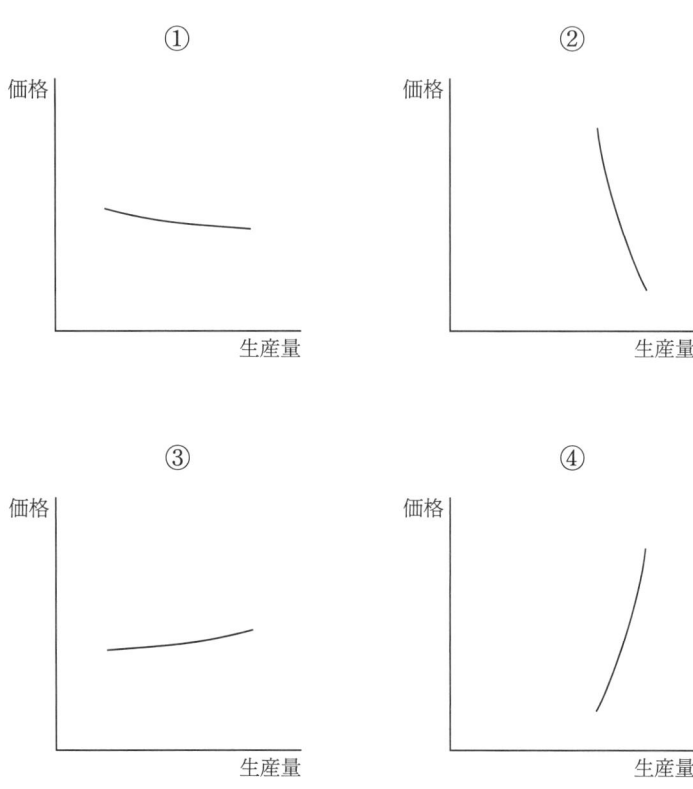

問4　農家は翌年用のタネイモ（原材料）分を除き，今年収穫したジャガイモすべてを5,000円で加工会社に販売した。加工会社はこれをすべてポテトチップスに加工し，小売店に12,000円で販売した。小売店はこれを今年中に消費者にすべて販売して，その売り上げが18,000円であった。上の一連の取引で，今年のGDPに計上されるのはいくらか。正しいものを，次の①～④の中から一つ選びなさい。　**10**

① 　5,000円

② 　12,000円

③ 　18,000円

④ 　35,000円

問5　一般的に物価は好景気の時に上昇しやすいが，不景気であるにもかかわらず物価が上昇することがある。この現象の名称として正しいものを，次の①～④の中から一つ選びなさい。　**11**

① 　ハイパー・インフレーション（hyperinflation）

② 　スタグフレーション（stagflation）

③ 　デフレーション（deflation）

④ 　ディマンド・プル・インフレーション（demand-pull inflation）

問6 財政政策には景気循環の波を平準化する機能があるとされる。このことを表す図として最も適当なものを，次の①～④の中から一つ選びなさい。なお，横軸を時間，縦軸を景気の指標，点線が財政政策をおこなわない場合の景気循環，実線が財政政策をおこなった場合の景気循環を示すものとする。　**12**

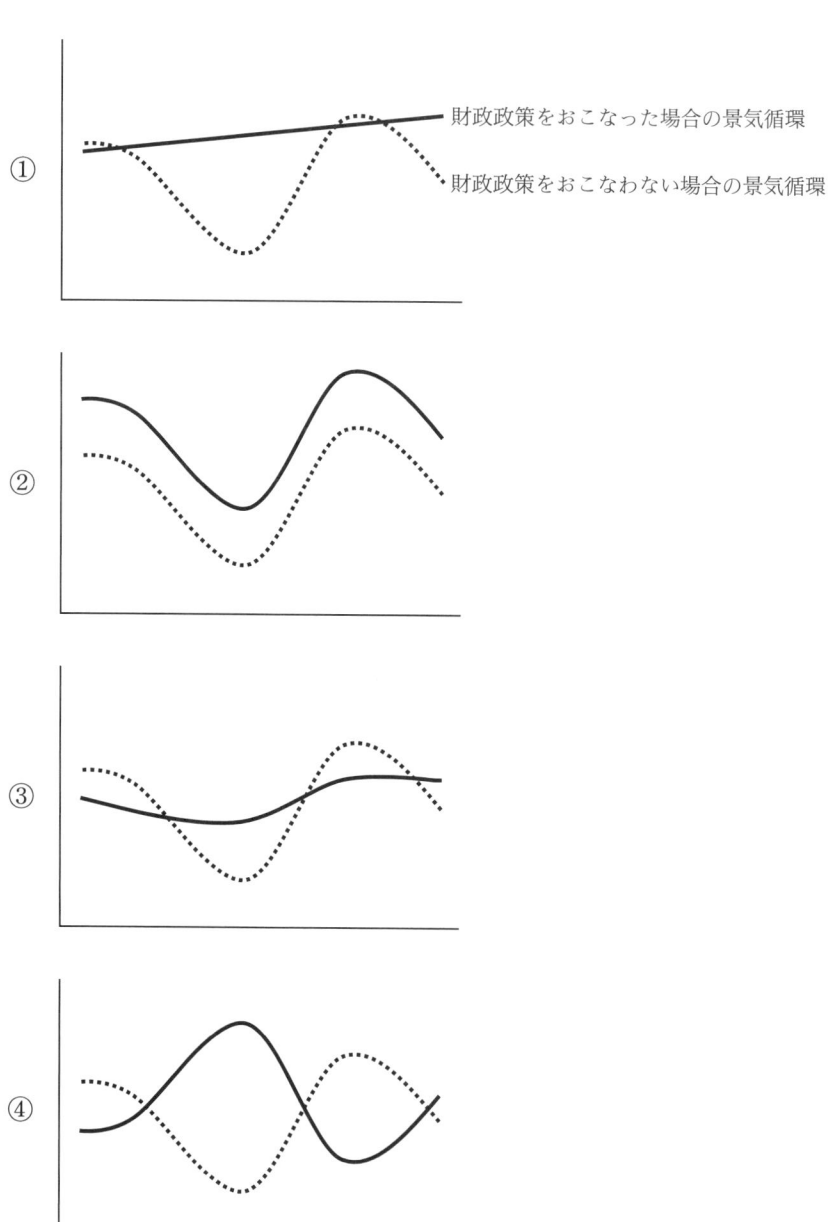

問7　株式会社の説明として最も適当なものを，次の①〜④の中から一つ選びなさい。

13

①　株式会社が倒産しても，株主の法的責任は出資額を超えることはない。

②　資金の調達手段は，株式の発行に限られる。

③　株式会社の従業員のみが，その会社の株式を保有できる。

④　日本では株式会社の中で，従業員が100名未満の会社を合資会社という。

問8　1973年，日本は変動為替相場制に移行した。その後1970年代に生じた日本経済の変化として最も適当なものを，次の①〜④の中から一つ選びなさい。

14

①　円安の進行により輸入品価格が上昇し，第一次石油危機に見舞われた。

②　超低金利政策がとられ，いわゆるバブル経済が発生した。

③　IMF（国際通貨基金）8条国へ移行し，資本の自由化が進んだ。

④　円高に対応すべく，電機・自動車産業を中心に一層の経営合理化に努めた。

問9　WTO（世界貿易機関）は1995年に設立されたが，この機関の設立を促した事情として最も適当なものを，次の①〜④の中から一つ選びなさい。

15

①　設立以前には紛争処理に関する手続きの実効性が十分には確保されていなかったため，その手続きを強化する必要が生じた。

②　基軸通貨としてのドルの国際的信用の低下に伴い，国際通貨問題に多国間協議で対応する必要が生じた。

③　経済がグローバル化するに従い，公平で課税もれのない国際的な課税制度を構築する必要が生じた。

④　世界的な自由貿易体制が完成し，FTA（自由貿易協定）に代表される二国間や特定地域内の通商関係を強化する必要が生じた。

問10　次の表は，ドイツ，イギリス（UK），ベルギー（Belgium），オランダ（Netherlands）
　　　4か国の2014年における輸出依存度と輸入依存度を示したものである。輸出依存度，

　　　輸入依存度とは，それぞれGDPに対する輸出額あるいは輸入額の比率である。表中

　　　のA～Dに当てはまる国の組み合わせとして正しいものを，下の①～④の中から一つ

　　　選びなさい。　　　　　　　　　　　　　　　　　　　　　　　　　　　　　　**16**

単位：%

	A	B	C	D
輸出依存度	89.2	65.3	38.6	16.0
輸入依存度	85.7	57.8	31.3	22.2

『世界国勢図会　2016/17年版』矢野恒太記念会　より作成

	A	B	C	D
①	オランダ	イギリス	ドイツ	ベルギー
②	イギリス	ドイツ	オランダ	ベルギー
③	ドイツ	イギリス	ベルギー	オランダ
④	ベルギー	オランダ	ドイツ	イギリス

問11　欧州自由貿易連合（EFTA）は，欧州経済共同体（EEC）に加盟していなかった国によって1960年に発足した。EFTAの原加盟国として正しいものを，次の①～④の中から一つ選びなさい。　**17**

①　フランス

②　イギリス

③　イタリア（Italy）

④　ルクセンブルク（Luxembourg）

問12　日本の労働環境に関する記述として最も適当なものを，次の①～④の中から一つ選びなさい。　**18**

①　男女雇用機会均等法によって，現在では大企業の管理職の約半数は女性が占めている。

②　労働基準法改正以降，すべての職種において同一労働同一賃金の原則がとられている。

③　高齢化社会に対応するため，定年の延長など高齢者の雇用機会の拡大が図られている。

④　労働力不足を解消するため，すべての産業部門で外国人労働者の受け入れが積極的に進められている。

問13 次の表は，アメリカ，中国，日本，ロシア（Russia）について，一人当たりの二酸化炭素（CO_2）排出量，GDP 1 ドル当たりのCO_2排出量，およびCO_2排出量の増減率（いずれも2013年）を示したものである。表中のA～Dに当てはまる国の組み合わせとして正しいものを，下の①～④の中から一つ選びなさい。　**19**

	A	B	C	D
一人当たりのCO_2排出量（トン）	16.18	10.79	9.70	6.60
GDP 1 ドル当たりのCO_2排出量（キログラム）	0.35	0.70	0.30	0.64
CO_2排出量の増減率（％）	0.3	−1.5	0.7	6.3

注）　GDPは2005年の為替レートで算出
　　　CO_2排出量の増減率は1990年を基準とした年平均
IEAウェブサイトより作成

	A	B	C	D
①	アメリカ	ロシア	日本	中国
②	中国	アメリカ	ロシア	日本
③	日本	中国	アメリカ	ロシア
④	ロシア	日本	中国	アメリカ

問14　次の地図は，メルカトル図法で描かれた世界地図である。この図法あるいはこの地図に関する記述として最も適当なものを，下の①～④の中から一つ選びなさい。**20**

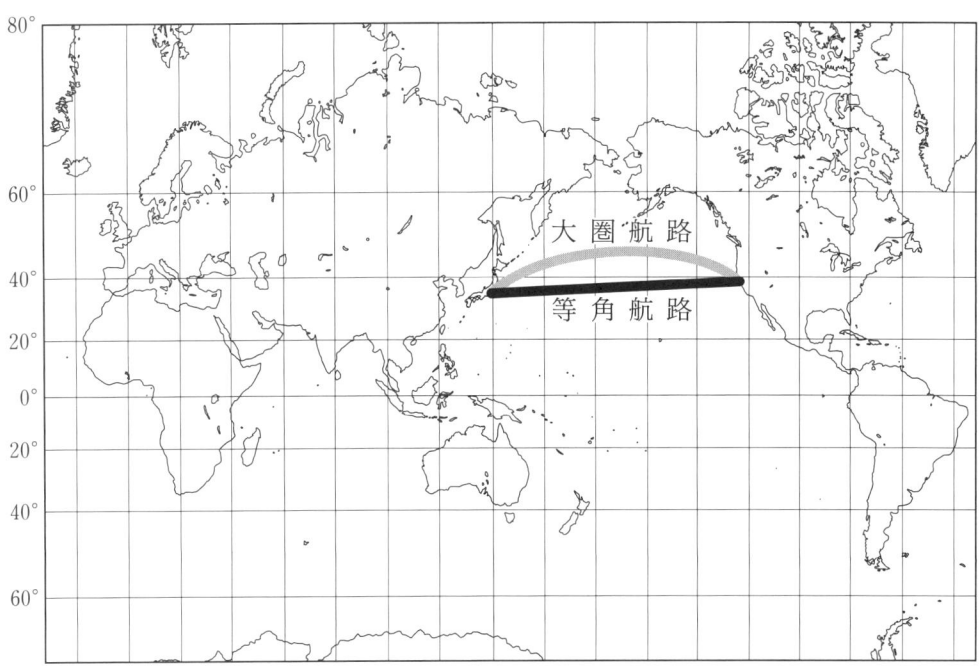

①　北緯60度上の緯線の長さは赤道の長さのほぼ2倍に拡大して描かれている。

②　同一の経度帯ではゆがみがなく，面積がほぼ正しく描かれている。

③　等角航路とはある地点から別の地点への最短航路を表すものである。

④　大圏航路で進めば経線に対して常に一定の角度を保てるため，海図に適している。

問15 東京，ロンドン（London），ニューヨーク（New York）間には時差がある。東京－ロンドン間，東京－ニューヨーク間，ニューヨーク－ロンドン間の中で，時差が最も大きい区間と最も小さい区間の組み合わせとして正しいものを，次の①～④の中から一つ選びなさい。ただし，各都市の標準子午線は，東京が東経135度，ロンドンが０度，ニューヨークが西経75度であり，サマータイムは考慮しないものとする。

21

	最も大きい区間	最も小さい区間
①	東京－ロンドン	東京－ニューヨーク
②	東京－ロンドン	ニューヨーク－ロンドン
③	東京－ニューヨーク	東京－ロンドン
④	東京－ニューヨーク	ニューヨーク－ロンドン

問16　次の地図は，日本のある地方の海岸線を描いたものである。このような海岸線の地
　　　形名称として最も適当なものを，下の①〜④の中から一つ選びなさい。ただし，地図
　　　の上方が北で，左方が陸地側，右方が海洋側である。　　　　　　　　　　22

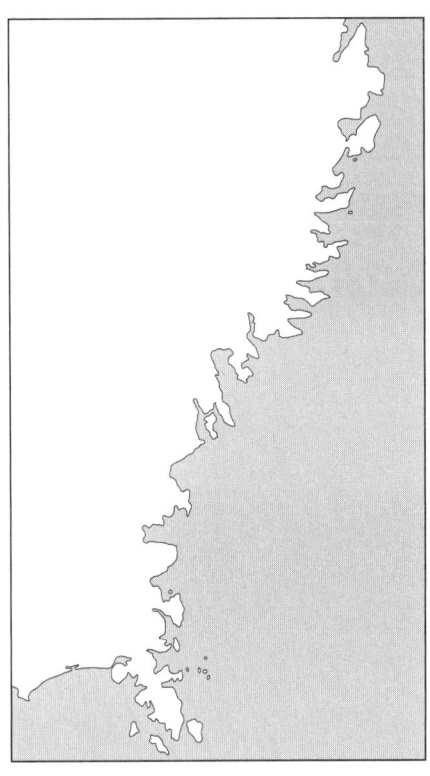

①　リアス海岸

②　フィヨルド（fjord）

③　海岸段丘

④　三角州（デルタ）

問17　次の図は，アメリカ，オーストラリア（Australia），スペイン，日本の品目別の食料自給率を示したものである。日本に当てはまるものを，次の①〜④の中から一つ選びなさい。　**23**

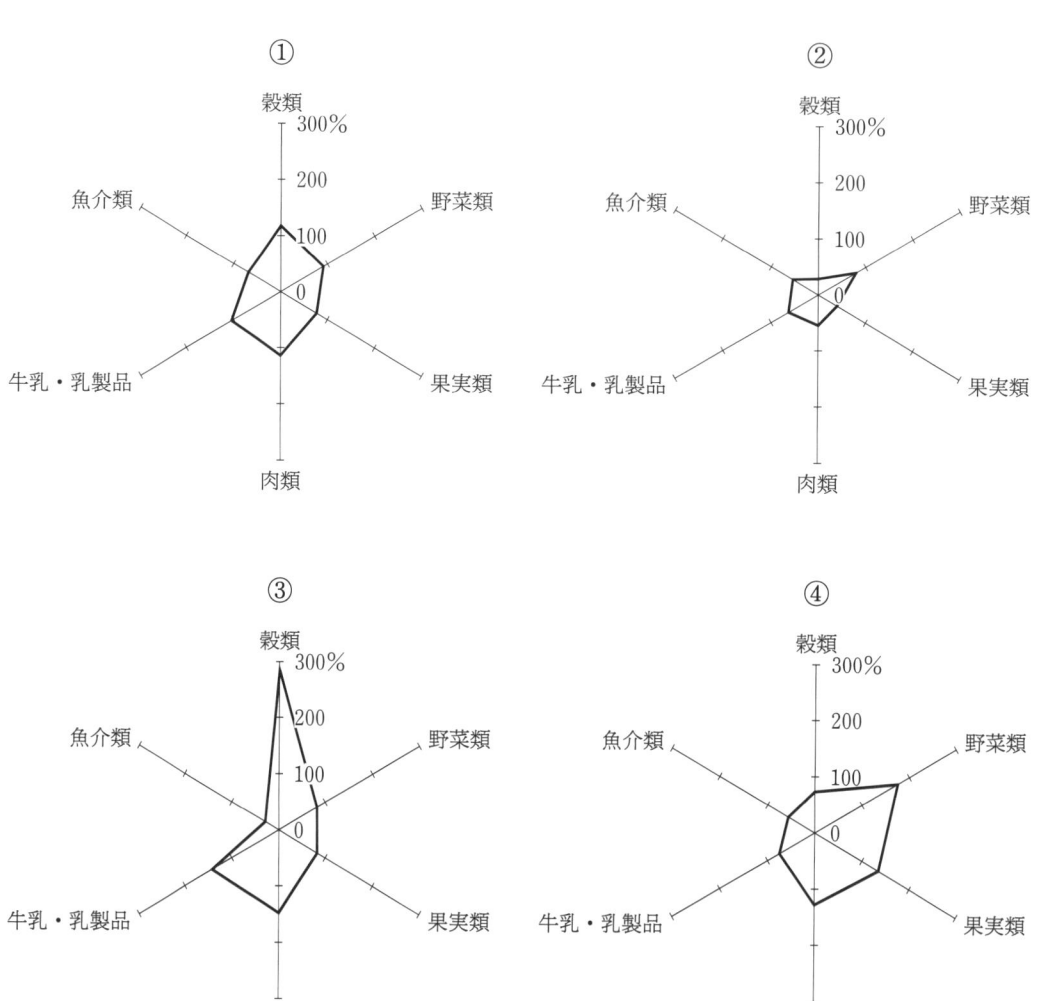

注）　アメリカ，オーストラリア，スペインは2011年，日本は2013年のデータによる。
『データブック　オブ・ザ・ワールド　2016年版』二宮書店より作成

問18　次の表は，2013年における天然ガスの産出と輸出に関して上位5か国を示したものである。表中のX国として正しいものを，下の①～④の中から一つ選びなさい。 **24**

天然ガスの産出（10億立方フィート）

国	産出量	％
アメリカ	24,334	20.1
X	22,139	18.3
イラン	5,696	4.7
カタール	5,598	4.6
カナダ	5,129	4.2
世界計	121,283	100.0

天然ガスの輸出（10億立方フィート）

国	輸出量	％
X	7,801	20.4
カタール	4,432	11.6
ノルウェー	3,630	9.5
カナダ	2,912	7.6
オランダ	2,376	6.2
世界計	38,302	100.0

注）イラン（Iran），カタール（Qatar），カナダ（Canada），ノルウェー（Norway）
アメリカエネルギー情報局ウェブサイトより作成

① ドイツ

② 中国

③ ロシア

④ イギリス

問19　次の文を読み，文中の空欄 a に当てはまる語として最も適当なものを，下の
　　　①～④の中から一つ選びなさい。 **25**

　第一次世界大戦後から第二次世界大戦開始までのヨーロッパでは，ドイツやイタリアな
どで，共産主義を敵視し，自由主義や民主主義の考え方を否定する a が生まれた。

　　①　覇権主義（hegemonism）

　　②　ファシズム（fascism）

　　③　絶対主義（absolutism）

　　④　無政府主義（anarchism）

問20　各国の政治体制に関する記述として最も適当なものを，次の①～④の中から一つ選
　　　びなさい。 **26**

　　①　イギリスは立憲君主制で，首相は貴族院議員の中から互選で選出される。

　　②　フランスは大統領制と議院内閣制の混合型で，大統領は議会によって選ばれる儀
　　　　礼的な存在である。

　　③　アメリカは大統領制で，大統領は連邦議会に議席を持たず，法案提出権も持たな
　　　　い。

　　④　ロシアは議院内閣制で，首相は議会に対して解散権を持ち，議会は内閣に対する
　　　　不信任決議案を提出できる。

問21　日本国憲法が定めている国会の権限として**適当でないもの**を，次の①～④の中から一つ選びなさい。　　　　　　　　　　　　　　　　　　　**27**

① 憲法改正の承認

② 予算の議決

③ 条約の承認

④ 弾劾裁判所の設置

問22　日本の内閣総理大臣に関する記述として最も適当なものを，次の①～④の中から一つ選びなさい。　　　　　　　　　　　　　　　　　　　　　　　**28**

① 国会議員と兼職することはできない。

② 国務大臣の罷免権を有する。

③ 国民の直接選挙で選出される。

④ 両院協議会によって不信任案が可決されると，辞職しなければならない。

問23　日本国憲法第20条は，「国及びその機関は，宗教教育その他いかなる宗教的活動もしてはならない」ことを規定している。この規定が意味しているものとして最も適当なものを，次の①～④の中から一つ選びなさい。　　　　　　　　**29**

① 学問の自由

② 国民主権

③ 政教分離

④ 民事不介入

問24　日本国憲法は，国民の権利に加えて，国民の義務を三つ定めている。その義務の一つを，次の①〜④の中から一つ選びなさい。　**30**

① 社会奉仕の義務

② 兵役の義務

③ 勤労の義務

④ 法律を尊重し擁護する義務

問25　国民が裁判に直接参加する制度としてアメリカには陪審制（jury system）がある。この制度の説明として最も適当なものを，次の①〜④の中から一つ選びなさい。　**31**

① 陪審員が有罪・無罪を認定し，有罪の場合の量刑は，陪審員と裁判官が決定する。

② 陪審員と裁判官が有罪・無罪を認定し，有罪の場合の量刑は，裁判官が決定する。

③ 裁判官が有罪・無罪を認定し，有罪の場合の量刑は，陪審員が決定する。

④ 陪審員が有罪・無罪を認定し，有罪の場合の量刑は，裁判官が決定する。

問26 フランス革命（French Revolution）とナポレオン戦争（Napoleonic Wars）後の混乱を収拾し，国際秩序を回復することを目的として，1814年から1815年にかけてウィーン会議（Congress of Vienna）が開かれた。この会議で示された国際秩序の原則として最も適当なものを，次の①～④の中から一つ選びなさい。 **32**

① 公開外交

② 勢力均衡

③ 民族自決

④ 集団安全保障

問27 日本における環境問題対策に関する次の出来事A～Dを年代順に並べたものとして正しいものを，下の①～④の中から一つ選びなさい。 **33**

A：地球温暖化対策税の導入

B：環境基本法の制定

C：公害対策基本法の制定

D：循環型社会形成推進基本法の制定

① A → D → B → C

② B → A → C → D

③ C → B → D → A

④ D → C → A → B

問28 アメリカの南北戦争（Civil War）に関する記述として最も適当なものを，次の
①～④の中から一つ選びなさい。　　**34**

①　発端は北部のフランス系住民と南部のイギリス系住民との間の主導権争いである。

②　北部諸州は州権の強化と奴隷制の存続を求めた。

③　南部諸州は綿花など農産物をヨーロッパに輸出していたため自由貿易を支持した。

④　1860年の大統領選挙に当選したワシントン（George Washington）は奴隷解放
宣言を発した。

問29 ドイツ帝国のヴィルヘルム2世（Wilhelm II）に関する記述として最も適当なもの
を，次の①～④の中から一つ選びなさい。　　**35**

①　大規模に艦隊を増強するなど，「世界政策」と呼ばれる対外膨張政策をとった。

②　社会主義思想の浸透を防ぐため，社会主義者鎮圧法を制定した。

③　「文化闘争」と呼ばれるカトリックへの敵対的な政策をとった。

④　ドイツ統一を巡るオーストリア（Austria）との戦いに勝ち，ドイツ帝国を建国
した。

問30 第一次世界大戦後に生じた情勢変化に関する記述として**適当でないもの**を，次の
①～④の中から一つ選びなさい。　　**36**

①　ヴェルサイユ（Versailles）条約で国際連盟（League of Nations）の設立が決
まった。

②　東欧（Eastern Europe）では新たな独立国が生まれた一方，アジア各地では民
族自決の機運が高まった。

③　日本はマーシャル諸島（Marshall Islands）やその他いくつかの太平洋の島の委
任統治権を得た。

④　米西戦争（Spanish-American War）後に，アメリカはフィリピン（Philippines）
を植民地にした。

問31　第二次世界大戦初期の出来事として最も適当なものを，次の①〜④の中から一つ選びなさい。　　**37**

① アイルランド（Ireland）はイギリスに侵入され，その保護国とされた。

② フランスはドイツに宣戦布告し，ザール（Saar）地方を併合した。

③ オーストリアはイタリアに侵入し，イタリア北部を併合した。

④ ポーランド（Poland）はドイツとソ連（USSR）に侵入され，両国に分割占領された。

問32　冷戦が始まった時期の出来事に関する記述として最も適当なものを，次の①〜④の中から一つ選びなさい。　　**38**

① アメリカはベトナム戦争（Vietnam War）に介入し，北爆を開始した。

② アメリカはヨーロッパ諸国の経済復興を支援するマーシャルプラン（Marshall Plan）を発表した。

③ ソ連寄りの政権を支援するため，ソ連はアフガニスタン（Afghanistan）に侵攻した。

④ ソ連はゴルバチョフ（Mikhail Gorbachev）の下，新思考外交を唱え，東欧諸国への援助を始めた。

総合科目の問題はこれで終わりです。解答欄の **39** 〜 **60** はマークしないでください。

この問題冊子を持ち帰ることはできません。

平成28年度（2016年度）日本留学試験

数 学（80分）

【コース1（基本, Basic）・コース2（上級, Advanced）】

※ どちらかのコースを一つだけ選んで解答してください。

Ⅰ 試験全体に関する注意
1. 係員の許可なしに，部屋の外に出ることはできません。
2. この問題冊子を持ち帰ることはできません。

Ⅱ 問題冊子に関する注意
1. 試験開始の合図があるまで，この問題冊子の中を見ないでください。
2. 試験開始の合図があったら，下の欄に，受験番号と名前を，受験票と同じように記入してください。
3. コース1は1～13ページ，コース2は15～27ページにあります。
4. 足りないページがあったら，手をあげて知らせてください。
5. メモや計算などを書く場合は，問題冊子に書いてください。

Ⅲ 解答方法に関する注意
1. 解答は，解答用紙に鉛筆（HB）で記入してください。
2. 問題文中の**A**，**B**，**C**，…には，それぞれ－（マイナスの符号），または，0から9までの数が一つずつ入ります。あてはまるものを選び，解答用紙（マークシート）の対応する解答欄にマークしてください。
3. 同一の問題文中に A ， BC などが繰り返し現れる場合，2度目以降は， A ， BC のように表しています。

   解答に関する記入上の注意
   (1) 根号（$\sqrt{\ }$）の中に現れる自然数が最小となる形で答えてください。
      （例：$\sqrt{32}$ のときは，$2\sqrt{8}$ ではなく $4\sqrt{2}$ と答えます。）
   (2) 分数を答えるときは，符号は分子につけ，既約分数（reduced fraction）にして答えてください。
      （例：$\dfrac{2}{6}$ は $\dfrac{1}{3}$，$-\dfrac{2}{\sqrt{6}}$ は $\dfrac{-2\sqrt{6}}{6}$ と分母を有理化してから約分し，$\dfrac{-\sqrt{6}}{3}$ と答えます。）
   (3) $\dfrac{\boxed{A}\sqrt{\boxed{B}}}{\boxed{C}}$ に $\dfrac{-\sqrt{3}}{4}$ と答える場合は，下のようにマークしてください。
   (4) $\boxed{DE}\,x$ に $-x$ と答える場合は，**D**を－，**E**を1とし，下のようにマークしてください。

【解答用紙】

A	●	⓪	①	②	③	④	⑤	⑥	⑦	⑧	⑨
B	⊖	⓪	①	②	●	④	⑤	⑥	⑦	⑧	⑨
C	⊖	⓪	①	②	③	●	⑤	⑥	⑦	⑧	⑨
D	●	⓪	①	②	③	④	⑤	⑥	⑦	⑧	⑨
E	⊖	⓪	●	②	③	④	⑤	⑥	⑦	⑧	⑨

4. 解答用紙に書いてある注意事項も必ず読んでください。

※ 試験開始の合図があったら，必ず受験番号と名前を記入してください。

受験番号			＊					＊				
名　　前												

数学 コース 1
（基本コース）

（コース2は **15** ページからです）

「解答コース」記入方法

　解答コースには「コース1」と「コース2」がありますので，どちらかのコースを <u>一つだけ</u> 選んで解答してください。「コース1」を解答する場合は，右のように，解答用紙の「解答コース」の「コース1」を ◯ で囲み，その下のマーク欄をマークしてください。

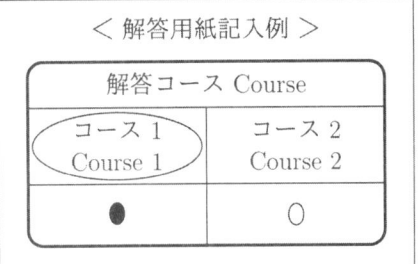

<u>選択したコースを正しくマークしないと，採点されません。</u>

I

問 1 x の 2 次関数

$$y = ax^2 + bx + c \qquad \cdots\cdots\cdots \quad ①$$

を考える。関数 ① は $x = 1$ のとき最大値 16 をとり，そのグラフは x 軸と 2 点で交わり，その 2 点を結ぶ線分の長さを 8 とする。このとき，a, b, c の値を求めよう。

条件より，① は

$$y = a(x - \boxed{\text{A}})^2 + \boxed{\text{BC}}$$

と表すことができる。また，① のグラフと x 軸が交わる 2 点の座標は

$$\left(-\boxed{\text{D}}, 0\right), \quad \left(\boxed{\text{E}}, 0\right)$$

である。

したがって，$a = \boxed{\text{FG}}$ である。よって

$$b = \boxed{\text{H}}, \quad c = \boxed{\text{IJ}}$$

である。

- 計算欄 (memo) -

問2　箱の中に 0 から 9 までの数字が書かれたカードが，それぞれ 1 枚ずつ，計 10 枚入っている。この箱の中から 3 枚のカードを次の 2 通りの方法で取り出す。このとき，次の確率について考える。

(1)　3 枚のカードを同時に取り出す。このとき

(i)　3 枚のカードに書かれた数が，すべて 2 以上 6 以下である確率は $\dfrac{\boxed{\text{K}}}{\boxed{\text{LM}}}$ である。

(ii)　最も小さい数が 2 以下で，最も大きい数が 8 以上である確率は $\dfrac{\boxed{\text{NO}}}{\boxed{\text{PQ}}}$ である。

(2)　1 枚のカードを取り出し，数字を見てから元の箱に戻す試行を 3 回続ける。このとき，最も小さい数が 2 以上で，最も大きい数が 6 以下である確率は $\dfrac{\boxed{\text{R}}}{\boxed{\text{S}}}$ である。

注）　試行：trial

- 計算欄 (memo) -

Ⅰ の問題はこれで終わりです。 Ⅰ の解答欄 **T** ～ **Z** はマークしないでください。

II

問 1　n を自然数とし，a は $a \neq 0$ を満たす実数とする。整式 $x^n + y^n + z^n + a(xy + yz + zx)$ が，$x + y + z$ と，ある x, y, z の整式 P の積で表されるとする。すなわち

$$x^n + y^n + z^n + a(xy + yz + zx) = (x + y + z)P \qquad \cdots\cdots\cdots \quad \text{①}$$

とする。このとき，n, a の値を求めよう。

　　① はすべての x, y, z に対して成り立つ。そこで，例えば，$x + y + z = 0$ となる x, y, z の組

$$x = y = 1, \qquad z = -\boxed{\text{A}}$$

および

$$x = y = -\frac{\boxed{\text{B}}}{\boxed{\text{C}}}, \quad z = 1$$

を考える。これらの値を ① にそれぞれ代入して

$$\left(-\boxed{\text{A}}\right)^n = \boxed{\text{D}}\,a - \boxed{\text{E}} \qquad \cdots\cdots\cdots \quad \text{②}$$

$$\left(-\frac{\boxed{\text{B}}}{\boxed{\text{C}}}\right)^n = \frac{\boxed{\text{F}}}{\boxed{\text{G}}}\,a - \frac{\boxed{\text{H}}}{\boxed{\text{I}}} \qquad \cdots\cdots\cdots \quad \text{③}$$

を得る。② と ③ より

$$\left(\boxed{\text{D}}\,a - \boxed{\text{E}}\right)\left(\frac{\boxed{\text{F}}}{\boxed{\text{G}}}\,a - \frac{\boxed{\text{H}}}{\boxed{\text{I}}}\right) = \boxed{\text{J}}$$

となる。これを解いて，$a = \boxed{\text{K}}$ となり，② より，$n = \boxed{\text{L}}$ を得る。

　逆に，$a = \boxed{\text{K}}$，$n = \boxed{\text{L}}$ のとき，① が成り立つような P が存在するので，これが求める a, n の値であることが分かる。

- 計算欄 (memo) -

問 2　放物線 $y = x^2$ 上に両端をおく長さ 2 の線分 PQ を考える。線分 PQ の中点 M の中で，x 軸に最も近いものの座標を求めよう。

線分 PQ の両端の座標を P(p, p^2)，Q(q, q^2) とおく。このとき，中点 M の y 座標 m は

$$m = \frac{p^2 + q^2}{\boxed{\text{M}}} \qquad \cdots\cdots\cdots \quad ①$$

と表される。また，条件 PQ $= 2$ は三平方の定理を用いると

$$(p - q)^2 + (p^2 - q^2)^2 = \boxed{\text{N}} \qquad \cdots\cdots\cdots \quad ②$$

となる。

ここで，$pq = t$ とおくと，① と ② より，m についての 2 次方程式

$$\boxed{\text{O}}\, m^2 + m - \boxed{\text{P}}\, t^2 - t - \boxed{\text{Q}} = 0$$

を得る。これを m について解くと，$m > 0$ に注意して

$$m = -\frac{1}{\boxed{\text{R}}} + \sqrt{\left(t + \frac{1}{\boxed{\text{S}}}\right)^2 + \boxed{\text{T}}}$$

となる。これは，$t = -\dfrac{1}{\boxed{\text{S}}}$ のとき，m が最小値をとることを示している。このとき，

$pq = -\dfrac{1}{\boxed{\text{S}}}$ であり，$p^2 + q^2 = \dfrac{\boxed{\text{U}}}{\boxed{\text{V}}}$ であるから，$p + q = \pm\boxed{\text{W}}$ である。

したがって，x 軸に最も近い M の座標は $\left(\pm\dfrac{1}{\boxed{\text{X}}},\ \dfrac{\boxed{\text{Y}}}{\boxed{\text{Z}}}\right)$ である。

注）　三平方の定理 : the Pythagorean theorem

- 計算欄 (memo) -

II の問題はこれで終わりです。

$\boxed{\text{III}}$

(1) 次の問いに答えなさい。

 (i) a を整数とする。a を 5 で割ると 4 余る。このとき，a は

$$a = \boxed{\text{ A }}\,k + \boxed{\text{ B }}\quad(k\text{ は整数})$$

 と表される。したがって，a^2 を 5 で割ると余りは $\boxed{\text{ C }}$ である。

 (ii) 3 進法の 3 桁で表される数 $120_{(3)}$ を 10 進法で表すと $\boxed{\text{ DE }}$ である。

 また，3 進法の 3 桁で表される最大の自然数を 10 進法で表すと $\boxed{\text{ FG }}$ であり，

 最小の自然数を 10 進法で表すと $\boxed{\text{ H }}$ である。

(2) 次の文中の $\boxed{\text{ I }}$，$\boxed{\text{ J }}$ には，下の ⓪ ～ ③ の中から適するものを選びなさい。

以下，a を整数，b を自然数とする。

 (i) 「a を 5 で割ると余りは 4 である」は「a^2 を 5 で割ると余りは $\boxed{\text{ C }}$ である」

 ための $\boxed{\text{ I }}$。

 (ii) 「b は $6 \leqq b \leqq 30$ を満たす」は「b を 3 進法で表すと 3 桁である」ための $\boxed{\text{ J }}$。

  ⓪ 必要条件であるが，十分条件ではない

  ① 十分条件であるが，必要条件ではない

  ② 必要十分条件である

  ③ 必要条件でも十分条件でもない

注） 余り：remainder，3 進法：the base-3 system，3 桁：three-digit，
10 進法：the decimal system

- 計算欄 (memo) -

III の問題はこれで終わりです。 III の解答欄 **K** ～ **Z** はマークしないでください。

IV

∠BAC ＝ 60° の三角形 ABC を考える。

∠BAC の二等分線が辺 BC と交わる点を D とし、D から辺 AB, AC に引いた垂線をそれぞれ DE, DF とする。また

$$x = \frac{\mathrm{AB}}{\mathrm{AC}}, \quad k = \frac{\triangle \mathrm{DEF}}{\triangle \mathrm{ABC}}$$

とおく。ただし、△ABC は三角形 ABC の面積を表す。他の三角形についても同様である。

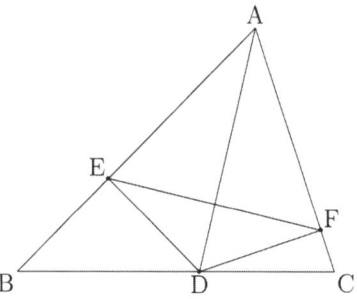

(1) k を x の式で表そう。AB ＝ b, AC ＝ c, AD ＝ d とすると、△ABD ＋ △ACD ＝ △ABC より

$$d = \frac{\sqrt{\boxed{\textbf{A}}\,bc}}{b+c} \qquad \cdots\cdots \quad \text{①}$$

である。次に、DE ＝ DF ＝ $\dfrac{\boxed{\textbf{B}}}{\boxed{\textbf{C}}} d$ より

$$\triangle \mathrm{DEF} = \frac{\sqrt{\boxed{\textbf{D}}}}{\boxed{\textbf{EF}}}\, d^2 \qquad \cdots\cdots \quad \text{②}$$

である。①、② より

$$k = \frac{d^2}{\boxed{\textbf{G}}\,bc} = \frac{\boxed{\textbf{H}}\,bc}{\boxed{\textbf{I}}\,(b+c)^2}$$

である。ここで、$x = \dfrac{b}{c}$ であるから

$$k = \frac{\boxed{\textbf{J}}\,x}{\boxed{\textbf{K}}\,\left(x+\boxed{\textbf{L}}\right)^2}$$

となる。

(2) BD ＝ 8, BC ＝ 10 のとき、$x = \boxed{\textbf{M}}$, $k = \dfrac{\boxed{\textbf{N}}}{\boxed{\textbf{OP}}}$ である。

注） 二等分線：bisector

- 計算欄 (memo) -

数学 コース 2
（上級コース）

「解答コース」記入方法

解答コースには「コース1」と「コース2」がありますので，どちらかのコースを <u>一つだけ</u> 選んで解答してください。「コース2」を解答する場合は，右のように，解答用紙の「解答コース」の「コース2」を ○ で囲み，その下のマーク欄をマークしてください。

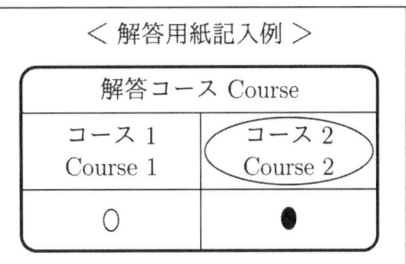

＜ 解答用紙記入例 ＞	
解答コース Course	
コース 1 Course 1	コース 2 Course 2
○	●

<u>選択したコースを正しくマークしないと，採点されません。</u>

I

問 1　x の 2 次関数

$$y = ax^2 + bx + c \qquad \cdots\cdots \quad ①$$

を考える。関数 ① は $x = 1$ のとき最大値 16 をとり，そのグラフは x 軸と 2 点で交わり，その 2 点を結ぶ線分の長さを 8 とする。このとき，a, b, c の値を求めよう。

条件より，① は

$$y = a(x - \boxed{\text{A}})^2 + \boxed{\text{BC}}$$

と表すことができる。また，① のグラフと x 軸が交わる 2 点の座標は

$$\left(-\boxed{\text{D}}, 0\right), \quad \left(\boxed{\text{E}}, 0\right)$$

である。

したがって，$a = \boxed{\text{FG}}$ である。よって

$$b = \boxed{\text{H}}, \quad c = \boxed{\text{IJ}}$$

である。

- 計算欄 (memo) -

問 2　箱の中に 0 から 9 までの数字が書かれたカードが，それぞれ 1 枚ずつ，計 10 枚入っている。この箱の中から 3 枚のカードを次の 2 通りの方法で取り出す。このとき，次の確率について考える。

(1)　3 枚のカードを同時に取り出す。このとき

(i)　3 枚のカードに書かれた数が，すべて 2 以上 6 以下である確率は $\dfrac{\boxed{\text{K}}}{\boxed{\text{LM}}}$ である。

(ii)　最も小さい数が 2 以下で，最も大きい数が 8 以上である確率は $\dfrac{\boxed{\text{NO}}}{\boxed{\text{PQ}}}$ である。

(2)　1 枚のカードを取り出し，数字を見てから元の箱に戻す試行を 3 回続ける。このとき，最も小さい数が 2 以上で，最も大きい数が 6 以下である確率は $\dfrac{\boxed{\text{R}}}{\boxed{\text{S}}}$ である。

注）試行：trial

- 計算欄 (memo) -

Ⅰ の問題はこれで終わりです。 Ⅰ の解答欄 T ～ Z はマークしないでください。

正の数からなる数列 $a_1, a_2, a_3, \cdots$ は

$$a_1 = 1, \qquad a_2 = 10$$

$$(a_n)^2 a_{n-2} = (a_{n-1})^3 \quad (n = 3, 4, \cdots) \qquad \cdots\cdots\cdots \quad ①$$

を満たしている。このとき，$\displaystyle\lim_{n \to \infty} a_n$ を求めよう。

① の両辺の常用対数を考えて

$$\boxed{\text{A}} \log_{10} a_n + \log_{10} a_{n-2} = \boxed{\text{B}} \log_{10} a_{n-1}$$

を得る。いま，$b_n = \log_{10} a_n \ (n = 1, 2, \cdots)$ とおくと，この式は

$$\boxed{\text{A}} \, b_n + b_{n-2} = \boxed{\text{B}} \, b_{n-1} \qquad \cdots\cdots\cdots \quad ②$$

となる。② を変形すると

$$b_n - b_{n-1} = \frac{1}{\boxed{\text{C}}} (b_{n-1} - b_{n-2}) \quad (n = 3, 4, \cdots)$$

となるから

$$b_n - b_{n-1} = \left(\frac{1}{\boxed{\text{C}}} \right)^{n - \boxed{\text{D}}} (b_2 - b_1) \quad (n = 2, 3, \cdots) \qquad \cdots\cdots\cdots \quad ③$$

が成り立つ。

（$\boxed{\text{II}}$ は次ページに続く）

注）　常用対数：common logarithm

ここで, $b_1 = \boxed{\text{E}}$, $b_2 = \boxed{\text{F}}$ であるから, ③ より

$$b_n = \sum_{k=2}^{n} \left(\frac{1}{\boxed{\text{C}}} \right)^{k-\boxed{\text{G}}}$$

を得る。よって

$$b_n = \boxed{\text{H}} - \left(\frac{1}{\boxed{\text{C}}} \right)^{n-\boxed{\text{I}}}$$

である。したがって

$$\lim_{n \to \infty} a_n = \boxed{\text{JKL}}$$

である。

$\boxed{\text{II}}$ の問題はこれで終わりです。$\boxed{\text{II}}$ の解答欄 $\boxed{\text{M}}$ ～ $\boxed{\text{Z}}$ はマークしないでください。

III

2 次方程式 $x^2 + \sqrt{3}x + 1 = 0$ の 2 つの解を α, β とする。ただし，$0 < \arg\alpha < \arg\beta < 2\pi$ である。このとき，次の 3 つの条件を満たす複素数 z を考える。

$$
\begin{cases}
\arg \dfrac{\alpha - z}{\beta - z} = \dfrac{\pi}{2} & \cdots\cdots\cdots \ ① \\[2mm]
(1+i)z + (1-i)\overline{z} + k = 0 & \cdots\cdots\cdots \ ② \\[2mm]
\dfrac{\pi}{2} < \arg z < \pi & \cdots\cdots\cdots \ ③
\end{cases}
$$

ただし，k は実数とする。

また，複素数平面上で α, β, z を表す点をそれぞれ A, B, P とおく。

(1)　α, β の偏角は

$$
\arg\alpha = \frac{\boxed{A}}{\boxed{B}}\pi, \quad \arg\beta = \frac{\boxed{C}}{\boxed{D}}\pi
$$

である。

(2)　次の文中の $\boxed{E}$ ～ $\boxed{Q}$ には，下の ⓪ ～ ⑨ の中から適するものを選びなさい。

　　① より，$\boxed{E} = \dfrac{\pi}{2}$ であるから，点 P は中心 $-\sqrt{\dfrac{\boxed{F}}{\boxed{G}}}$，半径 $\dfrac{\boxed{H}}{\boxed{I}}$ の円周上にある。

　　また，② より，点 P は傾きが $\boxed{J}$ であり，虚軸との交点が $\dfrac{\boxed{K}}{\boxed{L}}ki$ であるような直線の上にある。

　　以上より，①，②，③ を同時に満たす複素数 z の個数を n とすると，n の最大値は $\boxed{M}$ であり，そのときの k の値の範囲は

$$
\boxed{N} + \sqrt{\boxed{O}} < k < \sqrt{\boxed{P}} + \sqrt{\boxed{Q}}
$$

である。ただし，$\boxed{P} < \boxed{Q}$ とする。

⓪ 0　　① 1　　② 2　　③ 3　　④ 4

⑤ 5　　⑥ 6　　⑦ ∠PAB　　⑧ ∠PBA　　⑨ ∠APB

注）複素数：complex number，複素数平面：complex plane，偏角：argument，
　　虚軸：imaginary axis

- 計算欄 (memo) -

Ⅲ の問題はこれで終わりです。 Ⅲ の解答欄 **R** 〜 **Z** はマークしないでください。

問1　x が不等式

$$2\left(\log_{\frac{1}{3}} x\right)^2 + 9\log_{\frac{1}{3}} x + 9 \leqq 0 \qquad \cdots\cdots\cdots \quad ①$$

を満たすとき，関数

$$f(x) = (\log_3 x)\left(\log_3 \frac{x}{3}\right)\left(\log_3 \frac{x}{9}\right) \qquad \cdots\cdots\cdots \quad ②$$

の最大値を求めよう。

　① を満たす x の値の範囲は

$$\boxed{\text{A}} \sqrt{\boxed{\text{B}}} \leqq x \leqq \boxed{\text{CD}}$$

である。

　ここで，$\log_3 x = t$ とおくと，t のとる値の範囲は

$$\frac{\boxed{\text{E}}}{\boxed{\text{F}}} \leqq t \leqq \boxed{\text{G}}$$

である。

　また，② の右辺を t で表して，その式が表す関数を $g(t)$ とおくと，その導関数は

$$g'(t) = \boxed{\text{H}}\, t^2 - \boxed{\text{I}}\, t + \boxed{\text{J}}$$

である。したがって，$f(x)$ は $x = \boxed{\text{KL}}$ で最大値 $\boxed{\text{M}}$ をとる。

注）　導関数：derivative

- 計算欄 (memo) -

問2　$a > 0$ とする。曲線 $y = \sqrt{x}e^{-x}$ と x 軸および x 軸上の点 A$(a, 0)$ を通る直線 $x = a$ で囲まれた部分を，x 軸の周りに 1 回転してできる立体の体積を V とする。

(1)　V は a の関数として

$$V = -\frac{\pi}{4}\left\{\left(\boxed{\text{N}}\,a + \boxed{\text{O}}\right)e^{-\boxed{\text{P}}\,a} - \boxed{\text{Q}}\right\}$$

と表される。

(2)　点 A は原点を出発して，x 軸上を正の方向に移動し，その t 秒後の速度を $4t$ とする。このとき，t 秒後の V の変化率を求めると

$$\frac{dV}{dt} = \boxed{\text{R}}\,\pi t^{\boxed{\text{S}}}\,e^{-\boxed{\text{T}}\,t^{\boxed{\text{U}}}}$$

である。また，この変化率が最も大きくなるのは

$$t = \frac{\sqrt{\boxed{\text{V}}}}{4}$$

のときで，そのときの V の値は

$$V = -\frac{\pi}{8}\left(\boxed{\text{W}}\,e^{-\frac{\boxed{\text{X}}}{\boxed{\text{Y}}}} - \boxed{\text{Z}}\right)$$

である。

- 計算欄 (memo) -

IV の問題はこれで終わりです。

コース 2 の問題はこれですべて終わりです。解答用紙の V はマークしないでください。

解答用紙の解答コース欄に「コース 2」が正しくマークしてあるか，
もう一度確かめてください。

この問題冊子を持ち帰ることはできません。

2016 Examination for Japanese University Admission
for International Students

Science (80 min.)

【Physics, Chemistry, Biology】

※ Choose and answer <u>two subjects</u>.
※ Answer the questions using <u>the front side of the answer sheet for one subject</u>, and <u>the reverse side for the other subject</u>.

I Rules of Examination

1. Do not leave the room without the proctor's permission.

2. Do not take this question booklet out of the room.

II Rules and Information Concerning the Question Booklet

1. Do not open this question booklet until instructed.

2. After instruction, write your name and examination registration number in the space provided below, as printed on your examination voucher.

3. The pages of each subject are as in the following table.

Subject	Pages
Physics	1 − 21
Chemistry	23 − 36
Biology	37 − 50

4. If your question booklet is missing any pages, raise your hand.

5. You may write notes and calculations in the question booklet.

III Rules and Information Concerning the Answer Sheet

1. You must mark your answers on the answer sheet with an HB pencil.

2. Each question is identified by one of the row numbers 1 , 2 , 3 , ⋯.
Follow the instruction in the question and completely black out your answer in the corresponding row of the answer sheet (mark-sheet).

3. Make sure also to read the instructions on the answer sheet.

※ Once you are instructed to start the examination, fill in your examination registration number and name.

Examination registration number		*				*					
Name											

Physics

Marking your Choice of Subject on the Answer Sheet

Choose and answer two subjects from Physics, Chemistry, and Biology. Use the front side of the answer sheet for one subject, and the reverse side for the other subject.

As shown in the example on the right, if you answer the Physics questions, circle "Physics" and completely fill in the oval under the subject name.

If you do not correctly fill in the appropriate oval, your answers will not be graded.

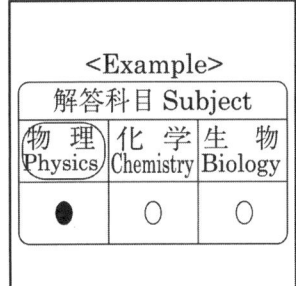

<Example>

解答科目 Subject		
物 理 Physics	化 学 Chemistry	生 物 Biology
●	○	○

I Answer questions **A** (Q1), **B** (Q2), **C** (Q3), **D** (Q4), **E** (Q5), and **F** (Q6) below, where g denotes the magnitude of acceleration due to gravity, and air resistance is negligible.

A As shown in the figure below, five objects of equal mass (A, B, C, D, E) are arranged along a straight line on a smooth horizontal plane, in the order indicated and with each in contact with the adjoining object(s). When a force of constant magnitude F is continuously applied to **A** in a direction from the left and parallel with the line, all five objects undergo motion with constant acceleration as a single unit.

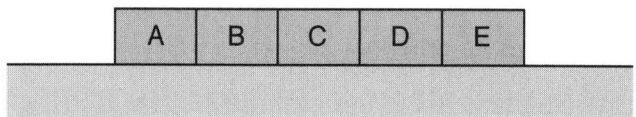

Q1 What is the magnitude of the force exerted on **C** by **B**? Also, what is the magnitude of the force exerted on **C** by **D**? From ①-④ below choose the correct combination. **1**

	①	②	③	④
Magnitude of force exerted on C by B	$\dfrac{2F}{5}$	$\dfrac{2F}{5}$	$\dfrac{3F}{5}$	$\dfrac{3F}{5}$
Magnitude of force exerted on C by D	$\dfrac{2F}{5}$	$\dfrac{3F}{5}$	$\dfrac{2F}{5}$	$\dfrac{3F}{5}$

B Acceleration a of a small object moving in a straight line changes with time t as shown in the figure below. The object is at rest at $t = 0$. Let us denote the distance traveled by the object from $t = 0$ to $t = T$ as L. Here, $a_0 > 0$.

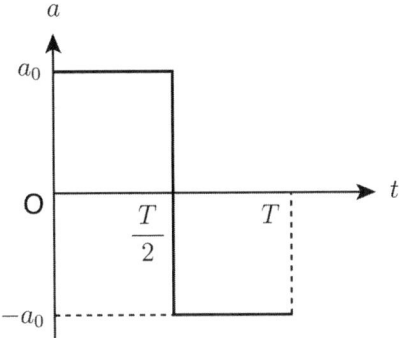

Q2 What is L? From ①-⑤ below choose the correct answer.

$\boxed{2}$

① 0

② $\dfrac{a_0 T^2}{8}$

③ $\dfrac{a_0 T^2}{4}$

④ $\dfrac{a_0 T^2}{2}$

⑤ $a_0 T^2$

C As shown in the figure below, a small ball is thrown upward from point O on a horizontal ground, with initial speed v_0 and at angle θ with the horizontal. Let us denote the maximum height attained by the ball above the ground as H, and the distance between O and the point where the ball lands as L.

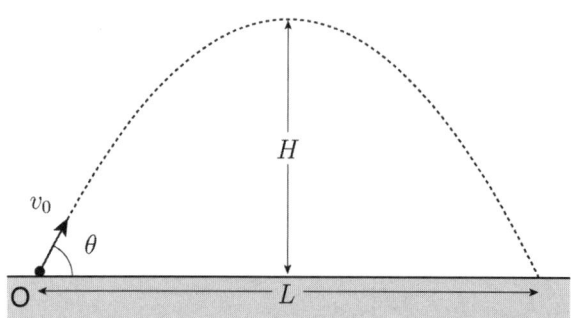

Q3 What is $\dfrac{H}{L}$? From ①-⑥ below choose the correct answer. 　　　　　　**3**

①　$\dfrac{\tan\theta}{4}$ 　　　　　② 　$\dfrac{\tan\theta}{2}$ 　　　　　③ 　$\tan\theta$

④　$\dfrac{1}{4\tan\theta}$ 　　　　⑤ 　$\dfrac{1}{2\tan\theta}$ 　　　　⑥ 　$\dfrac{1}{\tan\theta}$

D As shown in the figure below, a small object **A** (mass: 20 kg) is undergoing linear motion on a smooth horizontal surface with a speed of 3.0 m/s. A force of 10 N is continuously applied to **A** in the direction of its motion for a certain period of time. During this time, **A** travels 16 m.

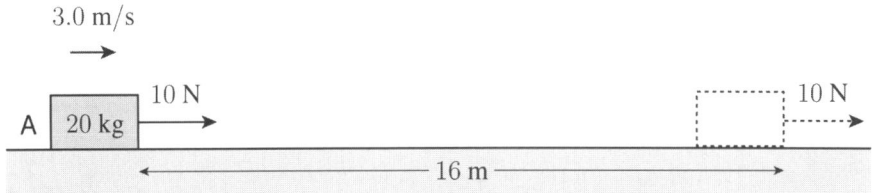

Q4 After **A** travels 16 m, what are kinetic energy and magnitude of momentum of **A**? From ①-④ below choose the best combination. **4**

	①	②	③	④
Kinetic energy (J)	160	160	250	250
Magnitude of momentum (kg·m/s)	80	100	80	100

E As shown in Figure 1 below, a small ball **A** (mass: m) with speed v_0 collides with a small ball **B** (mass: $2m$), which is initially at rest, on a smooth horizontal plane. As shown in Figure 2, following the collision, **A** moves in a direction forming angle θ clockwise with **A**'s pre-collision direction of motion, and **B** moves in a direction forming angle θ counterclockwise with **A**'s pre-collision direction of motion. Let us denote the speed of **A** and **B** after the collision as, respectively, v_A and v_B.

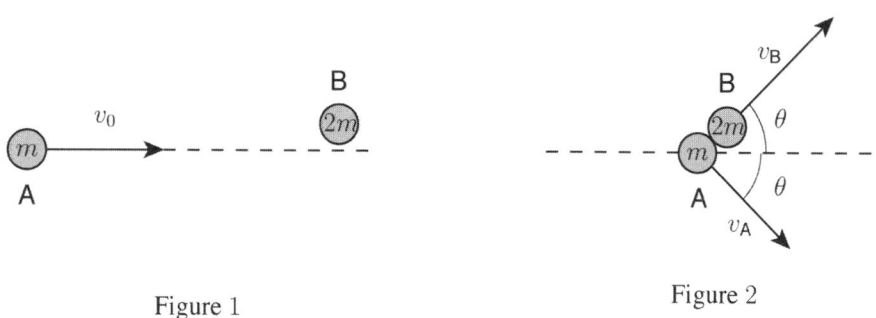

Figure 1 Figure 2

Q5 What is $\dfrac{v_B}{v_A}$? Also, what is $\dfrac{v_A}{v_0}$? From ①-⑧ below choose the correct combination.

5

	①	②	③	④	⑤	⑥	⑦	⑧
$\dfrac{v_B}{v_A}$	$\dfrac{1}{2}$	$\dfrac{1}{2}$	$\dfrac{1}{2}$	$\dfrac{1}{2}$	2	2	2	2
$\dfrac{v_A}{v_0}$	$\dfrac{1}{2\sin\theta}$	$\dfrac{1}{2\cos\theta}$	$\dfrac{1}{5\sin\theta}$	$\dfrac{1}{5\cos\theta}$	$\dfrac{1}{2\sin\theta}$	$\dfrac{1}{2\cos\theta}$	$\dfrac{1}{5\sin\theta}$	$\dfrac{1}{5\cos\theta}$

F One end of a lightweight, inelastic string of length ℓ is fixed in place at point O and a small ball of mass m is attached to the other end. As shown in Figure 1 below, the ball is raised to a position at the same height as O, while the string is kept taut, and is gently released. When, as shown in Figure 2, the string forms angle θ with the vertical, the tension in the string is T.

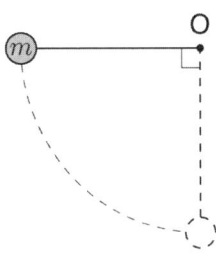

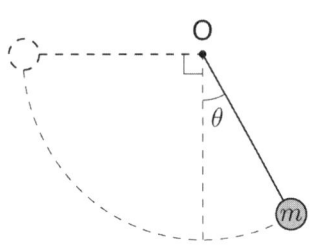

Figure 1   Figure 2

Q6 What is T? From ①-⑥ below choose the correct answer. $\boxed{6}$

① $2mg\sin\theta$ ② $2mg\cos\theta$ ③ $2mg\tan\theta$

④ $3mg\sin\theta$ ⑤ $3mg\cos\theta$ ⑥ $3mg\tan\theta$

II Answer questions **A** (Q1), **B** (Q2), and **C** (Q3) below.

A Ice of 20 g at −20°C is placed in a container, and then water of 100 g at 20°C is added. After sufficient time elapses, all the ice melts and the water in the container is at a constant temperature. The specific heat of ice is 2.1 J/(g·K), the heat of fusion of ice is 3.3×10^2 J/g, and the specific heat of water is 4.2 J/(g·K). Assume that the heat capacity of the container is negligible and that there is no exchange of heat with the environment.

Q1 What is the temperature of the water (in °C) after sufficient time elapses? From ①-⑤ below choose the best answer. **7** °C

① 0.0 ② 1.9 ③ 2.9 ④ 5.4 ⑤ 14

B An ideal gas is enclosed inside a cylinder by a smoothly moving piston. When the pressure of the gas is 1.0×10^5 Pa and its absolute temperature is 300 K, its volume is 6.0×10^{-3} m^3. While keeping the pressure constant, the absolute temperature is raised to 400 K.

Q2 What is the quantity of work (in J) done on the external environment by the ideal gas ? From ①-④ below choose the best answer.   **8** J

① 2.0　　　　② 2.0×10^1　　③ 2.0×10^2　　④ 2.0×10^3

C Pressure p and volume V of a certain quantity of an ideal gas is changed in the path A→B→C→A as shown in the p-V diagram below. A→B is an isochoric change, B→C is an isothermal change, and C→A is an isobaric change.

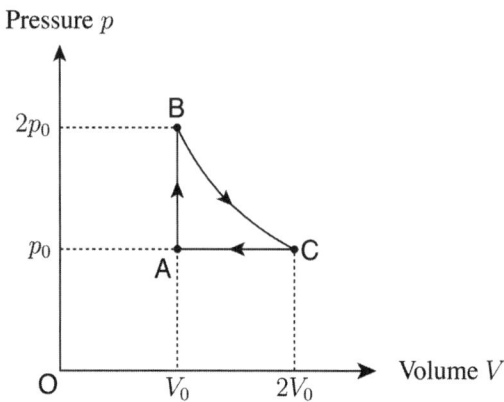

Q3 From ①-⑥ below choose the graph that best represents the change in absolute temperature T and volume V of the gas in this case.

9

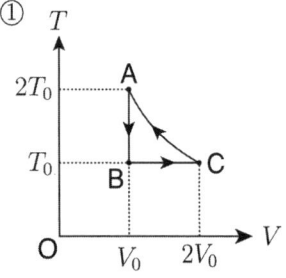

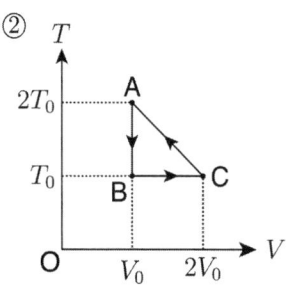

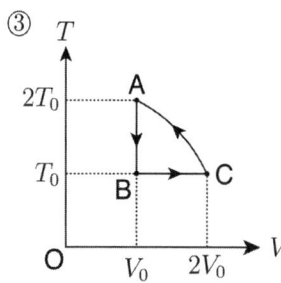

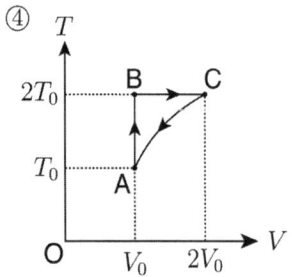

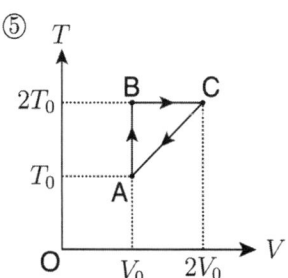

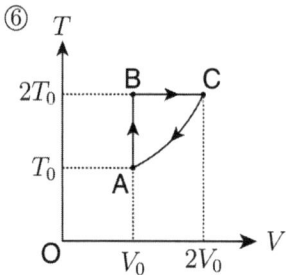

III Answer questions **A (Q1)**, **B (Q2)**, and **C (Q3)** below.

A Consider a sinusoidal wave propagating along an x-axis in the positive direction. The wave's period is 0.8 s. The figure below is a graph representing, for this wave, the relationship between displacement of the medium, y, and the x-coordinate when time $t = 0$ s.

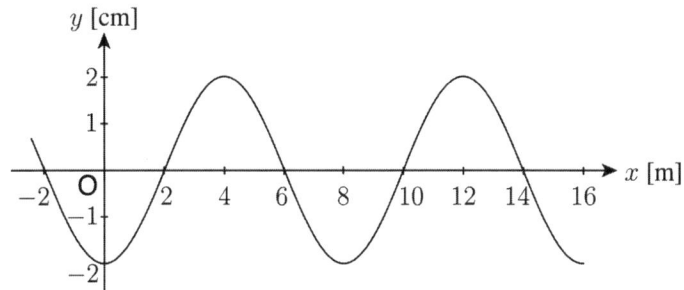

Q1 What is the value of time t when the next wave trough (displacement $y = -2$ cm) appears at position $x = 6$ m? From ①-⑤ below choose the best answer. $\qquad t = \boxed{10}$ s

① 0.2   ② 0.4   ③ 0.6   ④ 0.8   ⑤ 1

B Sound sources A and B and observer O are arranged in a straight line as shown in the figure below. A sound of a constant frequency is emitted from A. At the same time, a sound of another constant frequency is emitted from B. The observer, who is standing still, hears beats at a rate of n times per second. Next, the observer starts moving toward A at a constant speed of u, and stops hearing any beats. Let us denote the frequency of A's sound as f (in Hz), and the speed of sound as V, where $u < V$.

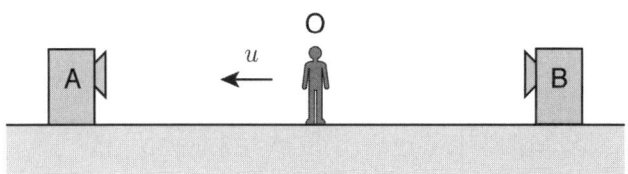

Q2 What is the frequency of B's sound? Also, what is $\dfrac{u}{V}$? From ①-④ below choose the correct combination.

11

	①	②	③	④
Frequency of B's sound	$f + n$	$f + n$	$f - n$	$f - n$
$\dfrac{u}{V}$	$\dfrac{n}{2f + n}$	$\dfrac{n}{2f - n}$	$\dfrac{n}{2f + n}$	$\dfrac{n}{2f - n}$

C As shown in the figure below, a block of glass interfaces with water along a planar surface. A beam of monochromatic light is projected from the glass to the water at angle of incidence θ, which is gradually increased from zero. When $\sin \theta$ exceeds 0.8, the light becomes totally reflected. Assume that the refractive index of water is 1.3.

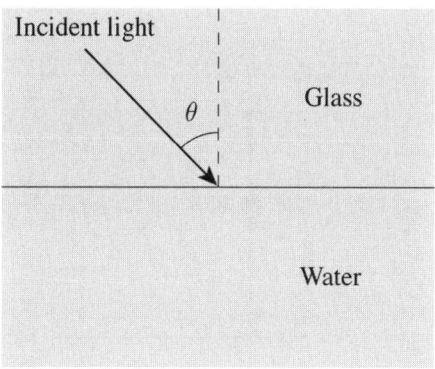

Q3 What is the refractive index of the glass? From ①-⑤ below choose the best answer. **12**

① 1.0   ② 1.2   ③ 1.4   ④ 1.6   ⑤ 1.8

IV Answer questions **A** (Q1), **B** (Q2), **C** (Q3), **D** (Q4), **E** (Q5), and **F** (Q6) below.

A As shown in the figure below, a point charge with quantity of electricity Q is fixed in place in an x-y plane at point **A** $(0, d)$, and a point charge with quantity of electricity $3Q$ is fixed in place at point **B** $(0, -d)$. Here, $d > 0$, and $Q > 0$. Let us denote the proportionality constant of Coulomb's law as k.

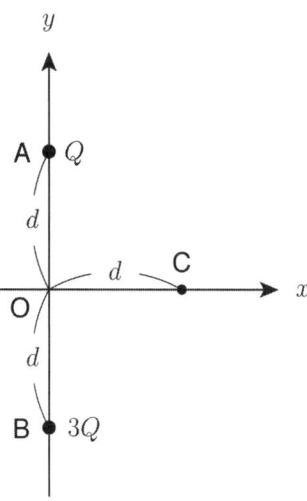

Q1 What is the magnitude of the electric field at point **C** $(d, 0)$ in the figure? From ①-⑦ below choose the correct answer. $\boxed{13}$

① $\dfrac{kQ}{d^2}$ ② $\dfrac{\sqrt{2}\,kQ}{d^2}$ ③ $\dfrac{2kQ}{d^2}$ ④ $\dfrac{\sqrt{10}\,kQ}{2d^2}$

⑤ $\dfrac{2\sqrt{2}\,kQ}{d^2}$ ⑥ $\dfrac{4kQ}{d^2}$ ⑦ $\dfrac{\sqrt{10}\,kQ}{d^2}$

B As shown in the figure below, a point charge with quantity of electricity q is fixed in place in an x-y plane at the origin O. A point charge with quantity of electricity $-2q$ is made to travel from point A $(0, d)$ to point B $(-3d, -4d)$ in a straight line connecting A and B, in the direction indicated by the arrow in the figure. Here, $q > 0$, and $d > 0$. Let us denote the proportionality constant of Coulomb's law as k.

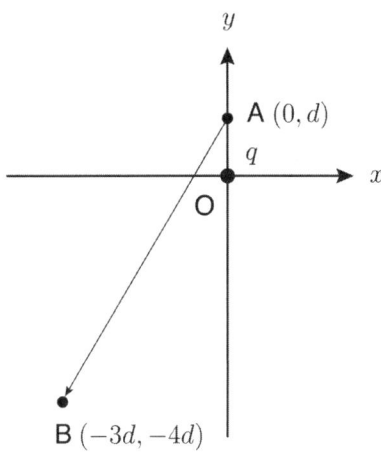

Q2 What is the work done by the force exerted by the point charge with quantity of electricity q on the point charge with quantity of electricity $-2q$ when it travels from A to B? From ①-⑧ below choose the correct answer.

14

① $\dfrac{2kq^2}{5d}$ ② $\dfrac{4kq^2}{5d}$ ③ $\dfrac{6kq^2}{5d}$ ④ $\dfrac{8kq^2}{5d}$

⑤ $-\dfrac{2kq^2}{5d}$ ⑥ $-\dfrac{4kq^2}{5d}$ ⑦ $-\dfrac{6kq^2}{5d}$ ⑧ $-\dfrac{8kq^2}{5d}$

C Two batteries (electromotive force: V_1, V_2), two capacitors (A and B, each with capacitance C), and two switches (S_1, S_2) are connected as shown in the figure below. Initially, S_1 and S_2 are open, and the two capacitors are uncharged. Next, S_1 is closed, and after sufficient time elapses, is opened. Afterwards, S_2 is closed while S_1 remains open. Let us denote as V the electric potential at point P in the circuit with respect to point O, after S_2 was closed and sufficient time elapsed.

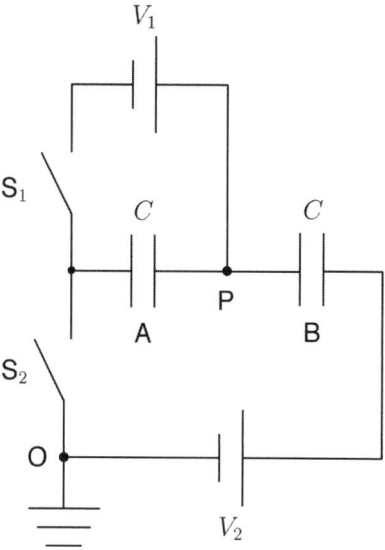

Q3 What is V? From ①-④ below choose the correct answer. | 15 |

① $\dfrac{V_1 + V_2}{2}$ ② $\dfrac{V_1 - V_2}{2}$ ③ $\dfrac{V_2 - V_1}{2}$ ④ $-\dfrac{V_1 + V_2}{2}$

D A battery (electromotive force: 5.0 V), four resistors (resistance: 1.0 Ω, 2.0 Ω, 3.0 Ω, 4.0 Ω), and a variable resistor (resistance range: 0 Ω - 5.0 Ω), are connected as shown in the figure below.

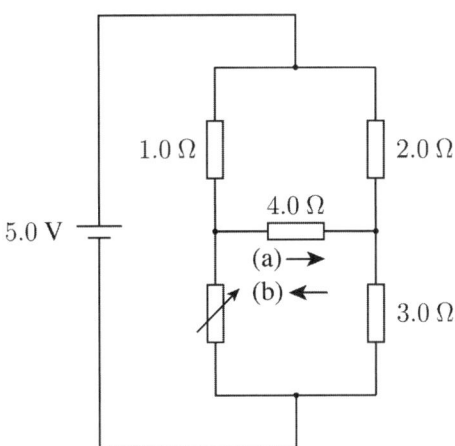

Q4 When the resistance of the variable resistor is set as 0 Ω, does the electrical current flowing through the 4.0-Ω resistor flow in the direction of arrow (a) in the figure, or in the direction of arrow (b)? Also, at what resistance setting of the variable resistor will the current stop flowing through the 4.0-Ω resistor? From ①-④ below choose the best combination. **16**

	①	②	③	④
Direction of current	(a)	(a)	(b)	(b)
Resistance setting (Ω)	0.67	1.5	0.67	1.5

E Diodes are represented with the symbol shown in Figure 1 below, and are characterized by their conducting of electrical current in only the direction depicted by the arrow in Figure 2. As shown in Figure 3, four diodes and a resistor are connected. Electromotive force V is applied to input terminals **A** and **B**, and varies over time t as indicated in the graph in Figure 4, which expresses the electric potential at terminal **B** with respect to terminal **A**.

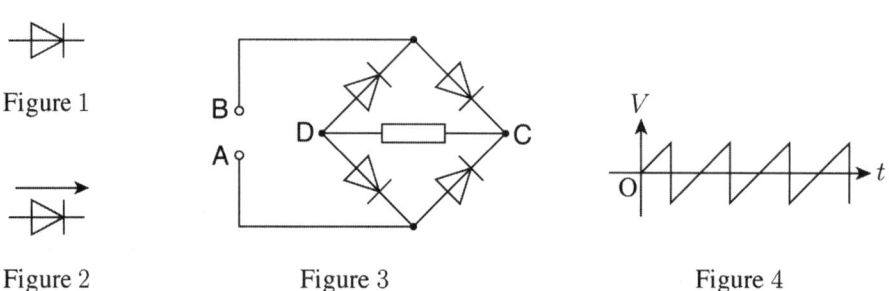

Figure 1   Figure 2   Figure 3   Figure 4

Q5 If current flowing in the direction from **C** to **D** in the figure is defined as positive, how does current I flowing through the resistor change over time t? From ①-⑧ below choose the graph that best represents this change.   17

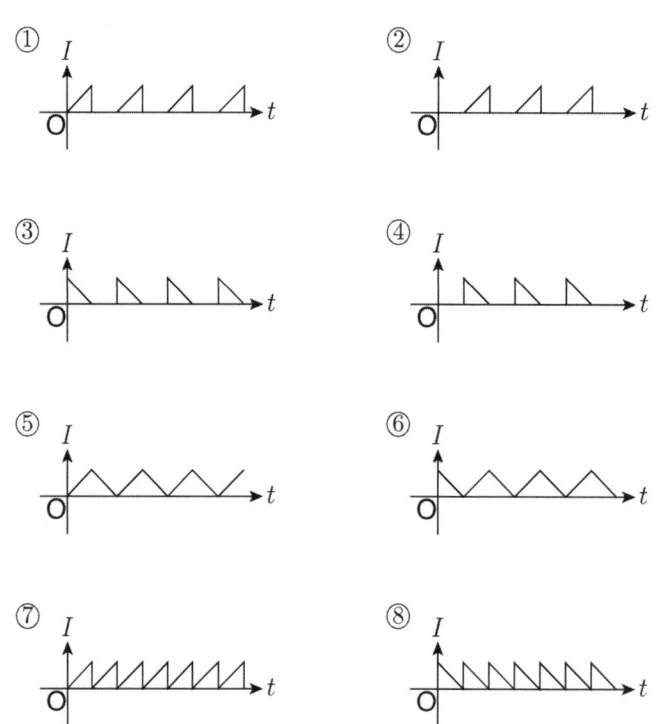

F As shown in the figure below, long, straight conducting wire A is fixed in place so that it passes through the origin of the x-y plane (the plane of this page) and is perpendicular to the plane of this page, and an electrical current of magnitude I is passed through this wire in the direction from the back of this page to the front. Also, long, straight conducting wire B is placed so that it passes through point (X, a) of the x-y plane and is perpendicular to the plane of this page, and a current of magnitude I is passed through this wire in the direction from the front of this page to the back. Let us denote as F_x the x-component of the force that the current flowing through wire B exerts on a segment of wire A with length ℓ. Here, $a > 0$.

Q6 If X is varied, how does F_x change with X? From ①-④ below choose the graph that best represents this change. $\boxed{18}$

①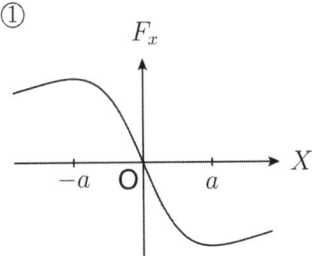

②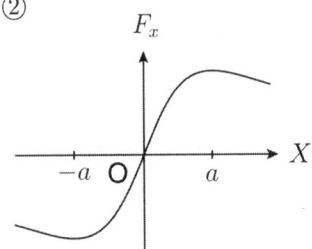

③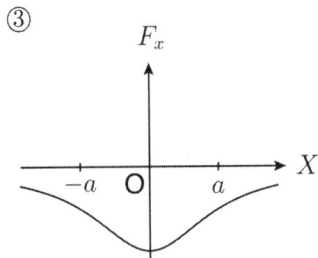

④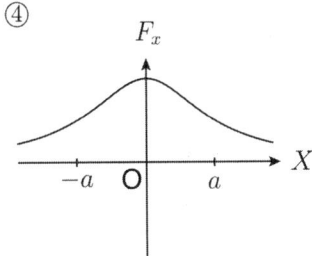

$\boxed{\text{V}}$ Answer question **A** (Q1) below.

A Uranium 235 (^{235}U) undergoes radioactive decay with a half-life of 7.0×10^8 years.

Q1 How many years would it take for the number of atomic nuclei in a given quantity of ^{235}U to decrease to $\dfrac{1}{1024}$ of its original number? From ①-④ below choose the best answer.

$\boxed{\textbf{19}}$ years

① 5.6×10^9 ② 6.3×10^9 ③ 7.0×10^9 ④ 7.7×10^9

End of Physics questions. Leave the answer spaces **20** – **75** blank. Please check once more that you have properly marked the name of your subject as "Physics" on your answer sheet.

Do not take this question booklet out of the room.

Chemistry

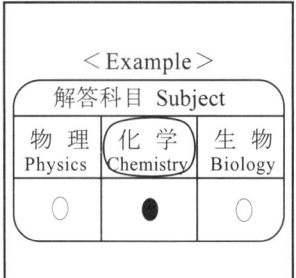
Use the following values for calculation. The unit of volume "liter" is represented by "L".

Standard state: 0 ℃, 1.01×10^5 Pa (= 1.00 atm)

The molar volume of an ideal gas at the standard state: 22.4 L/mol

Gas constant: $R = 8.31 \times 10^3$ Pa·L/(K·mol)

Avogadro constant: $N_A = 6.02 \times 10^{23}$ /mol

Faraday constant: $F = 9.65 \times 10^4$ C/mol

Atomic weight: H : 1.0   C : 12   N : 14   O : 16   Na : 23

S : 32   Cl : 35.5

The relation between the group and the period used in this examination is indicated in the following periodic table. Atomic symbols other than **H** are omitted.

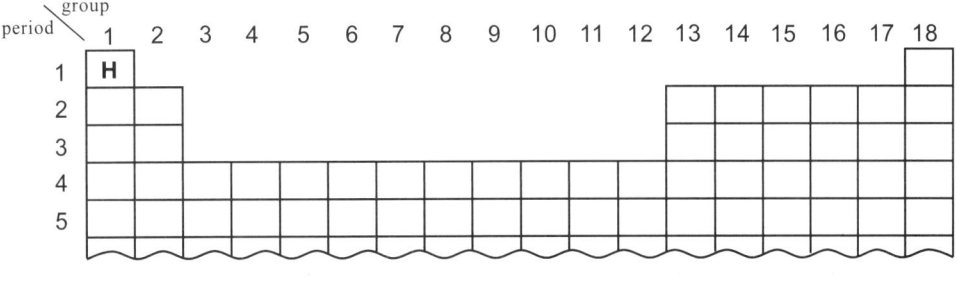

Q1 A manganese(II) ion (Mn^{2+}), the mass number of which is 55, contains 23 electrons. How many neutrons does the manganese(II) ion have? From ①-⑤ below choose the correct number. $\boxed{1}$

① 23   ② 25   ③ 30   ④ 32   ⑤ 55

Q2 From the following combinations of atoms and ions ①-⑤ choose the one in which the two have the same electron configuration. $\boxed{2}$

① Cl^- and Na^+ ② H^+ and He   ③ Na^+ and Ca^{2+}
④ Ne and Mg^{2+} ⑤ Cl^- and Br^-

Q3 Among the following statements (**a**)-(**e**) on the periodic table, two are correct. From ①-⑥ below choose the correct combination. $\boxed{3}$

(**a**) Elements belonging to the same group are in the same state (either solid, liquid or gas) at normal temperature and pressure.

(**b**) Except for the group 18 elements, among the main group elements belonging to the same period, the larger the number of the group, the higher the electronegativity in general.

(**c**) Transition elements exist in the third to seventh periods.

(**d**) Elements belonging to group 18 are called the noble gases.

(**e**) Among the known elements, nearly half of them are nonmetallic elements.

① **a, b**   ② **a, d**   ③ **b, c**   ④ **b, d**   ⑤ **c, e**   ⑥ **d, e**

Q4 Two out of the following (**a**)-(**e**) are appropriate as the methods to separate a mixture of sodium chloride (NaCl) and iodine (I_2). From ① - ⑥ below choose the correct combination. 　　　　　　　　　　　　　　　　　　　　　　　　　　　　　　　 **4**

(**a**) distillation

(**b**) sublimation

(**c**) recrystallization

(**d**) extraction

(**e**) fractional distillation

① **a, b**　　② **a, e**　　③ **b, c**　　④ **b, d**　　⑤ **c, d**　　⑥ **d, e**

Q5 From the following gases ① - ⑤ choose the one which contains the largest number of molecules in 1 g. 　　　　　　　　　　　　　　　　　　　　　　　　　　 **5**

① oxygen

② nitrogen

③ chlorine

④ nitrogen monoxide

⑤ carbon dioxide

Q6 The following titration curve was obtained by measuring the pH value of the solution while 10 mL of 0.1 mol/L of an acid **A** was titrated with 0.1 mol/L aqueous sodium hydroxide (NaOH) in the presence of an appropriate indicator **B**. From ①-⑥ in the table below choose the correct combination of **A** and **B**.

6

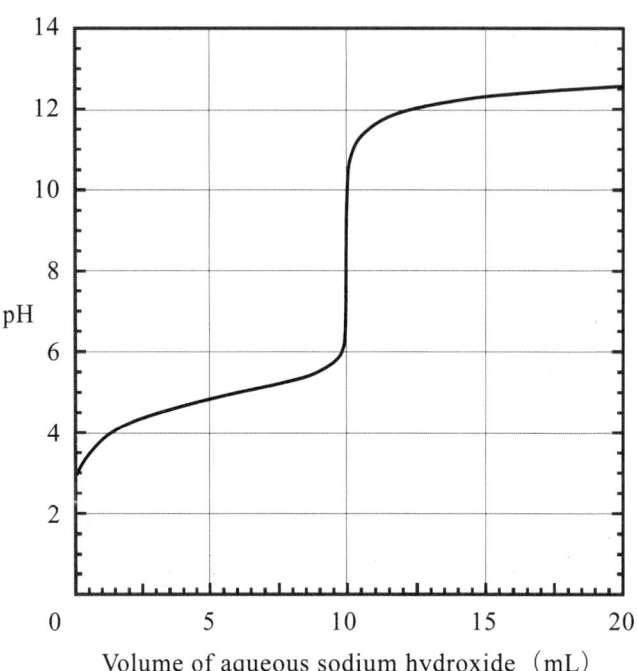

Volume of aqueous sodium hydroxide (mL)

	A	B
①	CH₃COOH	phenolphthalein
②	CH₃COOH	Methyl Orange
③	HCl	phenolphthalein
④	HCl	Methyl Orange
⑤	H₂SO₄	phenolphthalein
⑥	H₂SO₄	Methyl Orange

Q7　From the following chemical reactions ①-④ choose the one in which the oxidation number of oxygen (O) decreases.

$\boxed{7}$

①　$2KClO_3 \longrightarrow 2KCl + 3O_2$

②　$3O_2 \longrightarrow 2O_3$

③　$H_2O_2 + H_2S \longrightarrow S + 2H_2O$

④　$Na_2O + 2HCl \longrightarrow 2NaCl + H_2O$

Q8   The following diagram indicates the change of energy of the reversible reaction (i) as the reaction proceeds. Reaction path **A** corresponds to the case when no catalyst is employed while reaction path **B** is the case when a certain catalyst is employed. From the statements ①-⑥ below choose the correct one.   **8**

$$H_2 \ (g) \ + I_2 \ (g) \ \rightleftharpoons \ 2HI \ (g) \qquad (i)$$

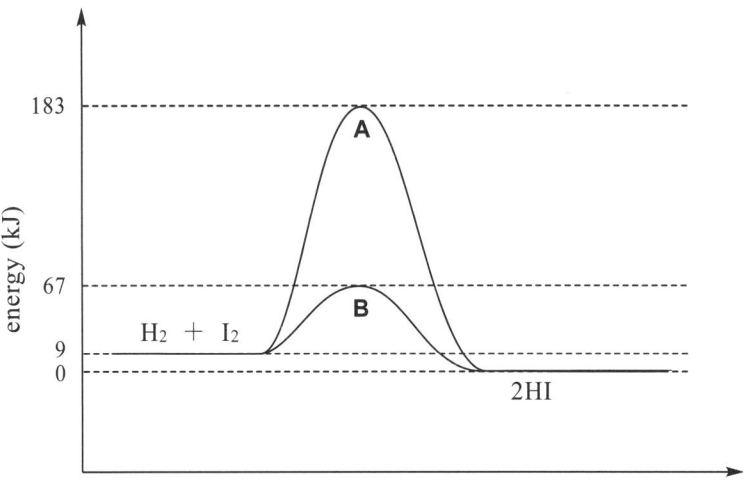

Direction of the forward reaction

①   The activation energy of the forward reaction (i) via path **A** is 183 kJ/mol.

②   The activation energy of the reverse reaction (i) via path **B** is 58 kJ/mol.

③   The heat of forward reaction (i) via path **A** is larger than that via path **B**.

④   The equilibrium constant of the reaction (i) via path **A** is larger than that via path **B** at the same temperature.

⑤   When the reaction (i) is at equilibrium in a reaction vessel, the proportion of HI increases by reducing the volume of the vessel at constant temperature.

⑥   When the reaction (i) is at equilibrium in a reaction vessel, the proportion of HI increases by reducing the temperature of the vessel.

Q9 In a U-tube, 2 mol/L aqueous sodium chloride (NaCl) was electrolyzed with graphite electrodes C by applying a voltage of 3 V.

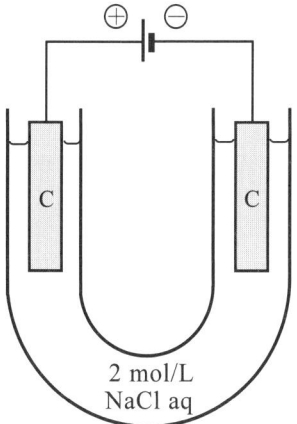

Among the following observable phenomena (**a**)-(**d**), two are correct. From ①-⑥ below choose the correct combination. | **9** |

(**a**) Gas was generated only at the anode.

(**b**) When potassium iodide-starch paper moistened with pure water was brought to the mouths of the U-tube, it turned blue at the anode side.

(**c**) White precipitates formed at the bottom of the U-tube.

(**d**) The aqueous solution near the cathode turned pink when a few drops of aqueous phenolphthalein was added after the electrolysis.

① **a, b**　　② **a, c**　　③ **a, d**　　④ **b, c**　　⑤ **b, d**　　⑥ **c, d**

Q10 At 20 °C and 1.0×10^5 Pa, 1.4×10^{-3} mol of oxygen dissolves in 1.0 L of water. Convert the amount of oxygen that dissolves in 2.0 L of water at 20 °C and 5.0×10^5 Pa into the volume at the standard state in L. From the following ①-⑤ choose the closest value.

10 L

① 0.031   ② 0.063   ③ 0.16   ④ 0.31   ⑤ 0.63

Q11 In the following table, experimental procedures to generate gases and the properties of the gases generated are listed. From ①-⑥ in the following table choose the one in which the property of the generated gas is **not** correct.

11

	Experimental procedures	Properties of gases
①	Dilute sulfuric acid (dil. H_2SO_4) is added to iron(II) sulfide (FeS).	It has a reducing property.
②	Manganese(IV) oxide (MnO_2) is added to concentrated hydrochloric acid (conc. HCl), and the mixture is heated.	It has an oxidizing property.
③	Calcium (Ca) is added to water.	It is the lightest gas.
④	Dilute nitric acid (dil. HNO_3) is added to copper (Cu).	Its color is brown.
⑤	Concentrated sulfuric acid (conc. H_2SO_4) is added to copper (Cu) and the mixture is heated.	It has a bleaching property.
⑥	Dilute hydrochloric acid (dil. HCl) is added to limestone ($CaCO_3$).	It dissolves in water, and the solution is weakly acidic.

Q12 From the following statements ①-⑥ on halogens X (X = F, Cl, Br, I) choose the one that is **not** correct. |12|

① Concerning the boiling points of X_2, that of F_2 is the lowest.

② Concerning the oxidizing power of X_2, the smaller the molecular weight, the higher the oxidizing power.

③ Concerning the boiling points of HX, the one that has the lowest boiling point is HCl.

④ To store aqueous hydrogen fluoride (HF), plastic bottles should be used.

⑤ Hypochlorous acid (HClO) exhibits an oxidizing property.

⑥ Silver fluoride (AgF) is hardly soluble in water.

Q13 From the following statements ①-⑦ on group 14 elements choose the one that is **not** correct. |13|

① Carbon (C) forms covalent crystals.

② All allotropes of carbon are good electric conductors.

③ Silicon (Si) can be obtained by reducing quartz sand with carbon.

④ Silicon is a semiconductor.

⑤ Tin (Sn) reacts with both aqueous acids and aqueous bases to generate hydrogen (H_2).

⑥ Lead (Pb) does not easily dissolve in dilute sulfuric acid (dil. H_2SO_4) at normal temperature.

⑦ Lead is used as a shielding material against radiation.

Q14 Among the following statements (**a**)-(**e**) two are in common with both iron (Fe) and aluminum (Al). From ①-⑥ below choose the correct combination. $\boxed{14}$

(**a**) Both are transition elements.

(**b**) Both form trivalent cations.

(**c**) Both react with hydrochloric acid (HCl aq) and generate hydrogen (H_2).

(**d**) Both react with aqueous sodium hydroxide (NaOH) and generate hydrogen.

(**e**) Both react with aqueous zinc chloride ($ZnCl_2$) to deposit zinc (Zn).

① **a, b**　② **a, e**　③ **b, c**　④ **b, d**　⑤ **c, d**　⑥ **d, e**

Q15 From the statements ①-⑤ on the reactions involving oxides choose the one in which the underlined product is **not** correct. $\boxed{15}$

① Aluminum oxide (Al_2O_3) reacts with aqueous sodium hydroxide (NaOH) to yield <u>sodium tetrahydroxydoaluminate ($Na[Al(OH)_4]$)</u>.

② Calcium oxide (CaO) reacts with hydrochloric acid (HCl aq) to yield <u>calcium hydroxide ($Ca(OH)_2$)</u>.

③ Manganese(IV) oxide (MnO_2) catalyzes the reaction of hydrogen peroxide (H_2O_2) to yield <u>oxygen (O_2)</u>.

④ Sodium oxide (Na_2O) reacts with water to yield <u>sodium hydroxide (NaOH)</u>.

⑤ <u>Phosphoric acid (H_3PO_4)</u> is generated when tetraphosphorus decoxide (P_4O_{10}) is dissolved in water and the solution is heated.

Q16 The following statements (**a**)-(**d**) concern alkanes and alkenes. From ①-⑧ in the table below choose the combination in which the "true" or "false" judgments are correct.

$\boxed{16}$

(**a**) Alkanes are readily oxidized with aqueous potassium permanganate ($KMnO_4$) acidified with sulfuric acid.

(**b**) For straight chain alkanes, the larger the number of carbon atoms (C), the higher the boiling points.

(**c**) A *trans* alkene and a *cis* alkene with the same number of carbon atoms have the same melting point.

(**d**) Alkenes are readily susceptible to addition reactions.

	a	b	c	d
①	true	true	true	true
②	true	true	true	false
③	true	false	false	true
④	true	false	false	false
⑤	false	false	true	false
⑥	false	false	true	true
⑦	false	true	false	false
⑧	false	true	false	true

Q17 From the following statements ①-⑤ on carboxylic acids and their salts choose the one that is **not** correct. ☐17☐

① Phthalic acid possesses one or more asymmetric carbon atoms.

② Oxalic acid is a dicarboxylic acid.

③ Linoleic acid is classified as a higher fatty acid.

④ Oxidation of toluene with potassium permanganate ($KMnO_4$) acidified with sulfuric acid, yields benzoic acid.

⑤ If sodium phenoxide and carbon dioxide (CO_2) are reacted at high temperature and pressure, sodium salicylate is formed.

Q18 When 8.2 g of sodium acetate (CH_3COONa) and excess sodium hydroxide (NaOH) were placed in a test tube and the mixture was heated, the reaction proceeded completely and methane (CH_4) was generated. Calculate the amount of generated methane in L at the standard state. From the following ①-⑤ choose the closest value. ☐18☐ L

① 1.0   ② 1.6   ③ 2.2   ④ 3.4   ⑤ 4.4

Q19 From ①-⑥ in the following table choose the correct combination of polymer and its precursor, monomer.   19

	Polymer	Monomer
①	glycogen	maltose
②	protein	amino acid
③	DNA (deoxyribonucleic acid)	ribose
④	natural rubber	propene (propylene)
⑤	polyamide	aniline
⑥	polyester	ethene (ethylene)

Q20 From the following statements ①-⑤ on amino acids choose the correct one. **20**

① The number of carboxy groups and that of amino groups constituting an α-amino acid is one, respectively.

② All α-amino acids contain asymmetric carbon atom(s).

③ α-Amino acids contain only carbon (C), hydrogen (H), oxygen (O) and nitrogen (N).

④ All essential amino acids are synthesized in the human body.

⑤ Compounds formed by dehydration condensation between a carboxy group of one amino acid and an amino group of another amino acid are called peptides.

End of Chemistry questions. Leave the answer spaces **21** ~ **75** blank.

Please check once more that you have properly marked the name of your subject as "Chemistry" on your answer sheet.

Do not take this question booklet out of the room.

Biology

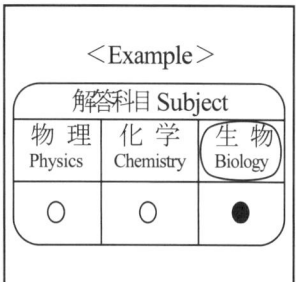

Q1 The cytoskeleton includes components such as microtubules, intermediate filaments, and actin filaments.

Of these, which component is directly involved in muscle contraction, and which is directly involved in formation of the spindle body? From ①－⑤ below choose the correct combination. | **1** |

	Muscle contraction	Formation of the spindle body
①	microtubule	intermediate filament
②	microtubule	actin filament
③	intermediate filament	actin filament
④	actin filament	microtubule
⑤	actin filament	intermediate filament

Q2 Statements a – d below describe various organelles. From ①–⑥ below choose the combination correctly indicating the statement that describes mitochondria, and the statement that describes chloroplasts. $\boxed{2}$

a   It is a double-membrane organelle that contains stacks of flat, sac-like structures inside the inner membrane.

b   It is a single-membrane organelle filled with cell fluid.

c   It is a double-membrane organelle in which the inner membrane is highly folded.

d   It is a single-membrane organelle to which ribosomes are attached on the surface.

	Mitochondria	Chloroplasts
①	a	c
②	b	a
③	b	d
④	c	a
⑤	c	d
⑥	d	b

Q3 Consider the differences between *Escherichia coli* and the leaf cells of plants. From ①–⑤ below choose the statement that applies to a plant leaf cell, but not to *E. coli*. $\boxed{3}$

①   Translation is initiated after transcription is completed.

②   ATP is synthesized in the cytoplasmic matrix.

③   The cell membrane is surrounded by a cell wall.

④   Though it contains DNA within the cell, it does not have a nucleus.

⑤   It does not have any centrosomes.

Q4   From ①－⑧ below choose the combination that best indicates the substrate, product, and optimum pH of amylase, which is present in human saliva.

4

	Substrate	Product	Optimum pH
①	starch	maltose	pH2
②	starch	maltose	pH7
③	starch	glucose	pH2
④	starch	glucose	pH7
⑤	maltose	starch	pH2
⑥	maltose	starch	pH7
⑦	maltose	glucose	pH2
⑧	maltose	glucose	pH7

Q5   The figure below shows alcoholic fermentation occurring in a Kühne's fermentation tube. The fermentation solution was prepared by heating a glucose solution, allowing it to cool to room temperature, and then mixing yeast into it in an appropriate ratio. The fermentation solution was poured into the tube and the temperature was maintained at 35°C. A gas evolved as a result of alcoholic fermentation. From ①－④ below choose the answer that correctly identifies the gas that evolved.

5

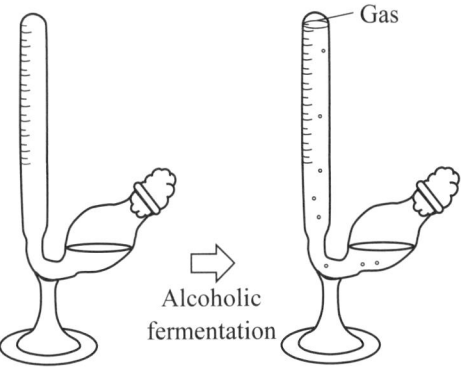

①   oxygen (O_2)   ②   hydrogen (H_2)   ③   carbon dioxide (CO_2)   ④   nitrogen (N_2)

Q6 The reactions of photosynthesis can be summarized with the following reaction equation:

$$6CO_2 + 12H_2O + \text{light energy} \rightarrow C_6H_{12}O_6 + 6H_2O + 6O_2$$

In which photosynthetic process is the H_2O on the left side of the equation broken down? Also, in which photosynthetic process is the $C_6H_{12}O_6$ on the right side of the equation synthesized? From ① – ⑥ below choose the correct combination.

6

	Process in which H_2O (on the left side) is broken down	Process in which $C_6H_{12}O_6$ (on the right side) is synthesized
①	Calvin-Benson cycle	photosystem I
②	Calvin-Benson cycle	photosystem II
③	photosystem I	Calvin-Benson cycle
④	photosystem I	photosystem II
⑤	photosystem II	Calvin-Benson cycle
⑥	photosystem II	photosystem I

Q7 When a synthetic mRNA that contains repeats of a particular base sequence is added to a protein synthesis system, a polypeptide is synthesized. The following table shows the amino acid sequences that are obtained when polypeptides are produced from the synthetic mRNA shown on the left. From ①– ⑥ below choose the combination that correctly indicates the amino acids that are coded by codons ACA and CAC.

7

mRNA base sequence	Polypeptides that can be produced
ACACAC...(repeating)	Polypeptides that consist of repeats of alternating threonine and histidine
CAACAACAACAA...(repeating)	Three different polypeptides; chain of glutamine chain of asparagine chain of threonine

	ACA	CAC
①	threonine	histidine
②	histidine	threonine
③	glutamine	threonine
④	histidine	asparagine
⑤	glutamine	histidine
⑥	threonine	glutamine

Q8 A certain organism has two pairs of alleles: A(a) and B(b). An individual with genotype *AAbb* was crossed with an individual with genotype *aaBB* to produce the F₁ generation. Next, an F₁ individual is crossed with an individual with genotype *aabb*, resulting in the offspring with the following phenotypes and segregation ratio. Note that A and B are dominant over a and b respectively.

$$[AB] : [Ab] : [aB] : [ab] = 1:5:5:1$$

From ①–④ below choose the figure that best represents the relative position of the alleles on the chromosomes in the above offspring of the phenotype [AB]. $\boxed{8}$

① 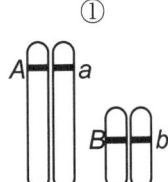   ② 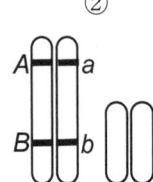   ③ 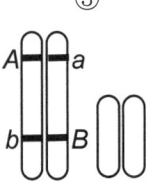   ④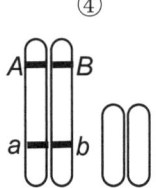

Q9 The figure below represents the sex chromosomes in a human somatic cell during mitotic metaphase. Referring to this figure, from ① – ⑤ below choose the statement that best describes human chromosomes. Note that the chromosome number of humans is 2n = 46. $\boxed{9}$

X Y

① X chromosomes are observed only in males.

② Human somatic cells have 23 pairs of autosomes.

③ Both sex chromosomes in human somatic cells differ in shape between males and females.

④ A human somatic cell has 23 chromosomes during mitotic metaphase.

⑤ The chromosome marked X in the figure is inherited from the mother.

Q10 From ①– ⑥ below choose the combination of terms that correctly fills blanks $\boxed{\text{a}}$ – $\boxed{\text{c}}$ in

the following statement describing transplantation pertaining to eye formation in the newt. $\boxed{\textbf{10}}$

An optic vesicle was removed from a tailbud-stage newt embryo and transplanted to the head of another tailbud-stage embryo at the position just below the epidermis. A portion of eye structure was formed at the transplant site, where an eye would not normally develop. It is likely that this occurred because the optic vesicle itself, which formed from $\boxed{\text{a}}$, became the $\boxed{\text{b}}$ and at the same time acted on the cells surrounding the transplant site and determined their fates to become an eye tissue. Such action is referred to as $\boxed{\text{c}}$.

	a	b	c
①	mesoderm	optic cup	differentiation
②	mesoderm	crystalline lens	differentiation
③	mesoderm	optic cup	induction
④	ectoderm	crystalline lens	differentiation
⑤	ectoderm	optic cup	induction
⑥	ectoderm	crystalline lens	induction

Q11 The figure below is a simplified representation of part of the human circulatory system. From ①–⑥ below choose the combination that best indicates: the blood vessel in the figure that carries blood with the highest glucose concentration after eating (X), and the blood vessel in the figure that carries blood with the lowest urea concentration (Y), in a healthy individual. | 11 |

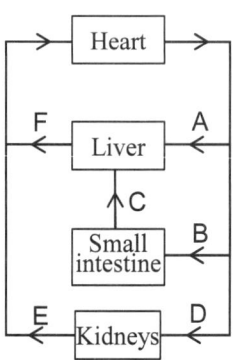

	Blood vessel X	Blood vessel Y
①	A	C
②	A	E
③	C	E
④	C	F
⑤	D	B
⑥	D	C

Q12 Statements a – d below describe arteries, veins, capillaries, or lymph ducts. From ① – ⑥ below choose the combination correctly indicating the statement that describes veins, and the statement that describes lymph ducts.

12

a They are enveloped by a muscle layer and an elastic layer. They have valves that prevent backflow of blood.

b They are enveloped by a muscle layer and an elastic layer. The muscle layer is relatively thick. They do not have valves for preventing backflow of blood.

c Some tissue fluid enters them, and leukocytes are the only blood cells that are observed in them. They have valves that prevent backflow.

d They are bound by a single layer of cells. A portion of blood plasma flows out from them to form tissue fluid.

	Veins	Lymph ducts
①	a	b
②	a	c
③	a	d
④	b	a
⑤	b	c
⑥	b	d

Q13 The following figure schematically represents a horizontal cross section of the human eye, as seen from above. Answer questions (1) and (2) below concerning this.

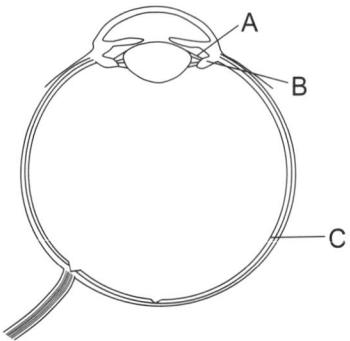

(1) From ①–④ below choose the combination that correctly indicates the names of structures A, B, and C in the figure. ⑬

	A	B	C
①	zonule of Zinn	ciliary body	retina
②	zonule of Zinn	ciliary body	cornea
③	ciliary body	zonule of Zinn	retina
④	ciliary body	zonule of Zinn	cornea

(2) Structures A and B in the figure are involved in accommodation of the human eye. From ①–⑧ below choose the statement that best indicates the changes to A, B, and the crystalline lens when the eye focuses on a nearby object. ⑭

① The muscle contained in B contracts and A slackens, causing the crystalline lens to become thinner.

② The muscle contained in B contracts and A slackens, causing the crystalline lens to become thicker.

③ The muscle contained in B contracts and A tightens, causing the crystalline lens to become thinner.

④ The muscle contained in B contracts and A tightens, causing the crystalline lens to become thicker.

⑤ The muscle contained in B relaxes and A slackens, causing the crystalline lens to become thinner.

⑥ The muscle contained in B relaxes and A slackens, causing the crystalline lens to become thicker.

⑦ The muscle contained in B relaxes and A tightens, causing the crystalline lens to become thinner.

⑧ The muscle contained in B relaxes and A tightens, causing the crystalline lens to become thicker.

Q14 The following figure schematically represents a part of a medullated nerve. From ①–⑤ below choose the answer that correctly indicates the order of the regions along which excitation is observed in the axon when region E is given a stimulation exceeding the threshold value. | 15 |

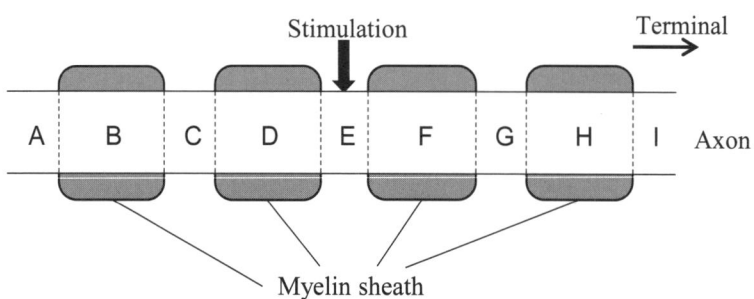

① E→F→G→H→I

② E→F→H

③ E $\Bigg\langle\begin{array}{l} D→C→B→A \\ \\ F→G→H→I \end{array}$

④ E $\Bigg\langle\begin{array}{l} D→B \\ \\ F→H \end{array}$

⑤ E $\Bigg\langle\begin{array}{l} C→A \\ \\ G→I \end{array}$

Q15 The following ①–⑤ describe various plant hormones and their functions. Choose the best statement as the description of ethylene. 　16

① It stimulates separation layer formation in the base of each leaf when the leaf shedding season arrives.

② It maintains seed dormancy by suppressing germination.

③ It is produced in the embryo and stimulates germination.

④ It is synthesized at the apex of shoots and stimulates cell elongation.

⑤ It stimulates lateral bud growth.

Q16 The following table shows the gross primary productivity or secondary production at each trophic level in a certain ecosystem. From ①–⑥ below choose the answer that best indicates the order of trophic efficiency (%) among the trophic levels, from most efficient to least efficient. 　17

Trophic level	Gross primary productivity or secondary production (J/cm^2/year)
Solar energy	*499,262.4
Producers	467.9
Primary consumers	62.2
Secondary consumers	13.0

*Incident light energy

① Producers ＞ Primary consumers ＞ Secondary consumers

② Producers ＞ Secondary consumers ＞ Primary consumers

③ Primary consumers ＞ Producers ＞ Secondary consumers

④ Primary consumers ＞ Secondary consumers ＞ Producers

⑤ Secondary consumers ＞ Primary consumers ＞ Producers

⑥ Secondary consumers ＞ Producers ＞ Primary consumers

Q17 From ①–⑥ below choose the combination of terms that best fills blanks | a | – | c | in the following paragraphs. **18**

Angiosperms have the reproductive organs that are more structurally complex than those of gymnosperms, and have developed a method of fertilization whereby | a | are transported by animals. Also, some angiosperm species have developed methods of seed dispersal by wind or animals through formation of | b |. Some of today's birds and insects have specialized beaks/mouthparts that enable them to sip nectar from certain types of flowers.

As illustrated by these examples, it is believed that angiosperms and animals evolved in ways in which they mutually influenced each other. This evolutionary phenomenon is called | c |.

	a	b	c
①	fruits	pollens	neutral evolution
②	fruits	pollens	coevolution
③	fruits	pollens	industrial melanism
④	pollens	fruits	neutral evolution
⑤	pollens	fruits	coevolution
⑥	pollens	fruits	industrial melanism

End of Biology questions. Leave the answer spaces **19** ~ **75** blank.

Please check once more that you have properly marked the name of your subject as "Biology" on your answer sheet.

Do not take this question booklet out of the room.

2016 Examination for Japanese University Admission
for International Students

Japan and the World

(80 min.)

Examination registration number		*			*						
Name											

Q1 Read the following passage and answer questions (1)–(4) below.

The ₁<u>Republic of Turkey</u>, whose territory extends into both Europe and Asia, was founded in ₂<u>1923</u> under the leadership of Mustafa Kemal Atatürk, who has been called the "Founding Father of Turkey."

Today's Turkey, which has fostered both Islam and democracy, is sometimes referred to as a model of Islamic democracy. In addition, it has ₃<u>achieved relatively stable economic development</u>.

As for foreign relations, Turkey is a member of ₄<u>NATO</u> (North Atlantic Treaty Organization), but has not yet joined the EU (European Union).

(1) With reference to underlined item **1**, from ①–④ on the map below choose the answer that correctly indicates the location of Turkey. $\boxed{1}$

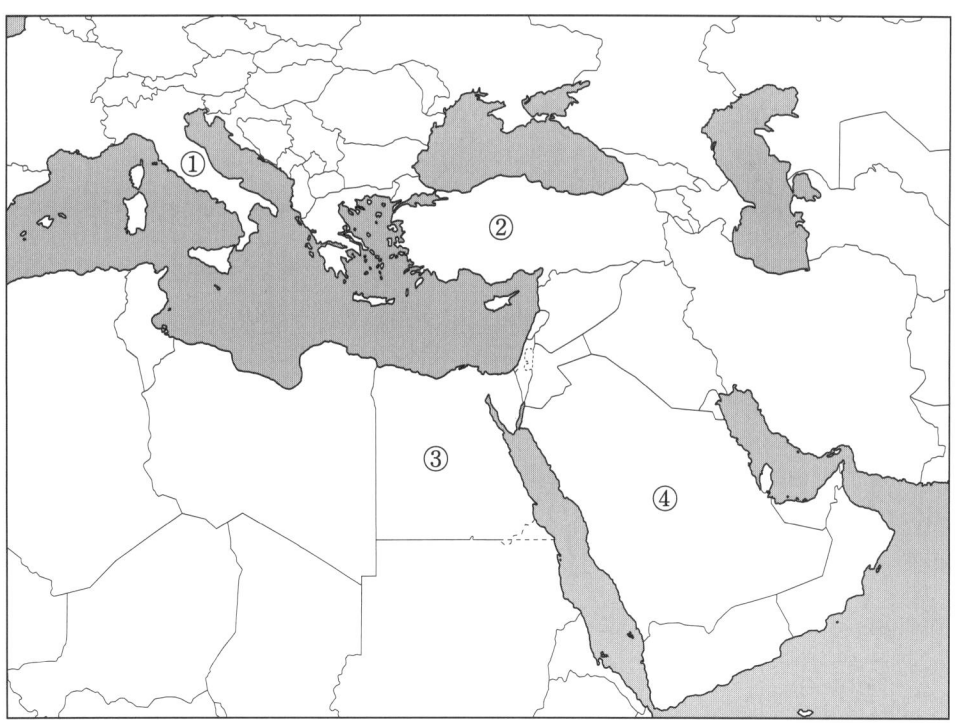

(2) With reference to underlined item **2**, 1923 is the same year that the Great Kanto Earthquake occurred. From ①-④ below choose the answer that correctly arranges historical events of this period in chronological order. **2**

① Outbreak of World War I → Russian Revolution → Great Kanto Earthquake → Beginning of Great Depression

② Russian Revolution → Outbreak of World War I → Beginning of Great Depression → Great Kanto Earthquake

③ Russian Revolution → Outbreak of World War I → Great Kanto Earthquake → Beginning of Great Depression

④ Outbreak of World War I → Beginning of Great Depression → Russian Revolution → Great Kanto Earthquake

(3) With reference to underlined item **3**, the table below lists trends in GDP per capita (based on purchasing power parity) of Japan, Turkey, the United Arab Emirates (UAE), and China. From ①-④ below choose the letter that represents Turkey in the table. **3**

US$

	1990	1995	2000	2005	2010
A	74,017	77,467	84,975	84,338	56,245
B	19,230	22,922	25,938	30,441	33,741
C	4,439	5,411	9,321	11,512	16,166
D	980	1,860	2,915	5,053	9,239

Source: Website of the World Bank

① A

② B

③ C

④ D

(4) With reference to underlined item **4**, from ①-④ below choose the country that is **not** a member of NATO, as of 2016.   4

　① Greece

　② France

　③ USA

　④ Switzerland

Q2 Read the following paragraph and answer questions (1)–(4) below.

Mexico is a ₁federal republic located in North America, and is a ₂country with a population over 100 million. It has a close economic relationship with the USA, and that relationship has grown stronger since ₃NAFTA (North American Free Trade Agreement) took effect. Mexico has had ties with Japan for more than 400 years, starting when Mexico was a colony of Spain. In fact, Mexico was the first country outside Asia with which Japan established an ₄equal treaty.

(1) With reference to underlined item **1**, from ①–④ below choose the country that, like Mexico, is a federal republic. | 5 |

   ① Saudi Arabia

   ② Germany

   ③ Singapore

   ④ New Zealand

(2) With reference to underlined item **2**, from ①–④ below choose the country that has a population over 100 million. | 6 |

   ① Brazil

   ② France

   ③ Egypt

   ④ Argentina

(3) With reference to underlined item **3**, from ①-④ below choose the statement that best describes NAFTA. 　　　　　　　　　　　　　　　　 7

① It was established to create an economic bloc by implementing common external tariffs.

② It was established to phase out tariffs and eliminate non-tariff barriers.

③ It was established to remove restrictions on the flow of labor and implement a common agricultural policy.

④ It was established to unify monetary policies in the region by adopting a common currency.

(4) With reference to underlined item **4**, before Japan and Mexico entered into an equal treaty, Japan concluded unequal treaties with the Great Powers. From ①-④ below choose the statement that best describes those unequal treaties.

　　　　　　　　　　　　　　　　　　　　　　　　　　　　　8

① The language of each country signing a treaty with Japan became recognized as an official language of Japan.

② Japan was required to appoint foreign nationals to its Supreme Court.

③ Japan did not have tariff autonomy, and the foreign signatories were permitted to run consular courts.

④ Foreign nationals were allowed to enter Japan, but Japanese nationals were not permitted to enter the other treaty countries.

Q3 From ①-④ below choose the graph that best matches the situation described by the following statement. $\boxed{\textbf{9}}$

Since the amount of crops planted cannot be readily changed, the quantity produced cannot be increased dramatically, even if the price rises.

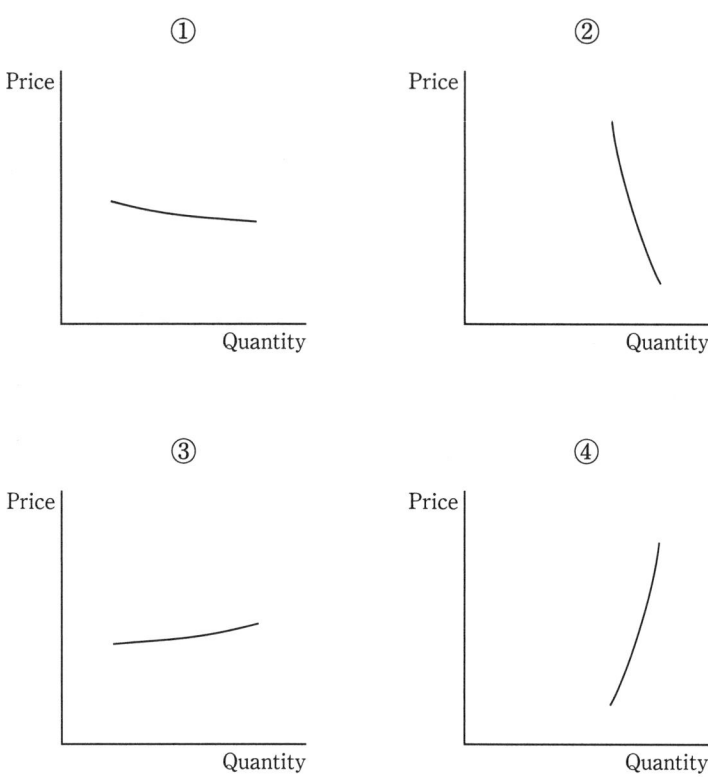

Q4 A farmer sells all the potatoes that were harvested in a year, except the ones saved as seed potatoes (or raw material) for the following year, to a processing plant for ¥5,000. The processing plant uses all those potatoes to make potato chips, which it sells to a retailer for ¥12,000. The retailer sells all those potato chips to consumers within the same year, generating ¥18,000 in sales. In all these transactions, what total yen amount would be counted in the GDP for that year? From ①-④ below choose the correct answer. **10**

① ¥5,000

② ¥12,000

③ ¥18,000

④ ¥35,000

Q5 In general, prices tend to rise when the economy is performing strongly, but sometimes prices rise even though the economy is in recession. From ①-④ below choose the correct term used for this phenomenon. **11**

① hyperinflation

② stagflation

③ deflation

④ demand-pull inflation

Q6 Fiscal policy is seen as having a leveling effect on the waves of the business cycle. From ①-④ below choose the figure that best represents this effect. Note that each horizontal axis represents time, each vertical axis represents an index of business activity, each dotted line represents the business cycle when fiscal policy is not implemented, and each solid line represents the business cycle when fiscal policy is implemented. **12**

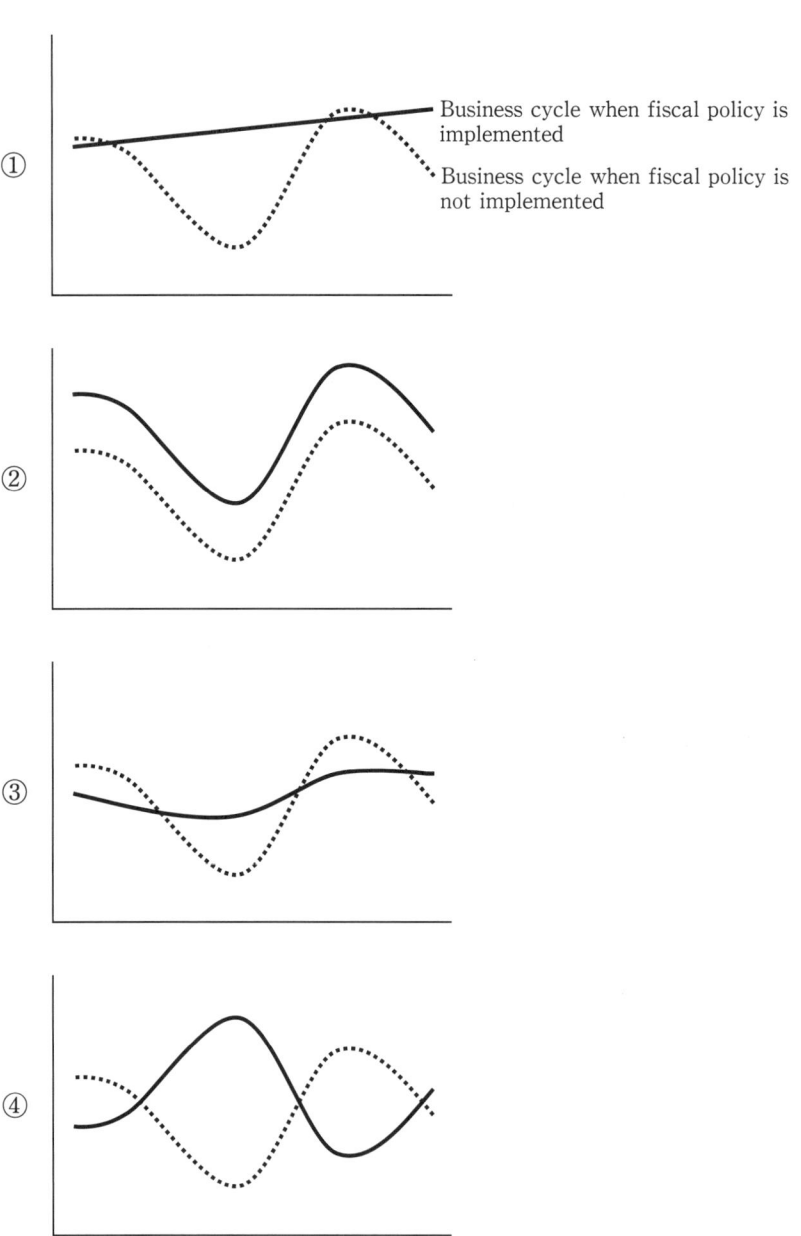

① Business cycle when fiscal policy is implemented
Business cycle when fiscal policy is not implemented

②

③

④

Q7 From ①-④ below choose the statement that best describes joint-stock companies.

13

① If a joint-stock company goes bankrupt, the legal liability of shareholders does not exceed the amount of their investment.

② The only way joint-stock companies can procure funds is by issuing shares.

③ Shares can be held only by employees of the joint-stock company.

④ In Japan, joint-stock companies with less than 100 employees are referred to as *goushi-kaisha* (limited partnership companies).

Q8 In 1973, Japan switched to a floating-exchange-rate system. From ①-④ below choose the statement that best describes a change in the Japanese economy that took place in the 1970s following that switch.

14

① The rise in import prices due to a weaker yen led to the First Oil Crisis.

② An extremely low-interest-rate policy was adopted, resulting in the emergence of the so-called bubble economy.

③ Japan became an Article VIII party of the IMF (International Monetary Fund), and took steps to liberalize its capital market.

④ Businesses, particularly the electronic and automotive industries, proceeded to streamline management to deal with the appreciation of the yen.

Q9 The WTO (World Trade Organization) was founded in 1995. From ①-④ below choose the situation most closely linked with the establishment of the WTO.

15

① As the effectiveness of the procedure for settling disputes was not adequately ensured, it became necessary to strengthen it.

② As international confidence in the US dollar's role as the key currency declined, multilateral talks on international monetary problems became necessary.

③ As economies became increasingly globalized, it became necessary to establish a system of international taxation that was fair and also prevented tax leakage.

④ With the establishment of international free trade, it became necessary to strengthen bilateral and intraregional trade relations, as exemplified by free trade agreements (FTAs).

Q10　The following table lists the export and import dependence of four countries (Germany, the UK, Belgium, and the Netherlands) in 2014. Export dependence and import dependence refer respectively to the ratio of exports and imports to GDP. From ①-④ below choose the combination that best identifies the countries represented by A-D in the table. **16**

%

	A	B	C	D
Export dependence	89.2	65.3	38.6	16.0
Import dependence	85.7	57.8	31.3	22.2

Source: *Sekai Kokusai-zue 2016/17*. Yano Tsuneta Kinenkai.

	A	B	C	D
①	Netherlands	UK	Germany	Belgium
②	UK	Germany	Netherlands	Belgium
③	Germany	UK	Belgium	Netherlands
④	Belgium	Netherlands	Germany	UK

Q11 The European Free Trade Association (EFTA) was founded in 1960 by several European countries that were not members of the European Economic Community (EEC). From ①-④ below choose the country that was a founding member of the EFTA. **17**

① France

② UK

③ Italy

④ Luxembourg

Q12 From ①-④ below choose the statement that best describes the labor environment in Japan. **18**

① Because of the Act on Equal Employment Opportunity between Men and Women, women occupy nearly half of the management positions at large corporations.

② Ever since the Labor Standards Act was amended, the principle of equal pay for equal work has been applied to all occupations.

③ In order to deal with the aging population, efforts are being made to expand employment opportunities for elderly people, such as by raising the retirement age.

④ In order to solve labor shortages, all industrial sectors are actively hiring foreign workers.

Q13 The following table lists the amount of CO_2 emissions per capita and per \$1 GDP, along with the change in CO_2 emissions, for the USA, China, Japan, and Russia in 2013. From ①-④ below choose the combination that best identifies the countries represented by A–D in the table. **19**

	A	B	C	D
CO_2 emissions per capita (tons)	16.18	10.79	9.70	6.60
CO_2 emissions per \$1 GDP (kg)	0.35	0.70	0.30	0.64
Change in CO_2 emissions (%)	0.3	−1.5	0.7	6.3

Note: GDP was converted to US\$ using the appropriate exchange rates for 2005.
　　Change in CO_2 emissions is the annual average based on levels in 1990.
Source: Website of the IEA

	A	B	C	D
①	USA	Russia	Japan	China
②	China	USA	Russia	Japan
③	Japan	China	USA	Russia
④	Russia	Japan	China	USA

Q14 The world map below was created using the Mercator projection. From ①-④ below choose the statement that best describes either this projection method or this map. |20|

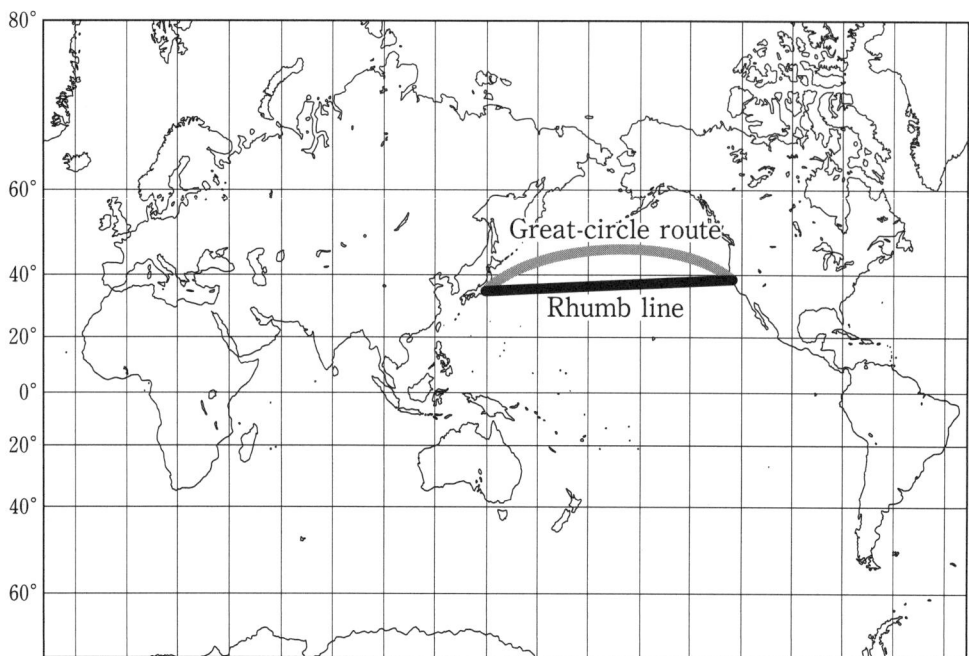

① The length of the 60° north latitudinal line is exaggerated by roughly a factor of two compared with the equator.

② There are no distortions along the same longitude belt, so surface area is represented with a high degree of accuracy.

③ A rhumb line represents the shortest surface distance between the two points it connects.

④ This map style is suitable as a nautical chart because voyaging along a great-circle route would keep the ship at a constant angle with respect to longitude.

Q15 Tokyo, London, and New York are located in different time zones. From ①-④ below choose the combination that correctly indicates the largest intercity time difference and the smallest intercity time difference from among the following pairs of cities: Tokyo-London, Tokyo-New York, and New York-London. Here, the standard time meridian is defined as 135° east for Tokyo, 0° for London, and 75° west for New York. Also, ignore the effect of daylight saving time. **21**

	Largest difference	Smallest difference
①	Tokyo-London	Tokyo-New York
②	Tokyo-London	New York-London
③	Tokyo-New York	Tokyo-London
④	Tokyo-New York	New York-London

Q16 The map below represents the coastline of a certain region of Japan. From ①-④ below choose the answer that best indicates the topographical term used for this type of coastline. Note that the map is oriented so that north is at the top, the left side is inland, and the right side is the ocean. **22**

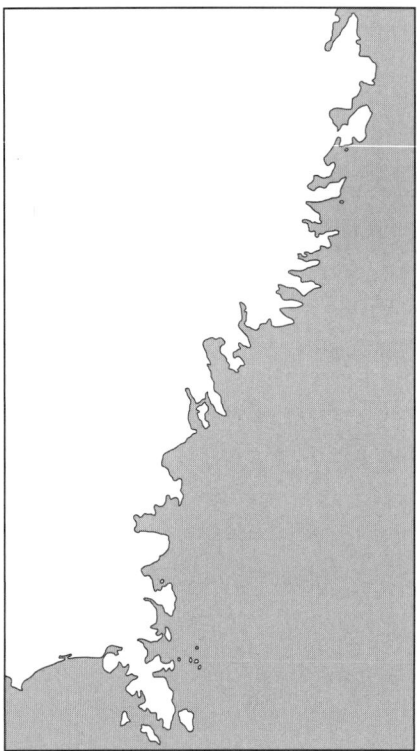

① ria coast

② fjord

③ marine terrace

④ delta

Q17 The following graphs represent the itemized food self-sufficiency rates of the USA, Australia, Spain, and Japan. From ①-④ below choose the answer that indicates the figure representing Japan. **23**

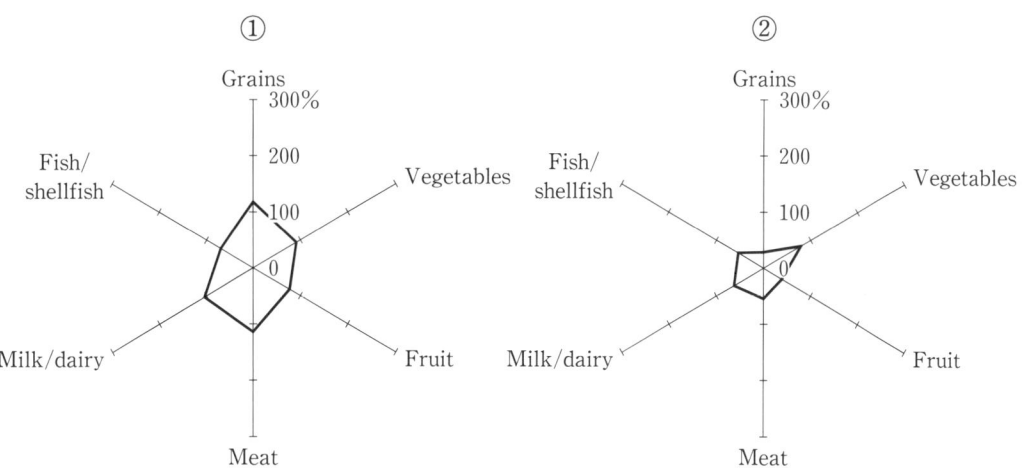

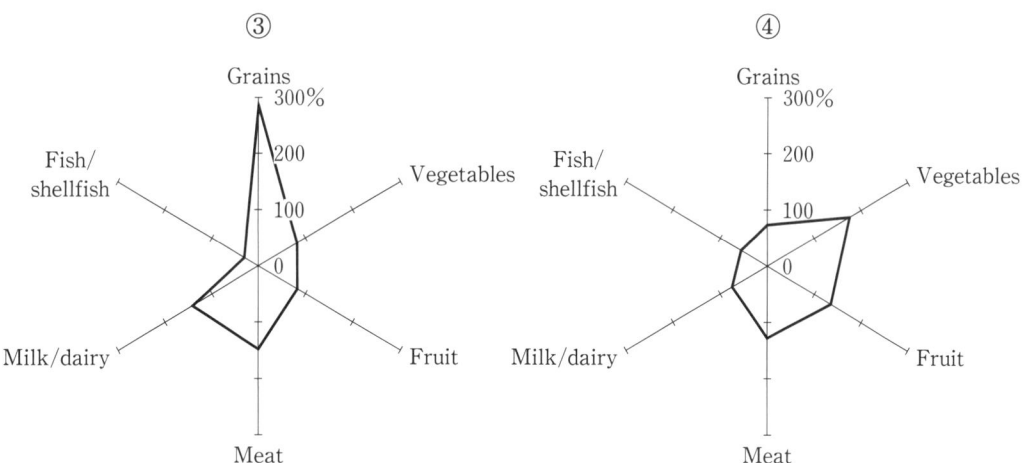

Note: Data for the USA, Australia, and Spain are from 2011. Data for Japan are from 2013.
Source: *Databook of the World 2016.* Ninomiya Shoten.

Q18 The tables below list the top five countries in terms of natural-gas production and natural-gas exports in 2013. From ①-④ below choose the answer that correctly identifies the country represented by X in both tables. **24**

Natural-gas production (bil. cubic feet)

Country	Production	%
USA	24,334	20.1
X	22,139	18.3
Iran	5,696	4.7
Qatar	5,598	4.6
Canada	5,129	4.2
World total	121,283	100.0

Natural-gas exports (bil. cubic feet)

Country	Exports	%
X	7,801	20.4
Qatar	4,432	11.6
Norway	3,630	9.5
Canada	2,912	7.6
Netherlands	2,376	6.2
World total	38,302	100.0

Source: Website of the US Energy Information Administration

① Germany

② China

③ Russia

④ UK

Q19 Read the following sentence and from ①-④ below choose the answer that correctly fills blank ⬚a⬚ in the sentence below. **25**

From the end of World War I to the outbreak of World War II, ⬚a⬚ — which took a hostile view of communism and rejected liberalism and democracy — emerged in some European countries, such as Italy and Germany.

① hegemonism

② fascism

③ absolutism

④ anarchism

Q20 From ①-④ below choose the statement that best describes the political system of the country mentioned. **26**

① The UK is a constitutional monarchy under which the prime minister is elected from among members of the House of Lords.

② France has a mixed presidential and parliamentary-cabinet system, and the president, who is elected by the national assembly, has only a ceremonial role.

③ The USA has a presidential system, and the president is not a member of Congress and does not have the power to submit bills.

④ Russia uses a parliamentary-cabinet system in which the prime minister has the power to dissolve the assembly, and the assembly has the power to make motions of no-confidence against the cabinet.

Q21 From ①-④ below choose the item that is **not** a power granted to the Japanese Diet by the Constitution of Japan. ┃**27**┃

① ratification of constitutional amendments

② making decisions on budgets

③ approval of treaties

④ establishment of an impeachment court

Q22 From ①-④ below choose the statement that best describes the Prime Minister of Japan. ┃**28**┃

① The Prime Minister cannot concurrently serve as a Diet member.

② The Prime Minister has the power to remove Ministers of State.

③ The Prime Minister is directly elected by the people.

④ The Prime Minister must resign when a no-confidence resolution is passed by a joint committee of both Houses of the Diet.

Q23 Article 20 of the Constitution of Japan includes this provision: "The State and its organs shall refrain from religious education or any other religious activity." From ①-④ below choose the term that best applies to this provision. ┃**29**┃

① academic freedom

② popular sovereignty

③ separation of religion and state

④ non-intervention in civil affairs

Q24 The Constitution of Japan prescribes both the rights and duties of the people. From ①-④ below choose the answer that is one of the three duties prescribed.

30

  ① the obligation to perform community service

  ② the obligation to serve in the military

  ③ the obligation to work

  ④ the obligation to respect and uphold laws

Q25 The USA's jury system is an example of the direct participation of the people in court trials. From ①-④ below choose the statement that best describes this system.

31

  ① The jury decides whether the defendant is guilty or not guilty; if the defendant is found guilty, the jury and the judge decide the sentence.

  ② The jury and the judge decide whether the defendant is guilty or not guilty; if the defendant is found guilty, the judge decides the sentence.

  ③ The judge decides whether the defendant is guilty or not guilty; if the defendant is found guilty, the jury decides the sentence.

  ④ The jury decides whether the defendant is guilty or not guilty; if the defendant is found guilty, the judge decides the sentence.

Q26 The Congress of Vienna convened from 1814 to 1815 with the aim of restoring international order in the chaos that followed the French Revolution and the Napoleonic Wars. From ①-④ below choose the principle of international order advocated at this conference. | **32** |

① open diplomacy

② balance of power

③ self-determination

④ collective security

Q27 Events A-D below concern approaches to environmental issues in Japan. From ①-④ below choose the answer that correctly arranges the events in chronological order. | **33** |

A: introduction of the Tax for Climate Change Mitigation

B: enactment of the Basic Environment Law

C: enactment of the Basic Law for Environmental Pollution Control

D: enactment of the Basic Law for Establishing a Recycling-based Society

① A → D → B → C

② B → A → C → D

③ C → B → D → A

④ D → C → A → B

Q28 From ①-④ below choose the statement that best describes the Civil War in America. **34**

①   The war was triggered by a dispute over leadership between the French Americans of the Northern states and the British Americans of the Southern states.

②   The Northern states demanded the strengthening of states' rights and the continuation of slavery.

③   The Southern states exported cotton and other agricultural products to Europe, so they supported free trade.

④   George Washington, who was elected President in 1860, issued the Emancipation Proclamation.

Q29 From ①-④ below choose the statement that best describes Wilhelm II of the German Empire. **35**

①   He adopted Weltpolitik (world policy), an expansionary policy that included building a large navy.

②   He enacted the Anti-Socialist Laws to prevent the spread of socialist ideology.

③   He adopted a hostile policy toward Catholics that was known as Kulturkampf (culture struggle).

④   He established the German Empire following victory in the war with Austria over German unification.

Q30 From ①-④ below choose the statement that does **not** accurately describe an event following World War I. [36]

① The Treaty of Versailles provided for the establishment of the League of Nations.

② Whereas newly independent states emerged in Eastern Europe, self-determination movements gained momentum in many parts of Asia.

③ Japan was given a mandate over the Marshall Islands and certain other islands in the Pacific Ocean.

④ The USA colonized the Philippines following the Spanish-American War.

Q31 From ①-④ below choose the statement that best describes an event that occurred early in World War II. [37]

① Ireland was invaded by the UK and became the UK's protectorate.

② France declared war upon Germany and annexed the Saar Territory.

③ Austria invaded Italy and annexed northern Italy.

④ Germany and the USSR invaded Poland and divided it between them.

Q32 From ①-④ below choose the statement that best describes an event that occurred around the beginning of the Cold War. **38**

① The USA intervened in the Vietnam War and began bombing North Vietnam.

② The USA announced the Marshall Plan, which was intended to support the economic recovery of European countries.

③ The USSR invaded Afghanistan to support the pro-USSR government.

④ Under the leadership of Mikhail Gorbachev, the USSR took a "New Thinking" approach to foreign policy and began providing aid to Eastern European countries.

The end of the questions for Japan and the World. Leave answer spaces **39** — **60** blank.

Do not take this question booklet out of the room.

Mathematics (80 min.)

【Course 1 (Basic), Course 2 (Advanced)】

※ Choose <u>one</u> of these courses and answer its questions only.

I Rules of Examination

1. Do not leave the room without proctor's permission.

2. Do not take this question booklet out of the room.

II Instructions for the Question Booklet

1. Do not open this question booklet until instructed.

2. After being instructed, write your name and examination registration number in space provided below, as printed on your examination voucher.

3. Course 1 is on pages 1-13, and Course 2 is on pages 15-27.

4. If your question booklet is missing any pages, raise your hand.

5. You may write notes and calculations in the question booklet.

III Instructions for how to answer the questions

1. You must mark your answers on the answer sheet with an HB pencil.

2. Each letter **A**, **B**, **C**, ⋯ in the questions represents a numeral (from 0 to 9) or the minus sign($-$). When you mark your answers, fill in the oval completely for each letter in the corresponding row of the answer sheet(mark-sheet).

3. Sometimes an answer such as A or BC is used later in the question. In such a case, the symbol is shaded when it is used later, as A or BC .

Note the following :

(1) Reduce square roots ($\sqrt{}$) as much as possible.

(Example: Express $\sqrt{32}$ as $4\sqrt{2}$, not as $2\sqrt{8}$ or $\sqrt{32}$.)

(2) For fractions, attach the minus sign to the numerator, and reduce the fraction to its lowest terms.

(Example: Substitute $\frac{1}{3}$ for $\frac{2}{6}$. Also simplify as follows:

$-\frac{2}{\sqrt{6}} = \frac{-2\sqrt{6}}{6} = \frac{-\sqrt{6}}{3}$. Then apply $\frac{-\sqrt{6}}{3}$ to the answer.)

(3) If your answer to $\dfrac{\boxed{A}\sqrt{\boxed{B}}}{\boxed{C}}$ is $\dfrac{-\sqrt{3}}{4}$, mark as shown below.

(4) If the answer to $\boxed{DE}\,x$ is $-x$, mark "$-$" for **D** and "1" for **E** as shown below.

A	● ⓪ ① ② ③ ④ ⑤ ⑥ ⑦ ⑧ ⑨
B	⊖ ⓪ ① ② ● ④ ⑤ ⑥ ⑦ ⑧ ⑨
C	⊖ ⓪ ① ② ③ ● ⑤ ⑥ ⑦ ⑧ ⑨
D	● ⓪ ① ② ③ ④ ⑤ ⑥ ⑦ ⑧ ⑨
E	⊖ ⓪ ● ② ③ ④ ⑤ ⑥ ⑦ ⑧ ⑨

4. Carefully read the instructions on the answer sheet, too.

※ Once you are instructed to start the examination, fill in your examination registration number and name.

Examination registration number		∗			∗					
Name										

Mathematics Course 1
(Basic Course)

(Course 2 begins on page **15**)

Marking Your Choice of Course on the Answer Sheet

Choose to answer <u>either</u> Course 1 or Course 2.

If you choose Course 1, for example, circle the label "Course 1" and completely fill in the oval under the label on your answer sheet as shown in the example on the right.

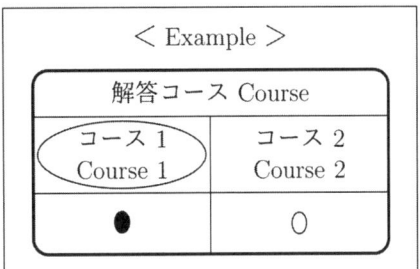

If you do not correctly fill in the appropriate oval, your answers will not be graded.

I

Q 1   Consider the quadratic function in x

$$y = ax^2 + bx + c. \qquad \cdots\cdots\cdots \quad ①$$

The function ① takes its maximum value 16 at $x = 1$, its graph intersects the x-axis at two points, and the length of the segment connecting those two points is 8. We are to find the values of a, b and c.

From the conditions, ① can be represented as

$$y = a(x - \boxed{\text{A}})^2 + \boxed{\text{BC}},$$

and the coordinates of the two points at which the graph of ① and the x-axis intersect are

$$\left(-\boxed{\text{D}}, 0\right), \quad \left(\boxed{\text{E}}, 0\right).$$

Thus we obtain $a = \boxed{\text{FG}}$. Hence we have

$$b = \boxed{\text{H}}, \quad c = \boxed{\text{IJ}}.$$

- memo -

Q 2 In a box there are ten cards on which the numbers from 0 to 9 have been written successively. We take three cards out of the box using two methods and consider the probabilities.

(1) We take out three cards simultaneously.

(i) The probability that each number on the three cards is 2 or more and 6 or less is $\dfrac{\boxed{\text{K}}}{\boxed{\text{LM}}}$.

(ii) The probability that the smallest number is 2 or less and the greatest number is 8 or more is $\dfrac{\boxed{\text{NO}}}{\boxed{\text{PQ}}}$.

(2) Three times we take out one card from the box, check its number, and then return it to the box. The probability that the smallest number is 2 or more and the greatest number is 6 or less is $\dfrac{\boxed{\text{R}}}{\boxed{\text{S}}}$.

- memo -

This is the end of the questions for Part ⅠⅠ. Leave the answer spaces **T** ~ **Z** of Part Ⅰ blank.

—255—

Q 1   Let n be a natural number and a be a real number, where $a \neq 0$. Suppose that the integral expression $x^n + y^n + z^n + a(xy + yz + zx)$ can be expressed as the product of $x + y + z$ and an integral expression P in x, y and z, i.e.

$$x^n + y^n + z^n + a(xy + yz + zx) = (x + y + z)P. \qquad \cdots\cdots\cdots \quad \text{①}$$

We are to find the values of n and a.

The equality ① holds for all x, y and z. So, consider for example, two triples of x, y and z that satisfy $x + y + z = 0$:

$$x = y = 1, \qquad z = -\boxed{\text{A}}$$

and

$$x = y = -\frac{\boxed{\text{B}}}{\boxed{\text{C}}}, \qquad z = 1.$$

By substituting each triple in ①, we obtain the following two equations:

$$\left(-\boxed{\text{A}}\right)^n = \boxed{\text{D}}\,a - \boxed{\text{E}} \qquad \cdots\cdots\cdots \quad \text{②}$$

$$\left(-\frac{\boxed{\text{B}}}{\boxed{\text{C}}}\right)^n = \frac{\boxed{\text{F}}}{\boxed{\text{G}}}\,a - \frac{\boxed{\text{H}}}{\boxed{\text{I}}}. \qquad \cdots\cdots\cdots \quad \text{③}$$

From ② and ③, we get

$$\left(\boxed{\text{D}}\,a - \boxed{\text{E}}\right)\left(\frac{\boxed{\text{F}}}{\boxed{\text{G}}}\,a - \frac{\boxed{\text{H}}}{\boxed{\text{I}}}\right) = \boxed{\text{J}}.$$

Solving this, we obtain $a = \boxed{\text{K}}$ and hence by ② that $n = \boxed{\text{L}}$.

Conversely, when $a = \boxed{\text{K}}$ and $n = \boxed{\text{L}}$, there exists a P such that ① holds, and hence these values of a and n are the solution.

- memo -

Q 2 Consider all segments PQ of length 2 such that the end points P and Q are on the parabola $y = x^2$. Denote the mid-point of the segment PQ by M. Among all M, we are to find the coordinates of the ones nearest to the x-axis.

Let us denote the coordinates of the end points of segment PQ by $P(p, p^2)$ and $Q(q, q^2)$. Then the y-coordinate m of M is

$$m = \frac{p^2 + q^2}{\boxed{M}}. \qquad \cdots\cdots\cdots \text{①}$$

Next, since PQ $= 2$, then

$$(p - q)^2 + (p^2 - q^2)^2 = \boxed{N} \qquad \cdots\cdots\cdots \text{②}$$

by the Pythagorean theorem.

Now, when we set $t = pq$, we obtain from ① and ② the quadratic equation in m

$$\boxed{O}\, m^2 + m - \boxed{P}\, t^2 - t - \boxed{Q} = 0.$$

When we solve this for m, noting that $m > 0$, we have

$$m = -\frac{1}{\boxed{R}} + \sqrt{\left(t + \frac{1}{\boxed{S}}\right)^2 + \boxed{T}}.$$

This shows that m is minimized when $t = -\dfrac{1}{\boxed{S}}$. In this case, $pq = -\dfrac{1}{\boxed{S}}$ and

$p^2 + q^2 = \dfrac{\boxed{U}}{\boxed{V}}$, and so we have $p + q = \pm\boxed{W}$.

Thus the coordinates of the M nearest to the x-axis are $\left(\pm\dfrac{1}{\boxed{X}}, \dfrac{\boxed{Y}}{\boxed{Z}}\right)$.

- memo -

This is the end of the questions for Part II .

(1) Answer to the following questions.

(i) Consider an integer a. When a is divided by 5, the remainder is 4. So, a can be represented as

$$a = \boxed{\textbf{A}}\,k + \boxed{\textbf{B}} \qquad (k : \text{an integer}).$$

Hence, when a^2 is divided by 5, the remainder is $\boxed{\textbf{C}}$.

(ii) The number written as the three-digit number $120_{(3)}$ in the base-3 system is $\boxed{\textbf{DE}}$ in the decimal system.

The greatest natural number that can be expressed in three digits using the base-3 system is $\boxed{\textbf{FG}}$ in the decimal system, and the smallest is $\boxed{\textbf{H}}$ in the decimal system.

(2) For each of $\boxed{\textbf{I}}$, $\boxed{\textbf{J}}$ in the following statements, choose the correct answer from among ⓪ ～ ③ below.

In the following, let a be an integer and b be a natural number.

(i) "When a is divided by 5, the remainder is 4" is $\boxed{\textbf{I}}$ for "when a^2 is divided by 5, the remainder is $\boxed{\textbf{C}}$".

(ii) "b satisfies $6 \leqq b \leqq 30$" is $\boxed{\textbf{J}}$ for "b is a three-digit number in the base-3 system".

⓪ a necessary condition but not a sufficient condition

① a sufficient condition but not a necessary condition

② a necessary and sufficient condition

③ neither a necessary condition nor a sufficient condition

- memo -

This is the end of the questions for Part $\boxed{\text{III}}$. Leave the answer spaces $\boxed{\textbf{K}} \sim \boxed{\textbf{Z}}$ of Part $\boxed{\text{III}}$ blank.

IV

Consider a triangle ABC where $\angle BAC = 60°$.

Let D be the point of intersection of the bisector of $\angle BAC$ and the side BC. In the figure to the right, let DE and DF be the line segments perpendicular to sides AB and AC, respectively. Let us set

$$x = \frac{AB}{AC}, \quad k = \frac{\triangle DEF}{\triangle ABC}.$$

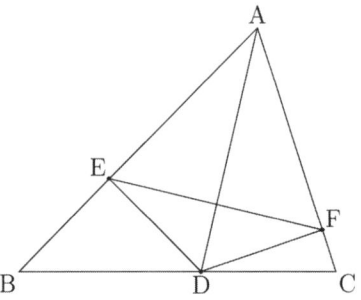

Note that $\triangle ABC$ denotes the area of the triangle ABC, and similarly for other triangles.

(1)　We are to represent k in terms of x. Since $\triangle ABD + \triangle ACD = \triangle ABC$, when we set $b = AB$, $c = AC$ and $d = AD$, we have

$$d = \frac{\sqrt{\boxed{\text{A}}}\,bc}{b+c}. \qquad \cdots\cdots\cdots \text{①}$$

Next, since $DE = DF = \dfrac{\boxed{\text{B}}}{\boxed{\text{C}}}\,d$, we have

$$\triangle DEF = \frac{\sqrt{\boxed{\text{D}}}}{\boxed{\text{EF}}}\,d^2. \qquad \cdots\cdots\cdots \text{②}$$

From ① and ②, we see that

$$k = \frac{d^2}{\boxed{\text{G}}\,bc} = \frac{\boxed{\text{H}}\,bc}{\boxed{\text{I}}\,(b+c)^2}.$$

Since $x = \dfrac{b}{c}$, we have

$$k = \frac{\boxed{\text{J}}\,x}{\boxed{\text{K}}\,(x + \boxed{\text{L}})^2}.$$

(2)　If $BD = 8$ and $BC = 10$, then $x = \boxed{\text{M}}$ and $k = \dfrac{\boxed{\text{N}}}{\boxed{\text{OP}}}$.

- memo -

This is the end of the questions for Part Ⅳ.

Leave the answer spaces Q ~ Z of Part Ⅳ blank.

This is the end of the questions for Course 1. Leave the answer spaces for Part Ⅴ blank.

Please check once more that you have properly marked your course number as "Course 1" on your answer sheet.

Do not take this question booklet out of the room.

Mathematics Course 2
(Advanced Course)

Marking Your Choice of Course on the Answer Sheet

Choose to answer <u>either</u> Course 1 or Course 2.

If you choose Course 2, for example, circle the label "Course 2" and completely fill in the oval under the label on your answer sheet as shown in the example on the right.

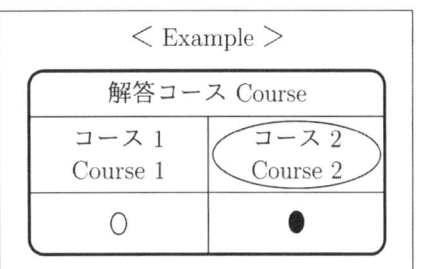

< Example >

解答コース Course	
コース 1 Course 1	コース 2 Course 2
○	●

If you do not correctly fill in the appropriate oval, your answers will not be graded.

I

Q 1   Consider the quadratic function in x

$$y = ax^2 + bx + c. \quad \cdots\cdots\cdots \text{①}$$

The function ① takes its maximum value 16 at $x = 1$, its graph intersects the x-axis at two points, and the length of the segment connecting those two points is 8. We are to find the values of a, b and c.

From the conditions, ① can be represented as

$$y = a(x - \boxed{\text{A}})^2 + \boxed{\text{BC}},$$

and the coordinates of the two points at which the graph of ① and the x-axis intersect are

$$\left(-\boxed{\text{D}}, 0\right), \quad \left(\boxed{\text{E}}, 0\right).$$

Thus we obtain $a = \boxed{\text{FG}}$. Hence we have

$$b = \boxed{\text{H}}, \quad c = \boxed{\text{IJ}}.$$

- memo -

Q 2   In a box there are ten cards on which the numbers from 0 to 9 have been written successively. We take three cards out of the box using two methods and consider the probabilities.

(1)   We take out three cards simultaneously.

    (i)   The probability that each number on the three cards is 2 or more and 6 or less is $\dfrac{\boxed{\text{K}}}{\boxed{\text{LM}}}$.

    (ii)   The probability that the smallest number is 2 or less and the greatest number is 8 or more is $\dfrac{\boxed{\text{NO}}}{\boxed{\text{PQ}}}$.

(2)   Three times we take out one card from the box, check its number, and then return it to the box. The probability that the smallest number is 2 or more and the greatest number is 6 or less is $\dfrac{\boxed{\text{R}}}{\boxed{\text{S}}}$.

- memo -

This is the end of the questions for Part $\boxed{\text{I}}$. Leave the answer spaces $\boxed{\textbf{T}}\sim\boxed{\textbf{Z}}$ of Part $\boxed{\text{I}}$ blank.

Consider a sequence of positive numbers $a_1, a_2, a_3, \cdots$ which satisfies

$$a_1 = 1, \qquad a_2 = 10,$$

$$(a_n)^2 a_{n-2} = (a_{n-1})^3 \quad (n = 3, 4, \cdots). \qquad \cdots\cdots\cdots \quad \text{①}$$

We are to find $\lim\limits_{n\to\infty} a_n$.

By finding the common logarithm of both sides of ①, we obtain

$$\boxed{\text{A}} \ \log_{10} a_n + \log_{10} a_{n-2} = \boxed{\text{B}} \ \log_{10} a_{n-1}.$$

When we set $b_n = \log_{10} a_n \ (n = 1, 2, \cdots)$, this equality is expressed as

$$\boxed{\text{A}} \ b_n + b_{n-2} = \boxed{\text{B}} \ b_{n-1}. \qquad \cdots\cdots\cdots \quad \text{②}$$

By transforming ②, we have

$$b_n - b_{n-1} = \frac{1}{\boxed{\text{C}}} (b_{n-1} - b_{n-2}) \quad (n = 3, 4, \cdots),$$

which gives

$$b_n - b_{n-1} = \left(\frac{1}{\boxed{\text{C}}} \right)^{n - \boxed{\text{D}}} (b_2 - b_1) \quad (n = 2, 3, \cdots). \qquad \cdots\cdots\cdots \quad \text{③}$$

(This question is continued on the next page.)

Since $b_1 = \boxed{\text{E}}$ and $b_2 = \boxed{\text{F}}$, from ③ we get

$$b_n = \sum_{k=2}^{n} \left(\frac{1}{\boxed{\text{C}}} \right)^{k-\boxed{\text{G}}}$$

and hence

$$b_n = \boxed{\text{H}} - \left(\frac{1}{\boxed{\text{C}}} \right)^{n-\boxed{\text{I}}}.$$

Finally, we obtain

$$\lim_{n \to \infty} a_n = \boxed{\text{JKL}}.$$

This is the end of the questions for Part $\boxed{\text{II}}$. Leave the answer spaces $\boxed{\text{M}} \sim \boxed{\text{Z}}$ of Part $\boxed{\text{II}}$ blank.

Let α and β be the two solutions of the quadratic equation $x^2 + \sqrt{3}x + 1 = 0$, where $0 < \arg\alpha < \arg\beta < 2\pi$. Consider the complex numbers z satisfying the following three conditions:

$$\begin{cases} \arg\dfrac{\alpha - z}{\beta - z} = \dfrac{\pi}{2} & \cdots\cdots\cdots \quad \text{①} \\[2mm] (1+i)z + (1-i)\bar{z} + k = 0 & \cdots\cdots\cdots \quad \text{②} \\[2mm] \dfrac{\pi}{2} < \arg z < \pi, & \cdots\cdots\cdots \quad \text{③} \end{cases}$$

where k is a real number.

Let us denote the points on the complex number plane which express α, β and z by A, B and P.

(1) The arguments of α and β are

$$\arg\alpha = \frac{\boxed{\text{A}}}{\boxed{\text{B}}}\,\pi \quad \text{and} \quad \arg\beta = \frac{\boxed{\text{C}}}{\boxed{\text{D}}}\,\pi.$$

(2) For each of $\boxed{\text{E}} \sim \boxed{\text{Q}}$ in the following sentences, choose the correct answer from among ⓪ $\sim$ ⑨ below.

Since $\boxed{\text{E}} = \dfrac{\pi}{2}$ from ①, the point P is located on the circumference of the circle with the center $-\dfrac{\sqrt{\boxed{\text{F}}}}{\boxed{\text{G}}}$ and the radius $\dfrac{\boxed{\text{H}}}{\boxed{\text{I}}}$.

On the other hand, from ②, the point P is on the straight line which has the slope $\boxed{\text{J}}$ and intersects the imaginary axis at $\dfrac{\boxed{\text{K}}}{\boxed{\text{L}}}\,ki$.

From these, we see that when n is the number of complex numbers z which simultaneously satisfy ①, ② and ③, the maximum value of n is $\boxed{\text{M}}$, and in this case the range of values of k is

$$\boxed{\text{N}} + \sqrt{\boxed{\text{O}}} < k < \sqrt{\boxed{\text{P}}} + \sqrt{\boxed{\text{Q}}},$$

where $\boxed{\text{P}} < \boxed{\text{Q}}$.

⓪ 0   ① 1   ② 2   ③ 3   ④ 4

⑤ 5   ⑥ 6   ⑦ $\angle$PAB   ⑧ $\angle$PBA   ⑨ $\angle$APB

- memo -

This is the end of the questions for Part III. Leave the answer spaces R ~ Z of Part III blank.

IV

Q 1 Let x satisfy the inequality

$$2\left(\log_{\frac{1}{3}} x\right)^2 + 9\log_{\frac{1}{3}} x + 9 \leq 0. \qquad \cdots\cdots\cdots \text{①}$$

We are to find the maximum value of the function

$$f(x) = (\log_3 x)\left(\log_3 \frac{x}{3}\right)\left(\log_3 \frac{x}{9}\right). \qquad \cdots\cdots\cdots \text{②}$$

The range of values of x satisfying ① is

$$\boxed{\text{A}}\sqrt{\boxed{\text{B}}} \leq x \leq \boxed{\text{CD}}.$$

When we set $t = \log_3 x$, the range of values of t is

$$\frac{\boxed{\text{E}}}{\boxed{\text{F}}} \leq t \leq \boxed{\text{G}}.$$

When we express the right side of ② in terms of t and consider it as a function $g(t)$, its derivative is

$$g'(t) = \boxed{\text{H}}\,t^2 - \boxed{\text{I}}\,t + \boxed{\text{J}}.$$

Hence $f(x)$ is maximized at $x = \boxed{\text{KL}}$, and its maximum value is $\boxed{\text{M}}$.

- memo -

Q 2 Let $a > 0$. Consider the region of a plane bounded by the curve $y = \sqrt{x}\,e^{-x}$, the x-axis, and the straight line $x = a$ which passes through the point $A(a, 0)$, and let V be the volume of the solid obtained by rotating this region once about the x-axis.

(1) V is expressed as a function in a by

$$V = -\frac{\pi}{4}\left\{\left(\boxed{\textbf{N}}\,a + \boxed{\textbf{O}}\right)e^{-\boxed{\textbf{P}}\,a} - \boxed{\textbf{Q}}\right\}.$$

(2) Suppose that the point A starts at the origin and moves along the x-axis in the positive direction and that its speed at t seconds is $4t$. Then the rate of change of V at t seconds is

$$\frac{dV}{dt} = \boxed{\textbf{R}}\,\pi t^{\boxed{\textbf{S}}}\,e^{-\boxed{\textbf{T}}\,t^{\boxed{\textbf{U}}}}.$$

This rate of change is maximized at

$$t = \frac{\sqrt{\boxed{\textbf{V}}}}{4},$$

and the value of V at this time is

$$V = -\frac{\pi}{8}\left(\boxed{\textbf{W}}\,e^{-\frac{\boxed{\textbf{X}}}{\boxed{\textbf{Y}}}} - \boxed{\textbf{Z}}\right).$$

- memo -

This is the end of the questions for Part $\boxed{\text{IV}}$.

This is the end of the questions for Course 2. Leave the answer spaces for Part $\boxed{\text{V}}$ blank.

Please check once more that you have properly marked your course number as "Course 2" on your answer sheet.

Do not take this question booklet out of the room.

日本語 JAPANESE AS A FOREIGN LANGUAGE　平成28年度日本留学試験

2016 Examination for Japanese University Admission for International Students

日 本 語 解 答 用 紙　JAPANESE AS A FOREIGN LANGUAGE ANSWER SHEET

◀ あなたの受験票と同じかどうか確かめてください。Check that these are the same as your Examination Voucher. ◀

受 験 番 号
Examinee Registration Number

名 前
Name

注意事項 Note

1. 必ず鉛筆 (HB) で記入してください。
   Use a medium soft (HB or No. 2) pencil.

2. この解答用紙を汚したり折ったりしてはいけません。
   Do not soil or bend this sheet.

3. マークは下のよい例のように、○わく内を完全にぬりつぶしてください。

   Marking Examples.

よい例 Correct	悪い例 Incorrect
●	⊗ ⊙ ◑ ◓

4. 訂正する場合はプラスチック消しゴムで完全に消し、消しくずを残してはいけません。
   Erase any unintended marks completely and leave no rubber marks.

5. 所定の欄以外には何も書いてはいけません。
   Do not write anything in the margins.

6. この解答用紙はすべて機械で処理しますので、以上の1から5までが守られていないと採点されません。
   The answer sheet will be processed mechanically. Failure to observe instructions above may result in rejection from evaluation.

聴 解・聴 読 解　Listening and Listening-Reading Comprehension

聴読解　Listening-Reading Comprehension

解答番号	解答欄 Answer 1 2 3 4
練習	① ② ● ④
1	① ② ③ ④
2	① ② ③ ④
3	① ② ③ ④
4	① ② ③ ④
5	① ② ③ ④
6	① ② ③ ④
7	① ② ③ ④
8	① ② ③ ④
9	① ② ③ ④
10	① ② ③ ④
11	① ② ③ ④
12	① ② ③ ④

聴解　Listening Comprehension

解答番号	正しい / 正しくない	解答欄 Answer 1 2 3 4
練習	正しい / 正しくない	● ② ③ ④
13	正しい / 正しくない	① ② ③ ④
14	正しい / 正しくない	① ② ③ ④
15	正しい / 正しくない	① ② ③ ④
16	正しい / 正しくない	① ② ③ ④
17	正しい / 正しくない	① ② ③ ④
18	正しい / 正しくない	① ② ③ ④
19	正しい / 正しくない	① ② ③ ④

読 解　Reading Comprehension

解答番号	正しい / 正しくない	解答欄 Answer 1 2 3 4
20	正しい / 正しくない	① ② ③ ④
21	正しい / 正しくない	① ② ③ ④
22	正しい / 正しくない	① ② ③ ④
23	正しい / 正しくない	① ② ③ ④
24	正しい / 正しくない	① ② ③ ④
25	正しい / 正しくない	① ② ③ ④
26	正しい / 正しくない	① ② ③ ④
27	正しい / 正しくない	① ② ③ ④

読 解　Reading Comprehension

解答番号	解答欄 Answer 1 2 3 4
1	① ② ③ ④
2	① ② ③ ④
3	① ② ③ ④
4	① ② ③ ④
5	① ② ③ ④
6	① ② ③ ④
7	① ② ③ ④
8	① ② ③ ④
9	① ② ③ ④
10	① ② ③ ④
11	① ② ③ ④
12	① ② ③ ④
13	① ② ③ ④
14	① ② ③ ④
15	① ② ③ ④
16	① ② ③ ④
17	① ② ③ ④
18	① ② ③ ④
19	① ② ③ ④
20	① ② ③ ④
21	① ② ③ ④
22	① ② ③ ④
23	① ② ③ ④
24	① ② ③ ④
25	① ② ③ ④

平成28年度日本留学試験

2016 Examination for Japanese University Admission for International Students

日 本 語 「記 述」 解 答 用 紙

JAPANESE AS A FOREIGN LANGUAGE "WRITING" ANSWER SHEET

受 験 番 号
Examinee Registration Number

→ あなたの受験票と同じかどうか確かめてください。
Check that these are the same on your Examination Voucher.

名 前
Name

横書きで書いてください。
Write laterally. ➡

この用紙の裏（何も印刷されていない面）には、何も書かないでください。
Do not write anything on the back (unprinted side) of this sheet.

20
40
60
80
100
120
140
160
180
200
220
240
260
280
300
320
340
360
380
400
420
440
460
480
500

理 科 SCIENCE

平成28年度日本留学試験 【表 FRONT SIDE】

2016 Examination for Japanese University Admission for International Students

理 科 解 答 用 紙 SCIENCE ANSWER SHEET

受 験 番 号
Examinee Registration Number

名 前
Name

◀ あなたの受験票と同じかどうか確かめてください。 Check that these are the same as your Examination Voucher. ◀

この解答用紙のこの面に解答する科目を、1つ◯で囲み、
その下のマーク欄をマークしてください。
Circle the name of the subject of the examination you
are taking on this side of the sheet, and fill in the
oval under it.

解 答 科 目 Subject		
物 理 Physics	化 学 Chemistry	生 物 Biology
◯	◯	◯

（裏面でもう1つの科目を解答してください。）
(Use the reverse side for the other subject.)

注意事項 Note

1. 必ず鉛筆（HB）で記入してください。
   Use a medium soft (HB or No. 2) pencil.

2. この解答用紙を汚したり折ったりしてはいけません。
   Do not soil or bend this sheet.

3. マークは下のよい例のように、◯わく内を完全にぬりつぶしてください。
   Marking Examples.

よい例 Correct	悪い例 Incorrect
●	⊗ ◑

4. 訂正する場合はプラスチック消しゴムで完全に消し、消しくずを残しては
   いけません。
   Erase any unintended marks completely and leave no rubber marks.

5. 解答番号は1から75まであります。問題のあるところまで答えて、あと
   はマークしないでください。
   Use only necessary rows and leave remaining rows blank.

6. 所定の欄以外には何も書いてはいけません。
   Do not write anything in the margins.

7. この解答用紙はすべて機械で処理しますので、以上の1から6までが守ら
   れていないと採点されません。
   The answer sheet will be processed mechanically. Failure to observe
   instructions above may result in rejection from evaluation.

【悪い例 Incorrect Example】

理 科　SCIENCE

平成28年度日本留学試験　　　【裏　REVERSE SIDE】

2016 Examination for Japanese University Admission for International Students

理　科　解　答　用　紙
SCIENCE ANSWER SHEET

この解答用紙のこの面に解答する科目を、1つ○で囲み、
その下のマーク欄をマークしてください。
Circle the name of the subject of the examination you
are taking on this side of the sheet, and fill in the
oval under it.

解答科目 Subject		
物　理 Physics	化　学 Chemistry	生　物 Biology
○	○	○

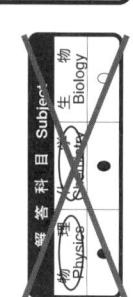

[悪い例 Incorrect Example]

—281—

総合科目 JAPAN & THE WORLD　平成28年度日本留学試験
2016 Examination for Japanese University Admission for International Students

総 合 科 目 解 答 用 紙　JAPAN & THE WORLD ANSWER SHEET

受 験 番 号
Examinee Registration Number

名 前
Name

◆ あなたの受験票と同じかどうか確かめてください。Check that these are the same as your Examination Voucher. ◆

注意事項 Note

1. 必ず鉛筆 (HB) で記入してください。
   Use a medium soft (HB or No. 2) pencil.

2. この解答用紙を汚したり折ったりしてはいけません。
   Do not soil or bend this sheet.

3. マークは下のよい例のように○わく内を完全にぬりつぶしてください。

   Marking Examples.

よい例 Correct	悪い例 Incorrect
●	⊗ ◐ ◑ ○

4. 訂正する場合はプラスチック消しゴムで完全に消し、消しくずを残してはいけません。
   Erase any unintended marks completely and leave no rubber marks.

5. 解答番号は1から60までありますが、問題のあるところまで答えて、あとはマークしないでください。
   Use only necessary rows and leave remaining rows blank.

6. 所定の欄以外には何も書いてはいけません。
   Do not write anything in the margins.

7. この解答用紙はすべて機械で処理しますので、以上の1から6までが守られていないと採点されません。
   The answer sheet will be processed mechanically. Failure to observe instructions above may result in rejection from evaluation.

解答番号	解 答 欄 Answer			
	1	2	3	4
1	①	②	③	④
2	①	②	③	④
3	①	②	③	④
4	①	②	③	④
5	①	②	③	④
6	①	②	③	④
7	①	②	③	④
8	①	②	③	④
9	①	②	③	④
10	①	②	③	④
11	①	②	③	④
12	①	②	③	④
13	①	②	③	④
14	①	②	③	④
15	①	②	③	④
16	①	②	③	④
17	①	②	③	④
18	①	②	③	④
19	①	②	③	④
20	①	②	③	④

解答番号	解 答 欄 Answer			
	1	2	3	4
21	①	②	③	④
22	①	②	③	④
23	①	②	③	④
24	①	②	③	④
25	①	②	③	④
26	①	②	③	④
27	①	②	③	④
28	①	②	③	④
29	①	②	③	④
30	①	②	③	④
31	①	②	③	④
32	①	②	③	④
33	①	②	③	④
34	①	②	③	④
35	①	②	③	④
36	①	②	③	④
37	①	②	③	④
38	①	②	③	④
39	①	②	③	④
40	①	②	③	④

解答番号	解 答 欄 Answer			
	1	2	3	4
41	①	②	③	④
42	①	②	③	④
43	①	②	③	④
44	①	②	③	④
45	①	②	③	④
46	①	②	③	④
47	①	②	③	④
48	①	②	③	④
49	①	②	③	④
50	①	②	③	④
51	①	②	③	④
52	①	②	③	④
53	①	②	③	④
54	①	②	③	④
55	①	②	③	④
56	①	②	③	④
57	①	②	③	④
58	①	②	③	④
59	①	②	③	④
60	①	②	③	④

数 学 MATHEMATICS

平成28年度日本留学試験

2016 Examination for Japanese University Admission for International Students

数 学 解 答 用 紙 MATHEMATICS ANSWER SHEET

【表 FRONT SIDE】

受 験 番 号
Examinee Registration Number

名 前
Name

↑ あなたの受験票と同じかどうか確かめてください。Check that these are the same as your Examination Voucher.

この解答用紙に解答するコースを、1つ○で囲み、その下のマーク欄をマークしてください。
Circle the name of the course you are taking and fill in the oval under it.

解答コース Course

コース 1 Course 1	コース 2 Course 2
○	○

I

解答記号 / 解 答 欄 Answer

解答記号: A B C D E F G H I J K L M N O P Q R S T U V W X Y Z
(columns: − 0 1 2 3 4 5 6 7 8 9)

II

解答記号 / 解 答 欄 Answer

解答記号: A B C D E F G H I J K L M N O P Q R S T U V W X Y Z
(columns: − 0 1 2 3 4 5 6 7 8 9)

(Ⅲ以降は裏面)（Use the reverse side for Ⅲ……）

【悪い例 Incorrect Example】

解答コース Course
コース 1 Course 1 / コース 2 Course 2

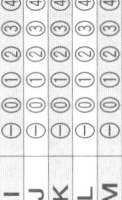

注意事項 Note

Marking Examples.

よい例 Correct	悪い例 Incorrect
●	⊗ ◐ ○

1. 必ず鉛筆（HB）で記入してください。
   Use a medium soft (HB or No.2) pencil.

2. この解答用紙を汚したり折ったりしてはいけません。
   Do not soil or bend this sheet.

3. マークは下のよい例のように、○わく内を完全にぬりつぶしてください。

4. 訂正する場合はプラスチック消しゴムで完全に消し、消しくずを残してはいけません。
   Erase any unintended marks completely and leave no rubber marks.

5. 解答番号はAからZまでありますが、問題のあるところまで答えて、あとはマークしないでください。
   Use only necessary rows and leave remaining rows blank.

6. 所定の欄以外には何も書いてはいけません。
   Do not write anything in the margins.

7. Ⅲ,Ⅳ,Ⅴの解答欄は裏面にあります。
   The answers to parts Ⅲ, Ⅳ, and Ⅴ should be marked on the reverse side of this sheet.

8. この解答用紙はすべて機械で処理しますので、以上の1から7までがまもられていないと採点されません。
   The answer sheet will be processed mechanically. Failure to observe the instructions above may result in rejection from evaluation.

—283—

数 学　MATHEMATICS　　　　平成28年度日本留学試験

2016 Examination for Japanese University Admission for International Students

数　学　解　答　用　紙

MATHEMATICS ANSWER SHEET

【裏　REVERSE SIDE】

平成28年度

日本留学試験（第２回）

参考資料

The Reference Data

2016년도 일본유학시험(EJU) 실시요강

1. 목적

외국인유학생으로서, 일본의 대학(학부)등에 입학을 희망하는 자에 대하여 일본어능력 및 기초학력을 평가하는 것을 목적으로 한다.

2. 실시자

독립행정법인 일본학생지원기구가, 문부과학성, 외무성, 대학 및 국내외 관계기관의 협력을 얻어 실시한다.

3. 시험방법 및 내용

(1) 대   상 : 외국인 유학생으로서, 일본의 대학 등에 입학을 희망하는 자.

(2) 시 험 일 : 제1회 - 2016년 6월19일(일)

제2회 - 2016년 11월13일(일)

(3) 실시지역 : 일 본 - 홋카이도, 미야기현, 군마현, 사이타마현, 지바현, 도쿄도, 가나가와현, 이시카와현 또는 후쿠이현, 시즈오카현, 아이치현, 교토부, 오사카부, 효고현, 오카야마현 또는 히로시마현, 후쿠오카현 및 오키나와현.

국 외 - 인도 (뉴델리), 인도네시아 (자카르타 및 수라바야), 한국 (서울 및 부산), 싱가포르, 스리랑카 (콜롬보), 태국 (방콕), 대만 (타이페이), 필리핀 (마닐라), 베트남 (하노이 및 호치민), 홍콩, 말레이시아 (콸라룸푸르), 미얀마 (양곤), 몽골 (울란바토르) 및 러시아 (블라디보스톡)

(4) 출제과목 등

수험자는 입학희망 대학 등에서 지정하는 바에 따라, 아래 과목 중에서 선택하여 수험한다.

과 목	목 적	시 간	득점범위
일 본 어	일본의 대학에서 면학할 수 있는 일본어능력(아카데믹 재패니즈)을 측정한다.	125분	독해, 청해 · 청독해 0~400점
			기술 0~50점
이 과	일본 대학의 이과계 학부에서의 면학에 필요한 이과(물리 · 화학 · 생물)의 기초적인 학력을 측정한다.	80분	0~200점
종합과목	일본의 대학에서 면학에 필요한 문과계의 기초적인 학력, 특히 사고력, 논리적 능력을 측정한다	80분	0~200점
수 학	일본 대학에서의 면학에 필요한 수학의 기초적인 학력을 측정한다.	80분	0~200점

[비고]

① 일본어과목은 기술, 독해, 청해ㆍ청독해의 3영역으로 구성된다.

② 이과과목에 관해서 수험자는 입학희망 대학 등에서 지정하는 바에 따라, 물리, 화학, 생물 중에서 2과목을 선택한다.

③ 수학과목에 관해서 수험자는 입학희망 대학 등에서 지정하는 바에 따라, 문과계 학부 및 수학을 필요로 하는 정도가 비교적 적은 이과계 학부용인〈코스1〉, 고도의 수학이 필요한 학부용인〈코스2〉중에서 하나를 선택한다.

④ 이과와 종합과목을 동시에 선택할 수 없다.

⑤ 위의 표에서 득점범위는 (일본어 과목의 기술영역을 제외) 배점방식이 아닌, 공통의 척도 상에서 표시한다. 또한 기술영역에 관해서는 별도 기준에 근거하여 채점된다.

⑥ 출제범위는 각 과목의 출제범위를 참고한다.

(5) 출제언어 : 일본어 및 영어로 출제되므로, 수험자는 입학희망대학에서 지정한 내용에 근거하여, 원서상에 둘 중 한 가지를 선택한다.(일본어과목은 일본어로만 출제됨)

(6) 해답방법 : 다지선택방식 (마크시트) (일본어과목은 기술식을 포함)

4. 원서접수 방법

(1) 접수방법

① 원　서 : 소정양식

② 수험료 : 일　본　(1과목만 수험)　　　　6,130엔 (세포함)

　　　　　　　　　　(2과목이상 수험)　　　 12,260엔 (세포함)

　　　　　 국　외　인도　　　　　　　　 800루피

　　　　　　　　　인도네시아　　　　　 50,000루피아

　　　　　　　　　한국 (1과목만 수험)　 40,000원

　　　　　　　　　　 (2과목이상 수험)　 65,000원

　　　　　　　　　싱가포르　　　　　　 36싱가포르달러

　　　　　　　　　스리랑카　　　　　　 700스리랑카루피

　　　　　　　　　태국　　　　　　　　 300바트

　　　　　　　　　대만 (1과목만 수험)　 1,200대만달러

　　　　　　　　　　 (2과목이상 수험)　 1,600대만달러

　　　　　　　　　필리핀　　　　　　　 250페소

　　　　　　　　　베트남　　　　　　　 130,000동

　　　　　　　　　홍콩 (1과목만 수험)　 400홍콩달러

　　　　　　　　　　 (2과목이상 수험)　 750홍콩달러

　　　　　　　　　말레이시아　　　　　 60링깃

　　　　　　　　　미얀마　　　　　　　 15미국달러

　　　　　　　　　몽골　　　　　　　　 14,000투그릭

　　　　　　　　　러시아　　　　　　　 300루블

③ 접수기간 : 일본 - (제1회) 2016년 2월15일(월) ~ 3월11일(금) (3월11일 소인 유효)

　　　　　　　　(제2회) 2016년 7월4일(월) ~ 7월29일(금) (7월29일 소인 유효)

　　　　국외 - 일본과 동일

④ 원서접수 : 일본 - 독립행정법인 일본학생지원기구 유학생사업부 유학시험과로

　　　　　　　　제출한다.

　　　　국외 - 각 국(및 지역)의 현지 실시기관에 제출한다.

(2) 수험안내

접수방법에 관한 상세내용은 [2016년도 일본유학시험 수험안내]를 통해 공표된다.

구입방법 : 일본 - 2016년2월15일부터 1부에 〈486엔+소비세〉로 전국 주요서점에서 구

　　　　　입한다.

　　　　국외 - 각 국(및 지역)의 현지 실시기관에서 조정하여 결정한다.

(3) 수험표 발송

일본 - 원서가 이상없이 접수된 경우, 아래 일자(예정)에 발송한다.

　　제1회 - 2016년 5월20일(금)

　　제2회 - 2016년 10월21일(금)

국외 - 각 국(및 지역)의 현지 실시기관에서 조정하여 결정한다.

[비고] 수험표, 성적통지 발송료에 관해서는 수험안내 등에서 공표한다.

5. 성적통지

(1) 수험자에게 통지

아래 일자(예정)에 성적통지서를 발송한다.

　　제1회 - 2016년 7월22일(금) (일본기준)

　　제2회 - 2016년 12월20일(화) (일본기준)

(2) 대학 등에게 통지

제1회 시험은 7월 하순부터, 제2회 시험은 12월 하순부터, 대학 등에서 성적조회 의뢰

가 올 경우 대응을 개시한다.

조회처 : 독립행정법인 일본학생지원기구 유학생사업부 유학시험과

　　　　(우)153-8503 도쿄도 메구로구 고마바 4-5-29

　　　　전화 : 03-6407-7457　팩스 : 03-6407-7462

　　　　이메일 : eju@jasso.go.jp

2016년 제2회 일본유학시험 수험자수

실시지역		응모자수	수험자수
일 본	홋카이도	130	120
	미야기	357	323
	군마	83	69
	사이타마	492	393
	치바	565	447
	도쿄	11,555	9,548
	가나가와	483	384
	후쿠이	55	49
	시즈오카	344	273
	아이치	959	804
	교토	1,029	927
	오사카	2,082	1,708
	효고	531	406
	히로시마	507	428
	후쿠오카	2,232	1,937
	오키나와	42	37
일본 소계		**21,446**	**17,853**
해 외	인도	뉴델리	318	157
	인도네시아	자카르타	521	416
		스라바야	46	36
	한국	서울	1,945	1,616
		부산	523	443
	싱가포르		14	7
	스리랑카	콜롬보	51	21
	태국	방콕	252	169
	대만	타이페이	266	221
	필리핀	마닐라	14	10
	베트남	하노이	95	73
		호치민	61	52
	홍콩		200	159
	말레이시아	콸라룸푸르	226	216
	미얀마	양곤	9	7
	몽골	울란바토르	184	144
	러시아	블라디보스톡	7	7
해외소계		**4,732**	**3,754**
총합계		**26,178**	**21,607**

2016년 제2회 일본유학시험 고사장 일람

도도부현	고사장명
홋카이도	北海学園大学豊平キャンパス
미야기현	東北大学川内北キャンパス
군마현	高崎経済大学
사이타마현	埼玉大学
지바현	千葉大学西千葉キャンパス
도쿄도	青山学院大学青山キャンパス 専修大学神田キャンパス 拓殖大学文京キャンパス 東京大学教養学部駒場キャンパス 日本体育大学東京・世田谷キャンパス 立教大学池袋キャンパス 中央大学多摩キャンパス 一橋大学国立キャンパス(東キャンパス)
가나가와현	横浜市立大学金沢八景キャンパス
후쿠이	福井県立大学永平寺キャンパス
시즈오카현	日本大学国際関係学部三島校舎
아이치현	中部大学春日井キャンパス
교토부	京都大学吉田キャンパス
오사카부	大阪大学豊中キャンパス
효고현	関西学院大学西宮上ケ原キャンパス
히로시마현	広島修道大学
후쿠오카현	九州大学大橋キャンパス 福岡大学七隈校舎 福岡女学院大学
오키나와현	沖縄女子短期大学

국가(지역)명	고사장명
인도 (뉴델리)	Sri Venkateswara College, Delhi
인도네시아 (자카르타)	インドネシア大学DEPOKキャンパス
인도네시아 (스라바야)	Pusat Bahasa Universitas Negeri Surabaya
한국(서울)	여의도중학교 여의도여자고등학교
한국 (부산)	경남공업고등학교
싱가포르	シンガポール日本文化協会
스리랑카 (콜롬보)	スリランカ日本文化センター(ササカワホール)
태국 (방콕)	タイ国元日本留学生協会(OJSAT)
대만 (타이페이)	言語訓練測験中心
필리핀 (마닐라)	デ・ラ・サール大学セント・ベニール校
베트남 (하노이)	ハノイ貿易大学(ベトナム日本人材協力センター)
베트남 (호치민)	ホーチミン市社会科学人文大学
홍콩	邱金元中学ホール
말레이시아 (쿠알라룸푸르)	尊孔独立中学
미얀마 (양곤)	ミャンマー元日本留学生協会(MAJA)
몽골 (울란바토르)	モンゴル・日本センター モンゴル国立大学
러시아 (블라디보스톡)	極東連邦総合大学

일본어과목 출제범위

시험의 목적

이 시험은 일본의 고등교육 기관(특히 대학 학부)에 외국인 유학생으로서 입학을 희망하는 사람이 대학등에서의 면학 및 생활에서 요구되는 언어활동에 일본어를 어느 정도 활용할 수 있는지 그 능력을 측정하는 것을 목적으로 한다.

일본어과목 출제범위

I. 시험의 구성

이 시험은 이해능력을 측정하는 영역(독해, 청독해, 청해)과 산출능력을 측정하는 영역(기술,記述)으로 구성되어 있다.

II. 각 영역의 개요

1.독해, 청해, 청독해 영역

독해는 주로 문장으로 출제되지만, 문장 이외의 시각 정보(도표나 항목별로 구분된 문장 등)가 제시되기도 한다. 청해는 전부 음성으로만 출제되며, 청독해는 음성과 시각 정보(도표나 문자 정보)의 형태로 출제된다.

(1) 측정되는 능력

독해, 청해, 청독해 영역에서는 문장이나 담화 음성 등에 의한 정보를 이해하여 정보 상호 간의 관계를 파악하고, 이해한 정보를 활용해 논리적으로 타당한 해석을 도출해 내는 능력이 측정된다. 구체적으로는 아래와 같은 능력이 측정된다.

가) 직접적 이해 능력 :
   언어로서 명확하게 표현되고 있는 것을 그대로 이해할 수 있는지를 측정한다. 예를 들어, 다음과 같은 사항이 측정된다.
   • 개개의 문장,발화 내에서 표현되고 있는 내용을 정확하게 이해할 수 있는가.
   • 문장과 담화의 전체 주제 및 취지를 정확하게 파악할 수 있는가.

나) 관계 이해 능력 :
   문장이나 담화로 표현되고 있는 정보의 관계를 이해할 수 있는지 측정한다. 예를 들어, 다음과 같은 사항이 측정된다.
   • 문장,담화에 포함되는 정보 속에서 중요한 부분과 그렇지 않은 부분을 분별할 수 있는가.
   • 문장,담화에 포함되는 정보가 어떤 관계에 있는지를 이해할 수 있는가.
   • 다른 형식,매체(음성, 문자, 도표 등)로 표현되고 있는 정보를 비교하고 대조할 수 있는가.

다) 정보 활용 능력 :
   이해한 정보를 활용하여 논리적으로 타당한 해석을 도출할 수 있는가를 측정한다. 예를 들어, 다음과 같은 사항이 측정된다.
   • 문장,담화의 내용을 근거로 하여 그 결과나 귀결 등을 도출해 낼 수 있는가.
   • 문장,담화로 제시된 구체적 사례를 일반화할 수 있는가.
   • 문장,담화로 제시된 일반론을 구체적 사례에 적용시킬 수 있는가.
   • 다른 형식,매체(음성, 문자, 도표 등)로 표현된 정보를 상호보완적으로 조합하여 타당한 해석을 도출해 낼 수 있는가.

(2) 출제되는 문장 및 담화의 종류

(1)에서 언급된 능력은 대학 등에서의 면학 및 생활 시, 이해가 필요한 문장이나 담화를 소재로 하여 출제된다. 구체적으로는 아래와 같은 문장·담화이다.

〈독해〉
- 설명문
- 논설문
- (대학 등에서의 면학 및 일상생활과 관계된) 실무적 혹은 실용적인 문서/문장 등

〈청독해, 청해〉
- 강의, 강연
- 연습이나 조사 활동에 관련된 발표, 질의응답 및 의견교환
- 학습 또는 생활에서의 상담 및 지도, 조언
- 실무적 혹은 실용적인 담화 등

2. 기술 영역

(1) 측정되는 능력

기술 영역에서는 「주어진 과제의 지시에 따라 자기 자신의 의견을 근거를 들어 절차에 따라 쓸수 있는지」 에 대한 능력이 측정된다. 구체적으로는 아래와 같은 사항이 측정된다.
- 주어진 과제의 내용을 정확하게 이해하여 그 내용에 따른 주장 및 결론을 제시할 수 있는가.
- 주장 및 결론을 뒷받침하기 위한 적절하고 효과적인 근거나 실례 등을 제시할 수 있는가.
- 주장 및 결론을 이끌어내는데 있어 하나의 시점만이 아닌, 다각적인 시점에서 고찰할 수 있는가.
- 주장 및 결론과 그것을 뒷받침하는 근거나 실례 등을 적절하고 효과적으로, 또 전체적으로 균형 잡힌 구성이 되도록 논술할 수 있는가
- 고등교육에서, 문장으로서 논술을 할 경우 이에 어울리는 구문·어휘·표현 등을 적절하고 효과적으로 사용할 수 있는가.

(2) 출제되는 과제
- 제시된 한 개 또는 복수의 의견에 대해 자신의 의견을 논한다
- 주어진 문제에 대해 현상을 설명하고, 앞으로의 예상이나 해결 방법에 대해 논한다 등

기초학력(이과) 출제범위

이과시험의 목적

이 시험은 외국인유학생으로서 일본의 대학(학부) 등에 입학을 희망하는 자가, 대학 등에서 공부하는데에 필요로 하는 이과 과목의 기초적인 학력을 측정함을 목적으로 한다.

시험의 종류

시험은 물리·화학·생물로 구성되며 그 중에서 두 과목을 선택하는 것으로 한다.

출제 범위

출제 범위는 후술내용으로 한다. 또한 초등학교·중학교에서 배운 범위에 대해서는 기존에 학습하였다는 전제하에 출제범위에 포함되는 것으로 한다. 출제내용은 각 과목에 있어서 항목별로 분류되며, 각 항목은 해당항목의 주제 또는 주요한 술어에 따라서 제시되어 있다.

물리 출제범위

출제범위는 일본의 고등학교 학습지도요령의 [물리기초] 및 [물리]를 범위로 한다

Ⅰ. 역학
1. 운동과 힘
  (1) 운동의 표시
    위치, 변위, 속도, 가속도, 상대운동, 낙하의 운동, 수평투사, 사방투사
  (2) 여러가지 힘
    힘, 중력, 마찰력, 수직항력, 장력, 탄성력, 액체나 기체로부터 받는 힘
  (3) 힘의 균형
    힘의 합성·분해, 힘의 평형
  (4) 강체에 작용하는 힘의 평형
    힘의 모멘트, 합성력, 우력, 강체의 평형, 중심
  (5) 운동의 법칙
    뉴턴의 운동 3법칙, 힘의 단위와 운동방정식, 단위계와 차원
  (6) 마찰이나 공기의 저항을 받는 운동
    정지마찰력, 운동마찰력, 공기의 저항과 종단속도

2. 에너지와 운동량
  (1) 일과 운동에너지
    일의 원리, 일률, 운동에너지
  (2) 위치에너지
    중력에 의한 위치에너지, 탄성력에 의한 위치에너지
  (3) 역학적 에너지의 보존
  (4) 운동량과 충격량
    운동량과 충격량, 운동량보존법칙, 분열과 합체
  (5) 충돌
    반발계수(반동계수), 탄성충돌, 비탄성충돌

3. 여러 가지 힘과 운동
  (1) 등속원운동
    속도와 각속도, 주기와 회전수, 가속도와 구심력, 등속이 아닌 원운동의 구심력
  (2) 관성력
    관성력, 원심력
  (3) 단진동
    변위, 속도, 가속도, 복원력, 진폭, 주기, 진동수, 위상, 각진동수, 반진자, 단진자, 단진동의 에너지
  (4) 만유인력
    혹성의 운동(케플러의 법칙), 만유인력, 중력, 만유인력의 위치에너지, 역학적에너지의 보존

Ⅱ. 열
1. 열과 온도
  (1) 열과 온도
    열운동, 열평형, 온도, 절대온도, 열량, 열용량, 비열, 열량의 보존

(2) 물질의 상태

　　　　물질의 세가지 형태, 융점, 비등점, 융해열, 증발열, 잠열, 열팽창

　　(3) 열과 일

　　　　열과 일, 내부에너지, 열역학제1법칙, 비가역변화, 열기관, 열효율, 열역학제2법칙

　2. 기체의 성질

　　(1) 이상기체의 상태방정식

　　　　보일의 법칙, 샤를의 법칙, 보일·샤를의 법칙, 이상기체의 상태방정식

　　(2) 기체분자의 운동

　　　　기체분자의 운동과 압력·절대온도, 기체의 내부에너지, 단원자분자, 이원자분자

　　(3) 기체의 상태변화

　　　　정적변화, 정압변화, 등온변화, 단열변화, 몰비열

III. 파

　1. 파

　　(1) 파의 성질

　　　　파동, 매질, 파원, 횡파와 종파

　　(2) 파의 전달방식과 그 표현

　　　　파형, 진폭, 주기, 진동수, 파장, 파의 속도, 정현파, 위상, 파의 에너지

　　(3) 중첩의 원리와 호이겐스의 원리

　　　　중첩의 원리, 간섭, 정상파(정재파), 호이겐스의 원리, 반사의 법칙, 굴절의 법칙, 회절

　2. 소리

　　(1) 소리의 성질과 전달방식

　　　　소리의 속도, 소리의 반사·굴절·회절·간섭, 울림

　　(2) 발음체의 진동과 공진·공명

　　　　현의 진동, 기주의 진동, 공진·공명

　　(3) 도플러 효과

　　　　도플러효과, 음원이 움직이는 경우, 관측자가 움직이는 경우, 음원과 관측자가 움직이는 경우

　3. 빛

　　(1) 빛의 성질

　　　　가시광선, 백색광, 단색광, 빛과 색, 스펙트럼, 분산, 편광

　　(2) 빛의 전달

　　　　빛의 속도, 빛의 반사·굴절, 전반사, 빛의 산란, 렌즈, 구면경

　　(3) 빛의 회절과 간섭

　　　　회절, 간섭, 영의 실험, 회절격자, 박막에 의한 간섭, 공기층에 의한 간섭

IV. 전기와 자기

　1. 전기장

　　(1) 정전기력

　　　　물체의 대전, 전하, 전기량, 전기량 보존의 법칙, 쿨롱의 법칙

　　(2) 전기장

　　　　전기장, 점전하 주위의 전기장, 전기장의 중첩, 전기력선

　　(3) 전위

　　　　정전기력에 의한 위치에너지, 전위와 전위차, 점전하 주변의 전위, 등전위면

　　(4) 전기장 속의 물체

전기장 속의 도체, 정전유도, 정전차폐, 접지, 전기장 속의 부도체, 유전분극
(5) 콘덴서
콘덴서, 전기용량, 유전체, 콘덴서에 축적된 정전에너지, 콘덴서의 접속

2. 전류
(1) 전류
전류, 전압, 옴의 법칙, 저항과 저항율, 줄열, 전력, 전력량
(2) 직류회로
저항의 직렬접속과 병렬접속, 전류계, 전압계, 키르히호프의 법칙, 저항률의 온도변화, 저항의 측정, 전지의 기전력과 내부저항, 콘덴서를 포함한 회로
(3) 반도체
n형반도체, p형반도체, pn접합, 다이오드

3. 전류와 자기장
(1) 자기장
자석, 자극, 자기력, 자기량, 자기장, 자기력선, 자기화, 자성체, 자속밀도, 자기투과율, 자속
(2) 전류가 만드는 자기장
직선전류가 만드는 자기장, 원형전류가 만드는 자기장, 솔레노이드 전류가 만드는 자기장
(3) 전류가 자기장에게서 받는 힘
직류전류가 자기장에게서 받는 힘, 평행전류가 서로 미치는 힘
(4) 로렌츠힘
로렌츠힘, 자기장 속의 하전입자의 운동, 홀 효과

4. 전자유도와 전자파
(1) 전자유도의 법칙
전자유도, 렌츠의 법칙, 패러데이의 전자유도 법칙,
도체가 자기장을 횡단할 때의 유도기전력, 로렌츠힘과 유도기전력, 와전류
(2) 자기유도, 상호유도
자기유도, 자기 인덕턴스, 코일에 축적된 에너지, 상호유도, 상호인덕턴서, 변압기
(3) 교류
교류 발생(교류전압, 교류전류, 주파수, 위상, 각주파수), 저항을 통과하는 교류, 실효값
(4) 교류회로
코일의 리액턴스와 위상차, 콘덴서의 리액턴스와 위상차, 소비전력, 교류회로의 임피던스, 공진회로, 진동회로
(5) 전자파
진자파, 진자파의 발생, 전지퍼의 성질, 전자파의 종류

V. 원자
1. 전자와 빛
(1) 전자
방전, 음극선, 전자, 비전하, 전기소량
(2) 입자성과 파동성
광전효과, 광자, X선, 콤프턴효과, 브래그반사, 물질파, 전자선의 간섭과 회절

2. 원자와 원자핵
(1) 원자의 구조

원자핵, 수소원자의 스펙트럼, 보아의 원자모형, 에너지 준위
(2) 원자핵
원자핵의 구성, 동위원소, 원자질량단위, 원자량, 원자핵의 붕괴, 방사선, 방사능, 반감기, 핵반응, 핵에너지
(3) 소립자
소립자, 4개의 기본적 힘

※ 위 출제범위는 일본 고등학교 교과서를 기준으로 한 것으로서, 편의상 한국어로 표기하였습니다. 물리과목 출제범위의 일본어 원문은 반드시 직접 일본학생지원기구 웹사이트에서 확인하시기 바랍니다. 번역 및 해석상의 문제는 일본어 원문을 우선으로 합니다.

화학 출제범위

출제범위는 일본 고등학교 학습지도 요령의 [화학기초] 및 [화학]을 범위로 한다.

Ⅰ. 물질의 구성
  1. 물질의 탐구
    (1) 순물질과 혼합물
       원소, 동위체, 화합물, 혼합물, 혼합물의 분리, 정제
    (2) 물질의 상태
       물질의 3형태 (기체, 액체, 고체), 상태변화
  2. 물질의 구성입자
    (1) 원자구조
       전자, 양자, 중성자, 질량수, 동위체
    (2) 전자배치
       전자껍질, 원자의 성질, 주기율ㆍ주기표, 가전자
  3. 물질의 화학결합
    (1) 이온결합
       이온결합, 이온결정, 이온화 에너지, 전자친화력
    (2) 금속결합
       금속결합, 자유전자, 금속결정, 전성ㆍ연성
    (3) 공유결합
       공유결합, 배위결합, 공유결합결정, 분자결정, 결합극성, 전기음성도
    (4) 분자간 힘
       반데르발스의 힘, 수소결합
    (5) 화학결합과 물질의 성질
       융점ㆍ비점, 전기전도성ㆍ열전도성, 용해도
  4. 물질의 양적 표현과 화학식
    (1) 물질량 외
       원자량, 분자량, 식량, 물질량, 몰농도, 질량%농도, 질량몰농도
    (2) 화학식
       분자식, 이온식, 전자식, 구조식, 조성식 (실험식)

Ⅱ. 물질의 상태와 변화
  1. 물질의 변화
    (1) 화학반응식
       화학반응식의 형식, 화학반응의 양적관계
    (2) 산ㆍ염기
       산ㆍ염기의 전의와 강약, 수소이온농도, pH, 중화반응, 중화적정, 염
    (3) 산화ㆍ환원
       산화ㆍ환원의 정의, 산화수, 금속의 이온화경향, 산화제ㆍ환원제
  2. 물질의 상태와 평균
    (1) 상태의 변화
       분자의 열운동과 물질의 3형태, 기체분자의 에너지 분포, 절대온도, 비점, 융점, 융해열, 증발열
    (2) 기체의 성질
       이상기체의 형태방정식, 혼합기체, 분압법칙, 실재기체와 이상기체

(3) 용액의 평형

희박용액, 포화용액과 용해평형, 과포화, 고체의 용해도, 기체의 용해도, 헨리의 법칙

(4) 용액의 성질

증기압강하, 비점상승, 응고점강하, 침투압, 콜로이드 용액, 틴들현상, 브라운 운동, 투석, 전기영동

3. 물질의 변화와 평형

(1) 화학반응과 에너지

화학반응과 열·빛, 열화학방정식, 반응열과 결합에너지, 헤스의 법칙

(2) 전기화학

전기분해, 전극반응, 전기에너지와 화학에너지, 전기량과 물질의 변화량, 패러데이의 법칙

(3) 전지

다니엘전지나 대표적인 실용전지 (건전지, 연축전지, 연료전지 등)

(4) 반응속도와 화학평형

반응속도와 속도정수, 반응속도와 농도·습도·촉매, 활성화에너지, 가역반응, 화학평형 및 화학평형의 이동, 평형상추, 르샤틀리에의 원리

(5) 전리평형

산·염기의 강약과 전리도, 물의 이온곱, 약산·약염기의 전리평형, 염의 가수분해,완충액

III. 무기화학

1. 무기물질

(1) 전형원소 (주요족원소)

각족의 대표적인 원소의 단위와 화합물의 성질이나 반응 및 용도

1족: 수소, 리튬, 나트륨, 칼륨

2족: 마그네슘, 칼슘, 바륨

12족: 아연, 수은

13족: 알루미늄

14족: 탄소, 규소, 주석, 납

15족: 질소, 인

16족: 산소, 유황

17족: 불소, 염소, 브롬, 요오드

18족: 헬륨, 네온, 아르곤

(2) 천이원소

크롬, 망간, 철, 동, 은 그리고 그것들의 화합물의 성질이나 반응 및 용도

(3) 무기물질의 공업적제법

알루미늄, 규소, 철, 동, 수산화나트륨, 암모니아, 황산 등

(4) 금속이온의 분리분석

2. 무기물질과 인간생활

상기 물질 외, 인간생활에 널리 이용되고 있는 금속이나 세라믹스

대표적인 금속의 예: 티타늄, 텅스텐, 백금, 스테인레스강, 니크롬

대표적인 세라믹스의 예: 유리, 파인세라믹, 산화티타늄(IV)

IV. 유기화학

1. 유기화합물의 성질과 반응

(1) 탄화수소

알칸, 알켄, 알킨의 대표적인 화합물의 구조, 성질 및 반응, 석유의 성분과 이용 등

구조이성체·입체이성체 (시스트랜스이성체, 광학이성체 (거울상이성체))

(2) 관능기를 가진 화합물

알콜, 에테르, 카르보닐화합물, 카르본산, 에스테르 등 대표적 화합물의 구조, 성질 및 반응

유지 · 비누 등

(3) 방향족화합물

방향족탄화수소, 페놀류, 방향족카르본산, 방향족아민 등 대표적인 화합물의 구조, 성질 및 반응

2. 유기화합물과 인간생활

(1) 상기 물질 외, 단당류, 이당류, 아미노산 등 인간생활에 널리 이용되고 있는 유기화합물

[예] 글루코스, 과당, 엿당, 자당, 글리신, 알라닌

(2) 대표적인 의약품, 염료, 세제 등의 주요성분

[예]살리실산의 유도체, 아조화합물, 알킬황산에스테르나트륨

(3) 고분자화합물

ⅰ 합성고분자화합물: 대표적인 합성섬유나 플라스틱 구조, 성질 및 합성

[예]나일론, 폴리에틸렌, 폴리프로필렌, 폴리염화비닐, 폴리스티렌, 폴리에틸렌테레프탈레이트,

페놀수지, 요소수지

ⅱ 천연고분자화합물: 단백질, 전분, 셀룰로오스, 천연고무 등의 구조나 성질, DNA등의 핵산 구조

ⅲ 인간생활에 널리 이용되고 있는 고분자화합물 (예를 들어 흡수성고분자, 전도성고분자,

합성고무 등)의 용도, 자원의 재이용 등

※ 위 출제범위는 일본 고등학교 교과서를 기준으로 한 것으로서, 편의상 한국어로 표기하였습니다. 화학과목의
일본어 원문은 반드시 직접 일본학생지원기구 웹사이트의 출제범위를 확인하시기 바랍니다. 번역 및 해석상
의 문제는 일본어 원문을 우선으로 합니다.

생물 출제범위

출제범위는 일본의 고등학교 학습지도요령의 [생물기초] 및 [생물]을 범위로 한다.

Ⅰ. 생명현상과 물질
  1. 세포와 분자
    (1) 생체물질과 세포
       세포소기관
       원핵세포와 진핵세포
       세포골격
    (2) 생명현상과 단백질
       단백질의 구조
       단백질의 작용 [예]효소
  2. 대사
    (1) 생명활동과 에너지
       ATP와 그 역할
    (2) 호흡 [예] 해당경로, 구연산회로, 전자전달계, 발효와 해당
    (3) 광합성 [예] 광화학계Ⅰ, 광화학계Ⅱ, 캘빈 · 벤슨회로, 전자전달계
    (4) 세균의 광합성과 화학합성
    (5) 질소동화
  3. 유전정보와 그 발견
    (1) 유전정보와 DNA
       DNA의 이중나선 구조
       유전자와 염색체의 게놈
    (2) 유전정보의 분배
       체세포분열에 따른 유전정보의 분배
       세포주기와 DNA의 복제
       DNA 복제의 체계
    (3) 유전정보의 발견
       유전자 발견 체계 [예] 전사, 번역, 스플라이싱
       유전정보의 변화 [예] 유전자돌연변이
    (4) 유전자 발견조절
       전사레벨의 조절
       선택적유전자발견
       발견조절에 따른 세포분화
    (5) 바이오테크놀러지 [예] 유전적형질변환, 유전자도입

Ⅱ. 생식과 발생
  1. 유성생식
    (1) 감수분열과 수정
       감수분열에 따른 유전자 분배
       수정에 따른 다양한 유전적 조합
       성염색체
    (2) 유전자와 염색체
       유전자의 연쇄와 재조합

　　　　염색체의 교차와 유전자의 재조합
　2. 동물의 발생
　　(1) 배우자형성과 수정
　　(2) 초기발생의 과정
　　(3) 세포의 분화와 형태형성
　3. 식물의 발생
　　(1) 배우자형성과 수정, 배아발생
　　(2) 식물의 기관분화 [예] 꽃의 형태형성

III. 생물의 체내환경과 유지
　1. 체내환경
　　(1) 체액의 순환계
　　(2) 체액의 성분과 그 농도 조절
　　(3) 혈액응고 구조
　2. 체내환경의 유지 구조
　　(1) 자율신경과 호르몬에 따른 조절 [예] 혈당농도의 조절
　3. 면역
　　(1) 면역담당세포
　　(2) 면역구조

IV. 생물의 환경응답
　1. 동물의 반응과 행동
　　(1) 자극의 수용과 반응
　　　수용기와 그 움직임
　　　효과기와 그 움직임
　　　신경계와 그 움직임
　　(2) 동물의 행동
　2. 식물의 환경응답
　　(1) 식물호르몬의 작용 [예] 옥신의 움직임, 지베렐린의 움직임
　　(2) 식물의 광수용체의 움직임 [예] 피토크롬의 움직임

V. 생태와 환경
　1. 개체군과 생물군집
　　(1) 개체군
　　　개체군과 그 구조
　　　개체군 내의 상호작용
　　　개체군 간의 상호작용
　　(2) 생물군집
　　　생물군집과 그 구조
　2. 생태계
　　(1) 생태계의 물질생산과 물질순환
　　　[예] 식물망과 영양단계, 탄소순환과 에너지의 흐름, 질소순환
　　(2) 생태계와 생물다양성
　　　유전적다양성
　　　종다양성
　　　생태계의 다양성

　　　　생태계의 균형과 보전
　　(3) 식생의 다양성과 분포 [예] 식생의 천이
　　(4) 기후와 생물군계 (바이옴)

Ⅵ. 생물의 진화와 계통
　1. 생물진화의 구조
　　(1) 생명의 기원과 생물의 변환
　　　　생명의 탄생
　　　　생물의 진화
　　　　인류의 진화
　　(2) 진화의 구조
　　　　개체간의 변이 (돌연변이)
　　　　유전자빈도의 변화와 그 구조
　　　　분자진화와 중립진화
　　　　종분화
　　　　공진화
　2. 생물의 계통
　　(1) 생물의 계통에 따른 분류 [예] DNA염기서열의 비교
　　(2) 상위분류군과 계통

※ 위 출제범위는 일본 고등학교 교과서를 기준으로 한 것으로서, 편의상 한국어로 표기하였습니다. 생물과목 출
　제범위의 일본어 원문은 반드시 직접 일본학생지원기구 웹사이트에서 확인하시기 바랍니다. 번역 및 해석상
　의 문제는 일본어 원문을 우선으로 합니다.

기초학력 (종합과목) 출제범위

시험의 목적

종합과목은 다문화이해의 시야에서 본 현대의 세계와 일본에 대한 테마가 중심이 된다. 그 목적은 유학생이 일본의 대학에서 공부하는데서 필요하다고 생각되는 현대일본에 대한 기초적 지식을 가지고 더불어 근현대의 국제사회의 기본적인 문제에 대한 논리적사고, 판단하는 능력이 있는가를 판정하는 데에 있다.

구체적으로는 정치 · 경제를 중심으로한 지리,역사의 세 분야로부터 종합적으로 출제된다. 출제의 범위는 아래의 각 분야의 관한 항목이며 각각의 항목은 관련하는 주요한 용어로 나타내어져 있다.

종합과목 출제범위

I. 정치·경제·사회

1. **현대의 사회**
   정보사회, 저출산·고령화사회, 다문화이해, 생명윤리, 사회보장과 사회복지, 지역사회의 변모, 불평등의 시정, 식료품 문제, 에너지 문제, 환경 문제, 지속가능한 사회

2. **현대의 경제**
   경제체제, 시장경제, 가격 매커니즘, 소비자, 경기변동, 정부의 역할과 경제정책, 노동문제, 경제성장, 국민경제, 무역, 환율, 국제수지

3. **현대의 정치**
   민주주의의 원리, 일본국 헌법, 기본적 인권과 법의 지배, 국회, 내각, 재판소, 의회제 민주주의, 지방자치, 선거와 정치참여, 신(新) 인권

4. **현대의 국제사회**
   국제관계와 국제법, 글로벌라이제이션, 지역통합, UN과 국제기구, 남북문제, 인종·민족성·민족문제, 지구환경문제, 국제평화와 국제협력, 일본의 국제공헌

II. 지리

1. **현대 세계의 특색과 제반과제의 지리적 고찰**
   지구의와 지도, 거리와 방위, 공중사진과 위성화상, 표준시와 시차, 지리정보, 기후, 지형, 식생, 세계의 생활·문화·종교, 자원과 산업, 인구, 도시·촌락, 교통과 통신, 자연환경과 재해·방재, 일본의 국토와 환경

III. 역사

1. **근대의 성립과 세계의 일체화**
   산업혁명, 미국 독립혁명, 프랑스혁명, 국민국가의 형성, 제국주의와 식민지화, 일본의 근대화와 아시아

2. **20세기의 세계와 일본**
   제1차 세계대전과 러시아혁명, 세계공황, 제2차 세계대전과 냉전, 아시아·아프리카 제국가의 독립, 일본의 전후(戰後)역사, 석유위기, 냉전체제의 붕괴

기초학력(수학) 출제범위

시험의 목적

이 시험은 외국인 유학생으로서, 일본의 대학 (학부) 등에 입학을 희망하는 자가, 대학 등에서 공부하는데에 필요하다고 인식되는 기초적인 학력을 측정함을 목적으로 한다.

시험의 종류

수학 시험은 [코스1]과 [코스2]가 있다. 코스1은 수학을 그다지 필요로 하지 않는 학부·학과를 위한 과목이며, 코스2는 고도의 수학을 필요로 하는 학부·학과를 위한 시험이다. 수험자는 각자 지망하는 대학의 학부·학과가 지정하고 있는 코스에 따라서 코스1 혹은 코스2의 둘 중 하나를 선택해서 수험해야 한다.

기호·용어

기호는 일본 고등학교의 표준적인 교과서에 준거한다. 일본어로 출제되는 시험문제에는 일본 고등학교 교과서에 통상 사용되는 용어를 사용하며, 영어로 출제되는 시험문제는 영어의 표준적인 용어를 사용한다.

출제범위

출제범위는 후술의 것으로 한다. 또한 초등학교·중학교에서 배운 범위에 대해서는 기존에 학습하였다는 전제 하에 출제범위에 포함되는 것으로 한다.

● 〈코스1〉의 출제범위는, 다음 출제항목 중 1,2,3,4,5,6의 범위에 해당한다.

● 〈코스2〉의 출제범위는, 다음 출제항목 중 1~18까지의 모든 범위에 해당한다.

수학출제범위

1. 수와 식 ··· 수학I
- (1) 수와 집합
  - ① 실수
  - ② 집합과 명제
- (2) 식의 계산
  - ① 식의 전개와 인수분해
  - ② 1차 부등식
  - ③ 절대값과 방정식 · 부등식

2. 2차 함수 ··· 수학I
- (1) 2차 함수와 그래프
  - ① 2차함수의 값의 변화
  - ② 2차함수의 최대 · 최소
  - ③ 2차함수의 결정
- (2) 2차방정식 · 2차부등식
  - ① 2차방정식의 풀이
  - ② 2차함수의 그래프와 2차방정식
  - ③ 2차함수의 그래프와 2차부등식

3. 도형과 계량 ··· 수학I
- (1) 삼각비
  - ① 사인(sin), 코사인(cos), 탄젠트(tan)
  - ② 삼각비의 상호관계
- (2) 삼각비와 도형
  - ① 사인법칙, 코사인 법칙
  - ② 도형의 계량 (공간도형의 응용을 포함)

4. 경우의 수와 확률 ··· 수학A
- (1) 경우의 수
  - ① 가산의 원칙 (집합 요소의 개수, 합의 법칙, 곱의 법칙을 포함)
  - ② 순열 · 조합
- (2) 확률과 기본적인 성질
- (3) 독립적인 시행과 확률
- (4) 조건부확률

5. 정수의 성질 ··· 수학A
- (1) 약수와 배수
- (2) 유클리드의 호제법
- (3) 정수의 성질과 응용

6. 도형의 성질 ··· 수학A
- (1) 평면도형
  - ① 삼각형의 성질

②원의 성질
(2) 공간도형
①직선과 평면
②다면체

7. 여러가지 식 ··· 수학Ⅱ
(1) 식과 증명
①다항식의 나눗셈, 분수식, 이항정리, 항등식
②등식과 부등식의 증명
(2) 고차방정식
①복소수와 2차방정식의 풀이
②인수정리
③고차방정식의 해법과 성질

8. 도형과 방정식 ··· 수학Ⅱ
(1) 직선과 원
①점의 좌표
②직선의 방정식
③원의 방정식
④원과 직선의 관계
(2) 궤적과 영역
①궤적과 방정식
②부등식의 표현영역

9. 지수함수 · 대수함수 ··· 수학Ⅱ
(1) 지수함수
①지수의 확장
②지수함수와 그래프
(2) 대수함수
①대수의 성질
②대수함수와 그래프
③상용대수

10. 삼각함수 ··· 수학Ⅱ
(1) 일반각
(2) 삼각함수와 그 기본적인 성질
(3) 삼각함수와 그래프
(4) 삼각함수와 가법정리
(5) 가법정리의 응용

11. 미분 · 적분의 사고 ··· 수학Ⅱ
(1) 미분의 사고
①미분계수와 도함수
②도함수의 응용
접선, 함수치의 증감(함수 값의 변화, 최대 · 최소, 극대 · 극소)
(2) 적분의 고찰

① 부정적분과 정적분

② 면적

12. 수열 ··· 수학 B
　(1) 수열과 그 합
　　① 등차수열과 등비수열
　　② 여러가지 수열
　(2) 점화식과 수학적 귀납법
　　① 점화식과 수열
　　② 수학적 귀납법

13. 벡터 ··· 수학 B
　(1) 평면상의 벡터
　　① 벡터와 그 연산
　　② 벡터의 내적
　(2) 공간좌표와 벡터
　　① 공간좌표
　　② 공간에서의 벡터

14. 복소수평면 ··· 수학 Ⅲ
　(1) 복소수평면
　　① 복소수의 체계도 표시
　　② 복소수의 극형식
　(2) 드무아브르의 정리
　(3) 복소수와 도형

15. 평면상의 곡선 ··· 수학 Ⅲ
　(1) 2차 곡선
　　포물선, 타원, 쌍곡선
　(2) 매개변수의 의한 표시
　(3) 극좌표에 의한 표시

16. 극한 ··· 수학 Ⅲ
　(1) 수열과 극한
　　① 수열과 극한
　　② 무한급수의 합
　(2) 함수와 극한
　　① 분수함수와 무리함수
　　② 합성함수와 역함수
　　③ 함수의 극한
　　④ 함수의 연속성

17. 미분법 ··· 수학 Ⅲ
　(1) 도함수
　　① 함수의 덧셈·뺄셈·곱셈·나눗셈의 도함수
　　② 합성함수의 도함수, 역함수의 노함수

③ 삼각함수 · 지수함수 · 대수함수의 도함수
(2) 도함수의 응용
접선, 함수값의 증감, 속도, 가속도

18. 적분법 ··· 수학Ⅲ
(1) 부정적분과 정적분
① 적분과 기본적인 성질
② 치환적분법 · 부분적분법
③ 여러가지 함수와 적분
(2) 적분의 응용
면적, 부피, 길이

※ 위 출제범위는 일본 고등학교 교과서를 기준으로 한 것으로서, 편의상 한국어로 표기하였습니다. 수학과목 출제범위의 일본어 원문은 반드시 직접 일본학생지원기구 웹사이트에서 확인하시기 바랍니다. 번역 및 해석상의 문제는 일본어 원문을 우선으로 합니다.

EJU Syllabus for Basic Academic Abilities
(Japanese as a Foreign Language)

<Purpose of the Examination>

This examination is designed for foreign students who plan to study at Japanese universities and colleges. The purpose of this examination is to measure their ability to communicate in the Japanese language that is required for higher education as well as daily life in Japan.

Syllabus for the Examination on Japanese as a Foreign Language

I   Contents of the Examination

This examination consists of two major parts: production (writing) and comprehension (reading comprehension, listening comprehension, and listening & reading comprehension).

II   Description of each Section

1. Reading comprehension, listening comprehension, and listening & reading comprehension
    The questions set for the reading comprehension are mainly written texts, and some visual information (graph, chart, list, etc.) may be presented. The questions set for the listening comprehension use only sounds, and the listening & reading comprehension use sounds and visual information (graph, chart, and textual information).

    (1) Abilities tested
        In the sections of reading comprehension, listening comprehension, and listening & reading comprehension, the examination will assess the abilities to understand information in written or spoken text, to comprehend relationships between information, and to infer a logically valid interpretation. The examination include following questions.

        (i)   Ability to understand details and the main idea of the text
            This type of question will require the abilities to understand information explicitly expressed in the text. For example, the following abilities will be tested.
            •   Understand details of the text.
            •   Understand main ideas of the text.

        (ii) Ability to comprehend relationships between information
            This type of question will require the abilities to comprehend the relationships between information expressed in the text. For example, the following abilities will be tested.
            •   Distinguish an important part of the text from the rest.
            •   Recognize relationships between the information.
            •   Compare or contrast information expressed in various forms such as sound, text, graphic, etc.

        (iii) Ability to utilize information
            This type of question will require the abilities to utilize comprehended information in order to infer a logically valid interpretation. For example, the following abilities will be tested.
            •   Draw a conclusion using information given in the text.

- Generalize cases given in the text.
- Apply general explanation/ideas to particular cases.
- Infer a valid interpretation complementarily combining the information given in various forms, such as sound, text or graphic, etc.

(2) Written and spoken texts used

The abilities listed in (1) will be examined based on written or spoken texts that need to be understood on the occasion of studying and campus life. Examples of written or spoken texts are as follows.

Reading comprehension
- Explanatory text
- Editorial text
- Practical document/text (regarding studying, campus life, etc.), and others

Listening comprehension, listening & reading comprehension
- Lecture or speech
- Presentation and discussion regarding exercise or survey
- Consultation, instruction and advice about study and life
- Practical conversation, and others

2. Writing
 (1) Abilities tested

In the area of writing, the examination will evaluate the ability to follow the instructions and to write one's own ideas with convincing reasons. For example, the following abilities will be evaluated.

- Understand what is required in a given task and present an argument or conclusion based on what is understood.
- Present appropriate and effective evidence or examples that support the argument or conclusion.
- Review the argument or conclusion from multiple perspectives.
- Organize an essay by arranging an argument or conclusion, and its supporting evidence or example appropriately and effectively.
- Use appropriate sentence structure, vocabulary, expressions, etc. to write a dissertation in a place of higher education.

 (2) Tasks required
- To argue about one or several suggested concepts.
- To explain the current status of a specific issue, and to predict its outcome or to find a solution.

EJU Syllabus for Basic Academic Abilities (Science)

＜Purpose of the Examination＞

The purpose of this examination is to test whether international students have the basic academic ability in science necessary for studying at universities or other such higher educational institutions in Japan.

＜Classification of Examination＞

The examination consists of three subjects, i.e. physics, chemistry, and biology; examinees will select two of these subjects.

＜Scope of Questions＞

The scope of questions is as follows. What is taught in elementary and junior high schools is regarded to have been already learned and therefore is to be included in the scope of the EJU. What questions consists of in each subject is classified into categories, each of which is presented by topics and scientific terms.

Physics

The scope of questions will follow the scope of "Basic Physics" and "Advanced Physics" of the Course of Study for high schools in Japan.

I   Mechanics

1. Motion and force

   (1) Description of motion

   Position, displacement, velocity, acceleration, relative motion, free fall, projectile motion

   (2) Various forces

   Force, gravity, frictional force, normal force, tension, elastic force, force exerted by liquid or gas

   (3) Equilibrium of forces

   Resultant and resolution of forces, equilibrium of forces

   (4) Equilibrium of forces acting on rigid bodies

   Torque, resultant force, couple of forces, equilibrium of rigid bodies, center of mass

   (5) Laws of motion

   Newton's laws of motion, unit of force and equation of motion, system of units and dimension

   (6) Motion in the presence of friction and/or air resistance

   Static friction force, kinetic friction force, air resistance and terminal velocity

2. Energy and momentum

   (1) Work and kinetic energy

   Principle of work, power, kinetic energy

   (2) Potential energy

   Potential energy due to gravity, potential energy due to elastic force

   (3) Conservation of mechanical energy

   (4) Momentum and impulse

   Momentum and impulse, law of conservation of momentum, fission and coalescence

   (5) Collision

   Coefficient of restitution, elastic collision, inelastic collision

3. Various forces and motion

   (1) Uniform circular motion

   Velocity and angular velocity, period and rotational frequency, acceleration and centripetal force, centripetal force in non-uniform circular motion

   (2) Inertial force

   Inertial force, centrifugal force

   (3) Simple harmonic motion

   Displacement, velocity, acceleration, restoring force, amplitude, period, frequency, phase, angular frequency, spring pendulum, simple pendulum, energy of simple harmonic motion

   (4) Universal gravitation

Planetary motion (Kepler's laws), universal gravitation, gravity, potential energy of universal gravitation, conservation of mechanical energy

II Thermodynamics
1. Heat and temperature
   (1) Heat and temperature
   Thermal motion, thermal equilibrium, temperature, absolute temperature, heat quantity, heat capacity, specific heat, conservation of heat quantity
   (2) States of matter
   Three states of matter (gas, liquid, solid), melting point, boiling point, heat of fusion, heat of evaporation, latent heat, heat expansion
   (3) Heat and work
   Heat and work, internal energy, the first law of thermodynamics, irreversible change, heat engine, thermal efficiency, the second law of thermodynamics
2. Properties of gas
   (1) Equation of state of ideal gas
   Boyle's law, Charles' law, Boyle-Charles' law, equation of state of ideal gas
   (2) Motion of gas molecules
   Motion of gas molecules and pressure/absolute temperature, internal energy of gas, monatomic molecule, diatomic molecule
   (3) Change of state of gases
   Isochoric change, isobaric change, isothermal change, adiabatic change, molar specific heat

III Waves
1. Waves
   (1) Properties of waves
   Wave motion, medium, wave source, transverse and longitudinal waves
   (2) Propagation of waves and how to express it
   Wave form, amplitude, period, frequency, wave length, wave velocity, sinusoidal wave, phase, energy of wave
   (3) Superposition principle and Huygens' principle
   Superposition principle, interference, standing wave, Huygens' principle, law of reflection, law of refraction, diffraction
2. Sound
   (1) Properties and propagation of sound
   Velocity of sound, reflection, refraction, diffraction and interference of sound, beat
   (2) Vibrations of sounding body and resonance
   Vibration of string, vibration of air column, resonance
   (3) Doppler effect
   Doppler effect, case of moving sound source, case of moving observer, case of moving sound source and moving observer

3. Light
  (1) Properties of light
      Visible light, white light, monochromatic light, light and color, spectrum, dispersion, polarization
  (2) Propagation of light
      Velocity of light, reflection and refraction of light, total reflection, scattering of light, lenses, spherical mirror
  (3) Diffraction and interference of light
      Diffraction, interference, Young's experiment, diffraction grating, thin-film interference, air wedge interference

Ⅳ Electricity and Magnetism
1. Electric field
  (1) Electrostatic force
      Charged object, electric charge, electric quantity, principle of conservation of charge, Coulomb's law
  (2) Electric field
      Electric field, electric field of a point charge, principle of superposition of electric field, lines of electric force
  (3) Electric potential
      Potential energy by electrostatic force, electric potential and potential difference, electric potential of a point charge, equipotential surfaces
  (4) Matter in electric fields
      Conductor in an electric field, electrostatic induction, electrostatic shielding, ground, insulator in an electric field, dielectric polarization
  (5) Capacitor
      Capacitor, electric capacitance, dielectrics, electrostatic energy stored in a capacitor, connection of capacitors
2. Electric current
  (1) Electric current
      Electric current, voltage, Ohm's law, resistance and resistivity, Joule's heat, electric power, electric energy
  (2) Direct current circuits
      Series and parallel connections of resistors, ammeter, voltmeter, Kirchhoff's rules, temperature dependence of resistivity, measurement of resistance, electromotive force and internal resistance of battery, circuit with capacitors
  (3) Semiconductor
      n-type semiconductor, p-type semiconductor, p-n junction, diode
3. Current and magnetic field
  (1) Magnetic field
      Magnets, magnetic poles, magnetic force, magnetic charge, magnetic field, lines of magnetic

force, magnetization, magnetic materials, density of magnetic flux, permeability, magnetic flux

  (2) Magnetic fields generated by currents

Magnetic fields generated by straight currents, magnetic fields generated by circular currents, magnetic fields generated by solenoid currents

  (3) Magnetic forces on currents

Magnetic force on a straight current, force between parallel currents

  (4) Lorentz force

Lorentz force, motion of charged particles in a magnetic field, Hall effect

4. Electromagnetic induction and electromagnetic wave

  (1) Laws of electromagnetic induction

Electromagnetic induction, Lenz's law, Faraday's law of electromagnetic induction, induced electromotive force in a conductor crossing a magnetic field, Lorentz force and induced electromotive force, eddy current

  (2) Self-induction, mutual induction

Self-induction, self-inductances, energy stored in a coil, mutual induction, mutual inductances, transformer

  (3) Alternating current (AC)

Generation of AC (AC voltage, AC, frequency, phase, angular frequency), AC flowing through a resistor, effective values

  (4) AC circuits

Reactance of coil and phase difference, reactance of capacitor and phase difference, electric power consumption, impedance of AC circuits, resonant circuit, oscillation circuit

  (5) Electromagnetic waves

Electromagnetic wave, generation of electromagnetic wave, properties of electromagnetic waves, classification of electromagnetic waves

V Atoms

1. Electrons and light

  (1) Electrons

Discharge, cathode ray, electrons, specific charge, elementary electric charge

  (2) Wave-particle duality

Photoelectric effect, photon, X-ray, Compton effect, Bragg reflection, matter wave, interference and diffraction of electron beam

2. Atoms and nuclei

  (1) Structure of atoms

Nucleus, spectrum of hydrogen atom, Bohr's model of atoms, energy level

  (2) Nuclei

Compositions of nuclei, isotope, atomic mass unit, atomic weight, nuclear decay, radiation, radioactivity, half-life, nuclear reaction, nuclear energy

  (3) Elementary particles

Elementary particles, four fundamental types of forces

Chemistry

The scope of questions will follow the scope of "Basic Chemistry" and "Advanced Chemistry" of the Course of Study for high schools in Japan.

I Structure of Matter

1. Study of matter
   (1) Pure substances and mixtures
      Elements, allotropes, compounds, mixtures, separation of mixture, purification
   (2) States of matter
      Three states of matter (gas, liquid, and solid), changes of state
2. Particles constituting substances
   (1) Structure of the atom
      Electron, proton, neutron, mass number, isotope
   (2) Electron configuration
      Electron shell, properties of atoms, the periodic law, periodic table, valence electrons
3. Substances and chemical bonds
   (1) Ionic bonds
      Ionic bond, ionic crystal, ionization energy, electron affinity
   (2) Metallic bonds
      Metallic bond, free electron, metallic crystal, malleability
   (3) Covalent bonds
      Covalent bond, coordinate bond, crystal of covalent bond, molecular crystals, polar nature of bond, electronegativity
   (4) Intermolecular force
      van der Waals force, hydrogen bond
   (5) Chemical bonds and properties of substances
      Melting point and boiling point, electric conductivity and thermal conductivity, solubility
4. Quantitative treatment of substances and chemical formula
   (1) Amount of substance
      Atomic weight, molecular weight, formula weight, amount of substance, molar concentration, mass percent concentration, molarity
   (2) Chemical formulas
      Molecular formula, ion formula, electron formula (Lewis structures), structural formula, compositional formula (empirical formula)

II State and Change of Substances

1. Change of substances
   (1) Reaction formula
      Expression of reaction formula, quantitative relation of chemical reaction
   (2) Acids and bases
      Definition and strength of acids and bases, hydrogen ion concentration, pH, neutralization

reaction, neutralization titration, salt

   (3) Oxidation and reduction

Definition of oxidation and reduction, oxidation number, ionization tendency of metal, oxidizing agent and reducing agent

2. State and equilibrium of substances

   (1) Change of state

Thermal motion of molecules and the three states of substance, thermal energy distribution of gas molecule, absolute temperature, boiling point, melting point, heat of fusion, heat of vaporization

   (2) Properties of gases

State equation of ideal gas, mixed gas, law of partial pressure, real gas and ideal gas

   (3) Equilibrium of solutions

Dilute solution, saturated solution and solubility equilibrium, supersaturation, solubility of solid, solubility of gas, Henry's law

   (4) Nature of solutions

Depression of vapor pressure, elevation of boiling point, depression of freezing point, osmotic pressure, colloidal solution, Tyndall effect, Brownian motion, dialysis, electrophoresis

3. Change and equilibrium of substances

   (1) Chemical reaction and energy

Heat and light in chemical reaction, thermochemical equation, heat of reaction and bond energy, Hess's law

   (2) Electrochemistry

Electrolysis, electrode reaction, electrical energy and chemical energy, quantity of electricity and amount of change in substance, Faraday's law

   (3) Electric cell

Daniell cell and typical practical batteries (dry cell, lead storage battery, fuel cell, etc.)

   (4) Rate of reaction and chemical equilibrium

Rate of reaction and rate constant, rate of reaction and concentration, temperature, and catalyst, activation energy, reversible reaction, chemical equilibrium and its shift, equilibrium constant, Le Chatelier's principle

   (5) Eletrolytic dissociation equilibrium

Strength and degree of electrolytic dissociation of acid and base, ionic product of water, electrolytic dissociation equilibrium of weak acid and weak base, hydrolysis of salt, buffer solution

Ⅲ **Inorganic Chemistry**

1. Inorganic substances

   (1) Typical elements (main group elements)

Properties, reactions and uses of representative elements of each group and their compounds

Group 1: hydrogen, lithium, sodium, potassium   Group 2: magnesium, calcium, barium

Group 12: zinc, mercury   Group 13: aluminum

Group 14: carbon, silicon, tin, lead   Group 15: nitrogen, phosphorus

Group 16: oxygen, sulfur   Group 17: fluorine, chlorine, bromine, iodine

Group 18: helium, neon, argon

(2) Transition elements

Properties, reactions and uses of chromium, manganese, iron, copper, silver, and their compounds

(3) Industrial manufacturing methods of inorganic substances

Aluminum, silicon, iron, copper, sodium hydroxide, ammonia, sulfuric acid, etc.

(4) Separation and analysis of metallic ions

2. Inorganic substances and our daily life

In addition to the substances mentioned Ⅲ-1, metals and ceramics widely utilized in human life.

[Examples of typical metal] titanium, tungsten, platinum, stainless steel, nichrome

[Examples of typical ceramics] glass, fine ceramics, titanium (Ⅳ) oxide

Ⅳ Organic Chemistry

1. Properties and reactions of organic compound

(1) Hydrocarbons

Structures, properties and reactions of representative alkanes, alkenes, alkynes, composition and uses of petroleum

Structural isomers and stereoisomers (cis-*trans* isomers, optical isomers (enantiomers))

(2) Compounds with functional groups

Structures, properties and reactions of representative compounds such as alcohols, ethers, carbonyl compounds, carboxylic acids, ester, etc.

Oils and soaps, etc.

(3) Aromatic compounds

Structures, properties and reaction of representative compounds such as aromatic hydrocarbons, phenols, aromatic carboxylic acids, and aromatic amines

2. Organic compounds and our daily life

(1) In addition to the substances listed in Ⅳ-1, organic compounds widely utilized in human life such as monosaccharides, disaccharides, and amino acids

[Examples] glucose, fructose, maltose, sucrose, glycine, alanine

(2) Main ingredients of typical drugs, dyes, and detergents

[Examples] derivatives of salicylic acid, azo compounds, sodium alkyl sulfate

(3) Polymeric compounds

i   Synthetic polymers: structures, properties and syntheses of typical synthetic fibers and plastics

[Examples] nylon, polyethylene, polypropylene, poly (vinyl chloride), polystyrene, polyethylene terephthalate, phenol resin, urea resin

ii Natural polymers

Structures and properties of proteins, starch, cellulose, natural rubber, structures and properties of nucleic acid such as DNA

iii Applications of polymers widely utilized in human life (e.g. water-absorbent polymer, conductive polymers, synthetic rubber), recycling of resources, etc.

Biology

The scope of questions will follow the scope of "Basic Biology" and "Advanced Biology" of the Course of Study for high schools in Japan.

I Biological Phenomena and Substances

1. Cells and molecules
   - (1) Biological substances and cells
     - Organelle
     - Prokaryotic and eukaryotic cells
     - Cytoskeleton
   - (2) Biological phenomena and proteins
     - Protein structure
     - Protein function   [Example] enzyme
2. Metabolism
   - (1) Life activities and energy
     - ATP and its role
   - (2) Respiration   [Example] glycolytic pathway, citric acid cycle, electron transport system, fermentation and glycolysis
   - (3) Photosynthesis   [Example] photosystem I, photosystem II, Calvin-Benson cycle, electron transport system
   - (4) Bacterial photosynthesis and chemosynthesis
   - (5) Nitrogen assimilation
3. Genetic information and its expression
   - (1) Genetic information and DNA
     - Double-helix structure of DNA
     - Gene, chromosome and genome
   - (2) Segregation of genetic information
     - Segregation of genetic information by somatic cell division
     - Cell cycle and DNA replication
     - Mechanism of DNA replication
   - (3) Expression of genetic information
     - Mechanism of gene expression   [Example] transcription, translation, splicing,
     - Changes in genetic information   [Example] gene mutation
   - (4) Control of gene expression
     - Regulation of transcriptional level
     - Selective gene expression
     - Cell differentiation by gene expression control
   - (5) Biotechnology   [Example] genetic transformation, gene transfer

II Reproduction and Generation

  1. Sexual reproduction

  (1) Meiosis and fertilization

        Gene segregation by meiosis

        Genetically diverse combination by fertilization

        Sex chromosomes

  (2) Genes and chromosomes

        Genetic linkage and gene recombination

        Chromosomal crossing-over and gene recombination

  2. Animal development

  (1) Animal gametogenesis and fertilization

  (2) Early developmental process in animals

  (3) Cell differentiation and morphogenesis in animals

  3. Plant development

  (1) Plant gametogenesis, fertilization and embryogenesis

  (2) Organ differentiation in plants   [Example] floral morphogenesis

III Homeostasis of the internal environment in living organisms

  1. The internal environment in living organisms

  (1) Fluid movement in the circulatory system

  (2) The composition of body fluid and its concentration control

  (3) Mechanism of blood coagulation

  2. Homeostatic mechanism of the internal environment in living organisms

  (1) Internal regulation by autonomic nerves and hormones

        [Example] control of blood glucose level

  3. Immunity

  (1) Cells in immune system

  (2) Mechanism of immune system

IV Organisms' response to external signals

  1. Reactions and actions of animals to external signals

  (1) Perception and response to stimulus

        Sensory receptors and their functions

        Effectors and their functions

        Nervous systems and their functions

  (2) Animal behavior

  2. Plant responses to external signals

  (1) Functions of plant hormones

        [Example] functions of auxins, functions of gibberellins

  (2) Functions of plant photoreceptors

        [Example] functions of phytochrome

V Ecology and Environment

1. Populations and communities
   (1) Populations
       Populations and their structures
       Interaction within populations
       Interaction among populations
   (2) Communities
       Communities and their structures

2. Ecosystems
   (1) Matter production and cycle of matter in ecosystems
       [Example] food web and trophic level, carbon cycle and flow of energy, nitrogen cycle
   (2) Ecosystems and biodiversity
       Genetic diversity
       Species diversity
       Diversity of ecosystems
       Ecological balance and conservation
   (3) Diversity and distribution of vegetation [Example: succession of vegetation]
   (4) Climates and biomes

VI Biological Evolution and Phylogeny

1. Mechanism of biological evolution
   (1) Origin of life and transition of organisms
       Beginning of life
       Evolution of organisms
       Human evolution
   (2) Mechanism of evolution
       Variation between individuals (mutation)
       Changes in gene frequency and its mechanism
       Molecular evolution and neutral evolution
       Species differentiation
       Coevolution

2. Phylogeny of organisms
   (1) Phylogenetic classification of organisms   [Example] Comparison of DNA base sequence
   (2) Higher taxa and phylogeny

EJU Syllabus for Basic Academic Abilities
(Japan and the World)

＜Aims and Nature of the Examination＞

Japan and the World takes up themes centered mainly on the contemporary world and Japan as seen from the perspective of multicultural understanding. It is aimed at measuring international students' mastery of the basic knowledge of contemporary Japan deemed necessary to study at the college level in Japan, as well as their capacity to think logically and critically about basic issues in modern international society.

＜Syllabus＞

The topics of the questions are selected mainly from the fields of Politics, Economy, and Society, as well as from Geography and History. The syllabus below lists the major thematic groups of each field, and the topical areas from which questions may be drawn.

Japan and the World

I Politics, Economy and Society

1. Contemporary Society

   Information society, Aging society with fewer children, Multicultural understanding, Bio-ethics, Social security and social welfare, Transformation of local communities, Redress of inequality, Food issues, Energy issues, Environmental issues, Sustainable society

2. Economy

   Economic systems, Market economy, Price mechanism, Consumers, Business cycle, Government roles and economic policy, Labor issues, Economic growth, National economy, International trade, Foreign exchange, Balance of payments

3. Politics

   Principle of democracy, the Constitution of Japan, Fundamental human rights and the rule of law, Diet, Cabinets, Courts, Parliamentary democracy, Local government, Elections and political participation, New human rights

4. International Society

   International relations and international law, Globalization, Regional integration, United Nations and other international organizations, North-South problem, Race/ethnicity and ethnic issues, Global environment issues, International peace and international cooperation, Japan's international contributions

II Geography

Geographical examination of features and issues of the modern world

   Globes and maps, Distance and direction, Aerial photography and satellite pictures, Standard time and time differences, Geographical information, Climate, Natural features, Vegetation, Lifestyles/cultures/religions around the world, Resources and industries, Population, Urban and rural settlement, Traffic and communication, Natural environment and disasters/disaster prevention, Land and environment of Japan

III History

1. Development of modern society and interdependence of the world

   The Industrial Revolution, The American Revolution, The French Revolution, Formation of the nation-state, Imperialism and colonialization, Modernization of Japan and Asia

2. Japan and the world in the 20th century

   World War I and the Russian Revolution, The Great Depression, World War II and the Cold War, Independence of Asian and African nations, Postwar Japanese history, Oil Crisis, The end of the Cold War

EJU Syllabus for Basic Academic Abilities (Mathematics)

＜Purpose of the Examination＞

The purpose of this examination is to test whether international students have the basic academic ability in mathematics necessary for studying at universities or other such higher educational institutions in Japan.

＜Classification of Examination＞

There are two courses. Course 1 is for undergraduate faculties and departments for which a basic knowledge of mathematics is considered sufficient. Course 2 is for undergraduate faculties and departments for which math is very important.

At the time of taking the examination the examinee must choose whether to take Course 1 or Course 2; the examinees should follow the instructions given by the university or the department to which they are applying.

＜Symbols and Terminologies＞

The symbols are the ones used in Japanese high school text books; the English version of the test uses standard English terms, and the Japanese version of the test uses terms used in Japanese high school text books.

＜Scope of Questions＞

The topics covered by the examination are as follows.

- The Course 1 examination covers only topics 1 to 6.
- The Course 2 examination covers all 18 topics.

The topics are covered by the standard text books used in Japanese high schools.

In addition, it is assumed that material covered in Japanese elementary and junior high schools has been mastered.

Mathematics   (the correspondence with the Course of Study for high schools is attached)

＜Topics＞

1. Numbers and expressions··· Mathematics I
   (1) Numbers and sets
      ① Real numbers
      ② Sets and propositions
   (2) Calculation of expressions
      ① Expansion and factorization of polynomials
      ② Linear inequalities
      ③ Equations and inequalities containing absolute values

2. Quadratic functions··· Mathematics I
   (1) Quadratic functions and their graphs
      ① Variation in values of quadratic functions
      ② Maximum and minimum values of quadratic functions
      ③ Determining quadratic functions
   (2) Quadratic equations and inequalities
      ① Solutions of quadratic equations
      ② Quadratic equations and the graphs of quadratic functions
      ③ Quadratic inequalities and the graphs of quadratic functions

3. Figures and measurements··· Mathematics I
   (1) Trigonometric ratios
      ① Sine, cosine, tangent
      ② Relations between trigonometric ratios
   (2) Trigonometric ratios and figures
      ① Sine formulas, cosine formulas
      ② Measurement of figures (including application to solid figures)

4. The number of possible outcomes and probability··· Mathematics A
   (1) The number of possible outcomes
      ① Principles of counting (including the number of elements of a set, the law of sums, the law of products)
      ② Permutations, combinations
   (2) Probability and its fundamental properties
   (3) Independent trials and probability
   (4) Conditional probability

5. Properties of integers··· Mathematics A

  (1) Divisors and multiples

  (2) Euclidean algorithm

  (3) Applications of the properties of integers

6. Properties of figures··· Mathematics A

  (1) Plane figures

    ① Properties of triangles

    ② Properties of circles

  (2) Solid figures

    ① Lines and planes

    ② Polyhedrons

7. Miscellaneous Expressions··· Mathematics Ⅱ

  (1) Expressions and proofs

    ① Division of polynomials, fractional expressions, binomial theorem, identities

    ② Proofs of equalities and inequalities

  (2) Equations of higher degree

    ① Complex numbers and solutions of quadratic equations

    ② Factor theorem

    ③ Properties of equations of higher degree and methods of solving them

8. Figures and equations··· Mathematics Ⅱ

  (1) Lines and circles

    ① Coordinates of a point

    ② Equations of (straight) lines

    ③ Equations of circles

    ④ Relative positions of a circle and a line

  (2) Locus and region

    ① Locus defined by an equality

    ② Region defined by inequalities

9. Exponential and logarithmic functions··· Mathematics Ⅱ

  (1) Exponential functions

    ① Expansion of exponents

    ② Exponential functions and their graphs

  (2) Logarithmic functions

    ① Properties of logarithms

    ② Logarithmic functions and their graphs

    ③ Common logarithms

10. Trigonometric functions··· Mathematics II

   (1) General angles

   (2) Trigonometric functions and their basic properties

   (3) Trigonometric functions and their graphs

   (4) Addition theorems for trigonometric functions

   (5) Applications of the addition theorems

11. The concepts of differentiation and integration··· Mathematics II

   (1) The concept of differentiation

      ① Differential coefficients and derivatives

      ② Applications of the derivative

         Tangent lines, increase/decrease in function value (variation in the value of functions, maximums and minimums, local maximums and minimums)

   (2) The concept of integration

      ① Indefinite integrals and definite integrals

      ② Areas

12. Sequences of numbers··· Mathematics B

   (1) Sequences and their sums

      ① Arithmetic progressions and geometric progressions

      ② Various sequences

   (2) Recurrence formulae and mathematical induction

      ① Recurrence formulae and sequences

      ② Mathematical induction

13. Vectors··· Mathematics B

   (1) Vectors on a plane

      ① Vectors and their operations

      ② Scalar products (inner products) of vectors

   (2) Space coordinates and vectors

      ① Space coordinates

      ② Vectors in a space

14. Complex plane··· Mathematics III

   (1) Complex plane

      ① Geometric representation of complex numbers

      ② Trigonometric form (polar form) of complex numbers

   (2) De Moivre's theorem

   (3) Complex numbers and figures

15. Curves on a plane··· Mathematics Ⅲ

  (1) Quadratic curves

      Parabolas, ellipses, hyperbolas

  (2) Parametric representations

  (3) Representation in polar coordinates

16. Limits··· Mathematics Ⅲ

  (1) Sequences and their limits

    ① Limits of sequences

    ② Sums of infinite series

  (2) Functions and their limits

    ① Fractional functions and irrational functions

    ② Composite functions and inverse functions

    ③ Limits of functions

    ④ Continuity of functions

17. Differential calculus··· Mathematics Ⅲ

  (1) Derivatives

    ① Derivatives of the sum/difference/product/quotient of two functions

    ② Derivatives of composite functions, derivatives of inverse functions

    ③ Derivatives of trigonometric functions, exponential functions, logarithmic functions

  (2) Applications of the derivative

      Tangent lines, increase/decrease in value of functions, velocity, acceleration

18. Integral calculus··· Mathematics Ⅲ

  (1) Indefinite and definite integrals

    ① Integrals and their basic properties

    ② Integration by substitution, integration by parts

    ③ Integrals of various functions

  (2) Applications of the integral

      Area, volume, length

Track 4

練習 学生がコンピュータの画面を見ながら先生の説明を聞いています。学生は今，画面のどの項目を選べばいいですか。

えー，これから，この大学のコンピュータの使い方について説明します。では，コンピュータの画面を見てください。今日は，大まかな説明しかしませんが，もっと詳しいことを知りたい人は，右上の「利用の仕方」などを見ておいてください。ああ，今じゃなくて，あとで。あとで見ておいてください。今日はまず，コンピュータを使えるようにするために，利用者の登録をします。では，画面の左下の項目を選んでください。

Track 6

1番 先生が，快適な駅の条件について話しています。この先生が最後にする質問の答えはどれですか。

駅が，人々にとって快適な空間であるためには，基本的で必要不可欠なレベルから，そうであれば望ましいという付加的なレベルまで，4段階の条件があると考えられます。まず，第一条件は，駅としての基本条件で，安全であることです。事故が起きないことが第一です。次に，利用者の負担が軽いことです。移動距離だけでなく，エレベーターなどの移動設備にも配慮が必要です。第三条件は，居心地がいいことです。例えば，電車を待っている間も，快適に過ごせるような場所であることです。そして最後の条件は，建造物として，人々が駅を町の誇りや象徴だと思えるような付加価値があることです。

さて，最近改築されたある駅は，部分的に太陽光を取り入れ，植物を配置するなど，明るさや空間のデザインにこだわっています。しかしその一方で，駅の中の構造が複雑になり，乗り換えがしにくくなってしまいました。この駅は，どの条件に問題があると言えますか。

Track 7

2番 先生が授業で，イルカが出す音について話しています。この先生が最後にする質問の答えはどれですか。

イルカは海に生息する哺乳類で，仲間とコミュニケーションをとるとき，ピューピューという音を出します。その音は，イルカがすむ海の音の環境によって違います。海には，うるさい海と静かな海があるのですが，うるさい海では，イルカは低くて単調な音を出します。そうすることで，遠くまで音が伝わるようにしているのだと考えられます。一方，静かな海では，高くて複雑な音を出します。

さて，九州の天草地方の海にもイルカが生息しています。天草の海はエビの仲間がたくさんすんでいて，パチパチという音を出すため，うるさい海です。では，この海でイルカが出す音の傾向は，この図で言うと，どの点にあたりますか。

Track 8

3番　女子学生と男子学生が，レポートについて話をしています。この男子学生がこのあと詳しく調べようとしているのは，グラフのどの時期ですか。

女子学生：食生活の変化の要因を考察するレポート，進んでる？

男子学生：ううん，まだテーマを決めたばかりなんだ。このグラフ見て。

女子学生：へえ，テーマは牛乳？

男子学生：うん。

女子学生：一番たくさん牛乳が生産されていたのは，1990年代なのね。

男子学生：そうなんだ。80年代までの伸びを支えたのは，牛乳の容器が紙パックになったり，スーパーで簡単に手に入るようになったりしたことなんだって。でも，そのあと減ってきているのはどうしてなんだろう。

女子学生：牛乳以外のいろいろな飲み物が手軽に飲めるようになったからじゃない？

男子学生：うーん，減り続けているのにはいろいろな要因があるんだろうけど，僕はどうしてこの時期に生産量が減少に転じたのか，詳しく調べてみようと思ってるんだ。

Track 9

4番　先生が，猫の活動時間について話しています。この先生の話に出てくる「室内ネコ」の活動時間を図で表すと，どのようになりますか。

　都会にすんでいる猫は，えさを得る方法や生活する場所によって3種類に分けられ，それぞれ活動時間が異なります。まず，1種類目は「室内ネコ」で，ペットとして家の中で飼われている猫です。2種類目の「徘徊ネコ」も人に飼われている猫ですが，飼い主からえさをもらうほかに，遠くまで出かけていって，行った先でもえさを探します。3種類目の「ノネコ」は人からえさをもらうことなく，自分でえさを探して屋外で生きている猫です。

　さて，これらの猫たちの活動時間ですが，早朝，都会が動き出す時間は，猫たちにとっても一日の始まりです。人間からえさをもらったり，人間が出したゴミの中から食べられるものを自分で探して食べたりします。家の中で暮らす猫は，このあとも活動を続けますが，人からえさをもらわない猫たちは夜型で，昼間は人目につかないところで休み，夕方から早朝まで活動します。「徘徊ネコ」は，休んだり動いたりしています。夕方になると，飼われている猫もそうでない猫も，人がくれるえさや，飲食店などから出されるゴミを待って，活動します。

5番 先生が，自治体と住民との間で起こる対立について話しています。この先生の話によると，住民側が問題視しているのは，資料のどの項目ですか。

　ごみ処理場の建設は地方自治体が行いますが，その際，自治体と，建設地周辺に住む住民との間で，しばしば対立が起こります。その主な要因として，経済的要因，環境・技術的要因，行政・制度的要因，心理的要因の四つが挙げられます。ある報告書によると，対立を起こすこれらの要因のうち，主な要因はどれかという点に関して，自治体側と住民側で，見解の相違があるようです。自治体側は，住民がもつ，健康への影響に対する不安や，心理的な不快感が主な要因だと考えています。一方住民側は，自治体が一方的に建設計画を進めてしまい，意思決定の過程に住民が参加できないことが問題だとしています。

6番 先生が，動物学の授業で，動物の体温調節について話しています。この先生が最後にする質問の答えは，どれですか。

　牛や犬，人間などは，気温が高いときには，体温が上がりすぎないように体の表面から熱を外に出し，気温が低いときには，逆に熱が外に出ないようにして，体温の調節をしています。

　では，体の大きい動物と小さい動物の体温調節について考えてみましょう。体の形が同じであれば，体が大きいほど，体積あたりの表面積は小さくなります。例えば，おとなのゾウと子どものゾウを比べた場合，おとなのゾウのほうが体積は大きいですが，体積あたりの表面積は小さいのです。体温の調節をする場合，体積あたりの表面積が小さいほど体から熱を放出しにくいので，おとなのゾウは体温を下げるのには不利で，保温には有利と言えます。

　ほかに，保温の役割を担っているものには，体の表面の毛があります。毛と毛の間にある空気の層が断熱材の役割を果たし，保温機能を助けています。短くなめらかな毛よりも，ぼさぼさの長い毛のほうが保温機能は高くなります。

　では，資料にある実際の動物で考えてみましょう。寒い地域で体外への熱の放出を抑えるのに最も有利なのは，どれだと考えられますか。

7番 先生が，騒音についての調査結果を見ながら話しています。この先生が問題の解決が難しいと話しているのは，表のどの部分ですか。

　最近増えている近隣との騒音問題について，ある意識調査が行われました。まず，階段を歩く音や楽器の音など，隣近所から聞こえてくる音のうち，不快に感じるという回答が

あった145件の騒音について，聞いている側はどの程度，不快に感じているのか，また，その音を出している側は，その音が隣近所に聞こえていると思っているかどうか，さらに，聞こえていると思っている場合はそれをどのくらい気にしているのかを調べました。この表を見ると，聞いている側にとっては騒音でも，その音を出している側が，音が聞こえているとさえ思っていない場合が合計で145件中50件もあります。

さらに，その50件の音について，聞いている側がどの程度不快に感じているかという内訳を見てみると，13件の音が「ひじょうに不快だ」と感じられていることがわかります。このような，音に対する感じ方のズレは問題に発展する可能性をはらんでいます。なかでも解決が難しいのは，音を出している側が，音が聞こえていると思っていても，そのことをまったく気にしていない場合です。このような場合，音を出している側は，その音が不快に感じられているとは思っておらず，聞いている側がさりげなく苦情を言っても，音を出している側には苦情だと受け取られないのです。

Track 13

8番 男子学生と女子学生が，アンケートを見ながら話しています。この女子学生が関心を持ったのは，どの項目ですか。

男子学生：何見てるの？
女子学生：子どもにスポーツをやらせている母親が期待してることトップ10。
男子学生：見せて。やっぱり，健康な体になる，が一位か。
女子学生：うちの親もそうだった。体が丈夫になるからって。でも，この中で興味深いのは，人とのかかわりについての項目が上位にきてること。
男子学生：今は，兄弟の数が少ないし，一人っ子も珍しくないから，スポーツを通して，人とのつきあいを学んでほしいって親が多いんだろうな。
女子学生：そうね。学校の部活動や地域のスポーツクラブなんかで，相手を尊重することを覚えたり，礼儀正しい態度を身につけたりしてほしいって思うんでしょうね。
男子学生：僕も，今思えば，スポーツを通して，人との接し方について，学んだことは多いと思うよ。
女子学生：私も。それに団体競技なら，自分のことだけじゃなく，チームのことも考えなきゃならないものね。

Track 14

9番 先生が授業で，商品の販売促進方法について話しています。この先生が最後にする質問の答えはどれですか。

飲食店では販売促進のために，一定期間だけ，ある商品の値段を下げることがあります。その際，値下げの対象となる商品とほかの商品との関係を考えなければなりません。例え

ば，コーヒーを安くすると，コーヒーの注文は増えますが，コーヒーと同様に飲み物として注文される紅茶の売り上げは減ります。このような関係を「代替関係」と言います。一方，コーヒーや紅茶と一緒に注文されることの多いケーキの売り上げは伸びます。このような関係は「補完関係」と言います。こうした「代替関係」と「補完関係」を考慮したうえで，値下げする商品を決める必要があります。

　では，ある店で，コーヒー，紅茶，ケーキの中から，値下げするものを選ぶとします。このとき，より多くのものと「補完関係」にある商品の値段を下げれば，その商品そのものの注文が増えるだけでなく，その商品と補完関係にあるものの売り上げも増やすことができます。このような効果を狙う場合，どの商品を値下げすればいいですか。

Track 15

10番 先生が，江戸時代の時刻の決め方について，図を見せながら説明しています。この先生が，現代の日本人には不便に感じられるだろうと言っているのは，どのような点ですか。

　江戸時代の時刻の決め方は今とずいぶん違っていました。図を見てください。上が夏，下が冬の一日です。一日の中で，夜明けから日没までを昼間として，日没から夜明けまでを夜としていました。そして，昼間も夜も，それぞれを6等分して，その一つずつを「一刻（いっとき）」と呼んでいました。夜明けを明け六つ，そこから，時間がたつごとに，五つ，四つ，そしてそのあとは三つではなくて九つ，八つ，七つと言いました。そして，日没を暮れ六つと言い，そこから，また五つ，四つ……と言います。現代の時刻とはずいぶん違いますね。現代では，季節や昼夜を問わず，時間の単位である「1時間」の長さは同じですが，江戸時代では，季節によって，また，昼か夜かによって，「いっとき」という時間の単位が表す長さが変わったのです。これは，現代の日本人にとってはとても不便な気がします。しかし，電灯のなかった江戸時代には，多くの人が昼間の明るい間に活動していましたから，夏でも冬でも，太陽の出ている間を昼時間として，それを6等分して生活するというのは，意外に合理的だったのかもしれません。

Track 16

11番 先生が，経営学の授業で，顧客ロイヤルティについて話しています。この先生が最後にする質問の答えはどれですか。

　顧客ロイヤルティとは，ある企業の製品やサービスを長期間，購入し続けるとか，ほかの人にも熱心に勧めるなど，顧客が特定の企業の製品やサービスに対して抱く信頼度，愛着度を示しています。これは，心理と行動という二つの異なる観点を持ちます。

　まず，心理的ロイヤルティとは，ある製品やサービスについて，また買いたい，これからもずっと利用したいなどと思うことです。もう一つの，行動的ロイヤルティとは，ある

製品やサービスを実際に繰り返し買ったり，利用し続けたりすることです。

　例えば，買いたくても入手が困難で買っていない場合は，心理的ロイヤルティは高く，行動的ロイヤルティは低い「潜在的ロイヤルティ」にあたります。では，買いたいとはあまり思っていないのに，選択肢がなくしぶしぶ買い続けているような場合は，どれにあてはまりますか。

(Track 17)

12番　先生が，製品の性能とデザインの関係について話しています。この先生が製品やメーカーにとって問題になると言っているのは，表のどれとどれの場合ですか。

　消費者が製品を選ぶとき，製品の第一印象，つまりデザインが大きな影響を与えます。しかし，製品は，デザインだけでなく，性能も重要なのです。この表は，性能とデザインを，「良い」「ふつう」「悪い」の3段階に分けた9種類の組み合わせを表しています。性能もデザインも良ければそれが一番ですが，性能さえ優れていれば，デザインがふつう以下でも，買った人は製品に満足します。問題になるのは逆の場合です。特に，優れたデザインに惹かれて製品を選んだ場合，消費者は性能も同様に優れているだろうと期待します。ところが，優れたデザインが気に入って買ったのに，その性能がふつう，またはそれ以下だった場合，買った人は納得できず，製品やメーカーに対していい印象を持ちません。

聴解問題スクリプト

Track 20

練習 女子学生と男子学生が，山田さんとの待ち合わせについて話しています。この二人はこれからどうしますか。

女子学生：山田さんに電話した？
男子学生：うん。
女子学生：何だって？
男子学生：急用ができたから，ちょっと遅れるって。待ってるって言ったんだけど，先に行ってくれって。
女子学生：じゃ，そうする？　でも，山田さん，研究会の場所，知ってるのかな？
男子学生：どうだろう？
女子学生：また，電話してみたら？
男子学生：いや，大丈夫だよ。先にどうぞって言ったんだから。
女子学生：そう言ったのなら，大丈夫ね。

この二人はこれからどうしますか。
1．山田さんを待ってから行く。
2．山田さんに先に行ってもらう。
3．山田さんに電話をする。
4．山田さんより先に行く。

Track 22

13番 男子学生と女子学生が，コーヒーの効果について話しています。この女子学生の話から考えると，眠気を覚ましてテストを受けるには，どんな飲み方がいいですか。

男子学生：あー，さっきコーヒーを飲んだのに，眠気がとれないよ。
女子学生：どのくらい前に飲んだの？
男子学生：うーん，30分くらい前かな。
女子学生：あ，もしかして，アイスコーヒーを飲んだんじゃない？
男子学生：うん，そうだけど，なんで？
女子学生：確かにコーヒーに含まれるカフェインは眠気をとるんだけど，その効果が現れるまでの時間って，コーヒーの温度によって違うって，前に授業で聞いたよ。
男子学生：え，そうなの？
女子学生：うん。ホットコーヒーだと30分くらいだけど，アイスコーヒーだと1時間以上かかるんだって。冷たいと胃のはたらきが悪くなって，カフェインを吸収しに

くくなるからね。

男子学生：そうなんだ。

この女子学生の話から考えると，眠気を覚ましてテストを受けるには，どんな飲み方がいいですか。

1．テストの直前に，温かいコーヒーを飲む。
2．テストの30分前に，温かいコーヒーを飲む。
3．テストの直前に，冷たいコーヒーを飲む。
4．テストの30分前に，冷たいコーヒーを飲む。

Track 23

14番 先生が，大学の機能について話しています。この先生は，大学はどんなところであるべきだと言っていますか。

近年，大学のあり方をめぐって，さまざまな提言が出されています。その中に，大学は，社会に出たときにすぐに役立つことを教えたほうがいいという考えがあります。大学卒業後，ほとんどの人が就職して社会人になるのに，大学で直接仕事の役に立たないことばかりやっているのは現状に合わないということですね。けれども，私は，基礎的な教養を身につけ，知的な考え方や行動ができる人材を育てることこそ，大学のやるべきことだと思います。大学が，今，社会から求められることばかりやっていたら，社会から要請がなくなった途端，大学の存在の意味がなくなってしまうのではないでしょうか。

この先生は，大学はどんなところであるべきだと言っていますか。

1．専門性の高い学問を教えるところ
2．教養や知性をもった人間を育てるところ
3．社会的要請の高い分野を教えるところ
4．仕事ですぐに役立つ技術を学ばせるところ

Track 24

15番 男子学生と女子学生が，スイカという果物について話しています。この男子学生の話によると，スイカの実に水分が豊富に含まれていることは，スイカにとってどんな利点がありますか。

男子学生：ねえ，スイカの原産地って，アフリカ中部の砂漠地帯だって知ってた？
女子学生：えー，知らなかった。あんなに水分が多いのに，砂漠が原産なの？
男子学生：いや，砂漠だから，だよ。
女子学生：あ，もしかして種を乾燥から守るためとか？

男子学生：僕もそう思ってたんだけど，スイカの実に甘い水分がたっぷり含まれているの
　　　　　は，鳥や動物においしく食べてもらうためなんだって。
女子学生：え，実を食べられちゃってもいいの？
男子学生：うん。そうやって，中の種をいろいろな所に広めてもらうんだ。
女子学生：ああ，そういうことか。

この男子学生の話によると，スイカの実に水分が豊富に含まれていることは，スイカにとっ
てどんな利点がありますか。
1．鳥や動物のえさになり，種を運んでもらえる。
2．実を成長させるための栄養分になる。
3．雨が降らないときも枯れずに育つ。
4．中の種が砂漠の乾燥から保護される。

Track 25

16番　先生が授業で，読書について話しています。この先生は，本を読むことにはどんな
　　　　意味があると言っていますか。

　本を読み慣れない人の中には，すぐには理解できないような難しい内容を扱ったものを
避けて，わかりやすくて簡単なものばかりを選ぶ人がいます。でも，それは残念なことで
す。人間の生き方にかかわるような深いテーマを扱った本は，読んですぐに理解できると
は限りません。筆者が生きた時代背景も，現代とは異なる場合もあるでしょう。理解でき
ないような内容に出合ったときは，筆者がどうしてそう書いたのか，筆者の意図について
深く考えてみてください。答えの決まっていないものについてあれこれ考えるということ
は，無駄に思えるかもしれませんが，実は，そこにこそ，本を読む意味があるんです。

この先生は，本を読むことにはどんな意味があると言っていますか。
1．難しい言葉や表現が身につく。
2．昔の文化を知ることができる。
3．考える機会を持つことができる。
4．疑問に思っていたことの答えが得られる。

Track 26

17番　先生が，フクロウという鳥について話しています。この先生は，フクロウが森の博
　　　　士と呼ばれているのは，どうしてだと考えていますか。

　フクロウという鳥は夜行性で，暗闇の中で正確に獲物を捕らえることができます。それ
は，耳が左右で向きと位置が異なっていて，獲物までの距離を正確に把握することができ

るからです。また，一般的な鳥類と異なり，目が顔の正面についているため，物を立体的に見ることができる視野が非常に広くなっています。フクロウは昔から「知恵の象徴」とか「森の博士」とか呼ばれてきましたが，鳥の中で特別に賢いということではなく，大きな目が顔の真ん中に二つ並んでいる風貌が，人と同じような知性を感じさせることが，その理由だと考えられます。

この先生は，フクロウが森の博士と呼ばれているのは，どうしてだと考えていますか。
1．目が顔の正面についていて，人間の顔に似ているから
2．優れた耳で，獲物までの距離を正確に測ることができるから
3．森の様子をよく知っていて，獲物を捕まえるのが上手だから
4．発達した脳を持ち，鳥の中でも特に知能が高いから

Track 27

18番 女子学生と男子学生が，「カーシェアリング」という仕組みについて話しています。この男子学生は，カーシェアリングのどんな点が優れていると言っていますか。

女子学生：ねえ，「カーシェアリング」って何のこと？
男子学生：ああ，それはあらかじめ会員になった人が，自動車を共有していつでも使えるサービスのことだよ。
女子学生：ふうん。じゃあ，お金を払って車を借りる「レンタカー」とは，どう違うの？会員登録するかどうかということ？
男子学生：いや，それだけじゃなくて，レンタカーだと借りられる時間はだいたい半日からだけど，カーシェアリングは，15分とか短い時間だけでも借りられるんだ。
女子学生：へえ。それだけ？
男子学生：いや，そもそも，何を目的にしているかが大きく違うと思うよ。
女子学生：目的？ レンタカーもカーシェアリングも，車を維持するための負担を減らすっていうのは同じじゃない？
男子学生：うん。でも，カーシェアリングには，自動車を共有することで社会全体の車の台数を少なくして，空気の汚染を防ごうっていう目的もあるんだ。僕はこの発想がすばらしいと思うな。
女子学生：ふうん。なるほどね。

この男子学生は，カーシェアリングのどんな点が優れていると言っていますか。
1．会員だけが利用できる点
2．車にかかる費用を減らせる点
3．長い時間借りられる点
4．環境に配慮している点

19番 先生が，経営学の授業で話しています。この先生は，組織において在宅勤務の形で
働く場合に重要になってきているのは，どのようなことだと言っていますか。

　自分で会社を起こして仕事をする場合，自分で責任を持って判断をする能力が極めて重
要です。では，組織の中で仕事をする場合はどんなことが必要なのでしょうか。よく言わ
れるのは，協調性や，リーダーシップなどですね。しかし，近年，組織全体が情報ネット
ワークでつながったことで，会社に出社しないで，自宅で仕事をする在宅勤務という形も
生まれています。このような状況においては，個人の責任が問われる業務が増えてきまし
た。つまり，会社を経営する場合に必要であった，自立的な判断力が，組織の中で仕事を
する場合にも同じように重要になってきていると言えるでしょう。

この先生は，組織において在宅勤務の形で働く場合に重要になってきているのは，どのよ
うなことだと言っていますか。
１．自分で責任を持って判断をすること
２．リーダーシップを発揮して仕事をすること
３．情報ネットワークを使いこなすこと
４．周囲と協調性を持って仕事をすること

20番 女子学生と男子学生が，打ち合わせの時間について話しています。この男子学生は，
このあとまず何をしますか。

女子学生：今度のグループ発表のことなんだけど，みんな下調べは終わったかな？
男子学生：うん，終わったんじゃない？
女子学生：じゃ，明日打ち合わせしない？　お昼休みとか。ほかのみんなの都合はどうか
　　　　　な？
男子学生：あ，僕，明日のお昼は，先生の研究室に行くことになってるんだ。レポートの
　　　　　ことで。
女子学生：あ，そう。
男子学生：でも，ほかの人の都合がいいなら，僕抜きでやってよ。ほかの人には，これか
　　　　　ら僕が都合を聞いてみるから。
女子学生：でも…。
男子学生：僕の調べた内容はまとめてあるから，誰かに渡しとくよ。もう発表まで時間な
　　　　　いし，打ち合わせは早いほうがいいよ。
女子学生：そう？　じゃ，そうしようかな。

この男子学生は，このあとまず何をしますか。
1．先生の研究室に行く。
2．グループ発表の打ち合わせをする。
3．グループのほかのメンバーに連絡する。
4．調べた内容をまとめる。

Track 30

21番 先生が，ごみと環境の問題について話しています。この先生は，ごみの問題を解決するために，何が一番大切だと言っていますか。

　みなさんは，プラスチックの容器に入った食べ物を買ったり，ペットボトルのジュースやお茶を飲んだりしますね。こうしたプラスチックの包装は，軽くて便利ですし，リサイクルすることもできます。リサイクルは，ごみ問題の対策の一つではありますが，リサイクルをすればするほど，エネルギーが使われたり，二酸化炭素が排出されたりしますから，実は環境に負荷を与えることになるのです。結局，ごみの発生源となる行動自体を抑えること，つまり使い捨て製品や，過剰包装の製品の購入を減らすことが，問題の解決にはもっとも重要なのです。

この先生は，ごみの問題を解決するために，何が一番大切だと言っていますか。
1．ごみ処理の効率をさらに上げること
2．リサイクルをさらに進めること
3．ごみ処理費用を消費者が負担すること
4．ごみを増やすようなものを買わないこと

Track 31

22番 先生が，文学の授業で，文学作品の読み方について話しています。この先生は，チョウという虫が，ある文学作品にほとんど出てこない理由について，どう考えられると言っていますか。

　みなさんは，チョウにどんなイメージをもっていますか。春を感じさせる虫とか，きれいでかわいらしい虫というイメージが多いのではないでしょうか。ところが，「万葉集」という日本の古い時代の文学作品を読むと，ほかの虫や動物，鳥などの名前はいろいろ登場するのに，「チョウ」という名前がほとんど出てきません。これは，その時代の日本にチョウが存在しなかったということなのでしょうか。実は，文学作品には，その時代のすべての動物や虫が登場するとは限りません。文学作品には表現しようとする作品独自の世界があるので，その世界と結びつけられた動物や虫だけが，作品に登場するのです。このように，文学は，事実を写しただけのものではなく，それを残した人々の意識を現在に伝

えるものなのです。

この先生は，チョウという虫が，ある文学作品にほとんど出てこない理由について，どう考えられると言っていますか。
1．チョウは，その時代の日本にいなかった。
2．チョウは，その文学作品を表現するのに適した素材ではなかった。
3．チョウは，その文学作品では別の名前で呼ばれていた。
4．チョウは，その時代の人々によくない虫と意識されていた。

Track 32

23番 先生と女子学生が，社会調査について話しています。この先生が，女子学生に別の調査方法を考えるように言っているのは，どうしてですか。

  先生：社会調査演習の調査方法は決まりましたか。

女子学生：はい。小さい子どもがいる家庭を対象に，朝食についてアンケートを行おうと思っています。

  先生：そうですか。でも，そういうアンケート調査は，社会的正義の影響を受けるので，注意が必要ですよ。

女子学生：社会的正義の影響，ですか？

  先生：社会的によくないと思われることだと，本当のことを答えない傾向があるんです。だから，朝食をきちんと食べていない，なんて答えは，出てこないかもしれませんよ。

女子学生：そんな影響があるんですか。

  先生：ええ。だから，そういう影響が出にくい調査方法を考えたほうがいいんじゃないでしょうか。

この先生が，女子学生に別の調査方法を考えるように言っているのは，どうしてですか。
1．アンケート調査では，調査に時間がかかりすぎるから
2．アンケート調査では，調査を行う人の先入観が入るから
3．アンケート調査では，子どもに答えてもらうのが難しいから
4．アンケート調査では，正直に答えてもらえないことがあるから

Track 33

24番 先生が，ペンギンの泳ぎ方について話しています。この先生は，ペンギンと速く泳ぐ魚に共通することは何だと言っていますか。

みなさんは，南極や北極などにすむペンギンという鳥を知っていますか。ペンギンは鳥ですが，水中をかなりのスピードで泳ぎます。ペンギンの体の形が，速く泳ぐ魚と同じように，水の抵抗を受けにくい流線型で，水中を速く進むのに適しているからです。しかし，ペンギンと魚の泳ぎを比べてみると，いろいろな違いがあることがわかります。例えば，泳ぐときに，ペンギンは翼を使いますが，魚は，体を左右に振るようにして前へ進みます。これは魚の背中の骨が柔らかいので，できることなのです。これに対して鳥の背中の骨は固くて曲がりにくい構造になっています。そこで，ペンギンは，翼を使って前に進みます。そういう意味では，「泳ぐ」というより「飛ぶ」動きに近い泳ぎ方だと言えるでしょう。

この先生は，ペンギンと速く泳ぐ魚に共通することは何だと言っていますか。
1．水の抵抗が少ない体の形
2．泳ぐのに適した背骨の構造
3．体を左右に振る泳ぎ方
4．飛ぶ動きに近い泳ぎ方

Track 34

25番　先生が，現代アートについて話しています。この先生は，現代アートの面白さはどんなことだと言っていますか。

　現代アートの魅力にはいろいろなものがありますが，私は既存の評価にとらわれず自由に楽しめる点が一番の魅力だと思います。例えば，100年前，200年前の作家の作品の場合，研究者や評論家が，その時代の世相や作家の人生なども合わせて分析し，作品の評価がある程度定まっているために，鑑賞する側が純粋に楽しむ余地があまり残されていません。それに対して現代アートは，鑑賞する側が自分の好きなように作品を解釈し，その価値や将来性などを自分で想像することができます。最近，現代アートの人気が高まっているのは，こうした面白さにあるのではないかと，私は思います。

この先生は，現代アートの面白さはどんなことだと言っていますか。
1．現代の世相を反映していること
2．専門的な研究がしやすいこと
3．既存の評価と比較できること
4．鑑賞者が自由に解釈できること

Track 35

26番　先生が，水道の水を節約するために，雨水を利用する方法について話しています。この先生は，どのような方法が効果的だと言っていますか。

水道水を上手に節約するためには，水道水の使用量の中でも多くの割合を占めるものに注目し，その部分に雨水を使うことが効果的だと考えられます。例えば，一般家庭では，植木の水やり，車を洗うときの水，火事が起こったときの備えやトイレで流す水などが挙げられます。中でもトイレの水は，水道水の使用量のうち4分の1程度を占めています。トイレで使う水は，飲み水などのように口に入るものではありませんので，それほどきれいである必要はありませんね。ここを雨水にすれば，水道水の使用量をかなり節約できるだろうと考えられるわけです。

この先生は，どのような方法が効果的だと言っていますか。
1．家の中で使う水をすべて雨水に切り替える方法
2．雨水をきれいにして飲めるようにする方法
3．家の中は水道水，家の外は雨水，と使い分ける方法
4．使用量が多く，水質を問わないものに雨水を使う方法

Track 36

27番 先生が，新しいことを始めるときに大切なことについて話しています。この先生が説明する「バックキャスティング」と呼ばれる方法を会社で使う場合，どのような例が考えられますか。

何か新しいことを始めようとするときには，まず「ヴィジョン」を持つことが大切です。ヴィジョンというのは，未来像とか理想像のことです。このヴィジョンをつくるのには，二つの方法があります。一つは，フォアキャスティングと呼ばれる方法で，「現状がこうだから，将来はこうなるだろう」というように，現状をもとに，先のことを予想してヴィジョンをつくるやり方です。もう一つ，バックキャスティングと呼ばれる方法では，逆に，「将来どうなりたいか」というヴィジョンを先につくります。そして，そこから現状を振り返り，その間をどうやって埋めていくのかを考えることが，バックキャスティングでは重要なのです。

この先生が説明する「バックキャスティング」と呼ばれる方法を会社で使う場合，どのような例が考えられますか。
1．来年販売する商品は，今の在庫がなくなってから決める。
2．来年の売上目標を立て，今からするべきことを考える。
3．今年売れなかった商品を，来年は販売中止にする。
4．今年の売上高から，来年の売上目標を設定する。

平成28年度

日本留学試験（第2回）

正 解 表

The Correct Answers

平成28年度日本留学試験（第2回）試験問題 正解表 The Correct Answers

〈日本語〉 Japanese as a Foreign Language

記　述…問題解答例を355, 356ページに掲載

読解			
問		解答番号	正解
Ⅰ		1	4
Ⅱ		2	2
Ⅲ		3	3
Ⅳ		4	2
Ⅴ		5	3
Ⅵ		6	2
Ⅶ		7	2
Ⅷ		8	4
Ⅸ		9	3
Ⅹ		10	4
ⅩⅠ	問1	11	1
	問2	12	4
ⅩⅡ	問1	13	1
	問2	14	3
ⅩⅢ	問1	15	2
	問2	16	1
ⅩⅣ	問1	17	1
	問2	18	3
ⅩⅤ	問1	19	1
	問2	20	3
ⅩⅥ	問1	21	2
	問2	22	4
ⅩⅦ	問1	23	2
	問2	24	3
	問3	25	4

聴読解		
問	解答番号	正解
1番	1	2
2番	2	3
3番	3	3
4番	4	1
5番	5	3
6番	6	1
7番	7	3
8番	8	4
9番	9	1
10番	10	1
11番	11	2
12番	12	2

聴解		
問	解答番号	正解
13番	13	2
14番	14	2
15番	15	1
16番	16	3
17番	17	1
18番	18	4
19番	19	1
20番	20	3
21番	21	4
22番	22	2
23番	23	4
24番	24	1
25番	25	4
26番	26	4
27番	27	2

〈理　科〉Science

物理 Physics			
問 Q.	解答番号 row	正解 A.	
Ⅰ	問1	1	3
	問2	2	3
	問3	3	1
	問4	4	4
	問5	5	2
	問6	6	5
Ⅱ	問1	7	2
	問2	8	3
	問3	9	5
Ⅲ	問1	10	3
	問2	11	1
	問3	12	4
Ⅳ	問1	13	4
	問2	14	8
	問3	15	1
	問4	16	4
	問5	17	5
	問6	18	1
Ⅴ	問1	19	3

化学 Chemistry		
問 Q.	解答番号 row	正解 A.
問1	1	3
問2	2	4
問3	3	4
問4	4	4
問5	5	2
問6	6	1
問7	7	3
問8	8	6
問9	9	5
問10	10	4
問11	11	4
問12	12	6
問13	13	2
問14	14	3
問15	15	2
問16	16	8
問17	17	1
問18	18	3
問19	19	2
問20	20	5

生物 Biology		
問 Q.	解答番号 row	正解 A.
問1	1	4
問2	2	4
問3	3	1
問4	4	2
問5	5	3
問6	6	5
問7	7	1
問8	8	2
問9	9	5
問10	10	5
問11	11	3
問12	12	2
問13	13	1
	14	2
問14	15	5
問15	16	1
問16	17	5
問17	18	5

〈総合科目〉 Japan and the World

問 Q.	解答番号 row	正解 A.
問1	1	2
	2	1
	3	3
	4	4
問2	5	2
	6	1
	7	2
	8	3
問3	9	4
問4	10	3
問5	11	2
問6	12	3
問7	13	1
問8	14	4
問9	15	1
問10	16	4
問11	17	2
問12	18	3
問13	19	1
問14	20	1

問 Q.	解答番号 row	正解 A.
問15	21	4
問16	22	1
問17	23	2
問18	24	3
問19	25	2
問20	26	3
問21	27	1
問22	28	2
問23	29	3
問24	30	3
問25	31	4
問26	32	2
問27	33	3
問28	34	3
問29	35	1
問30	36	4
問31	37	4
問32	38	2

〈数　学〉Mathematics

コース1　Course 1

問 Q.		解答番号 row	正解 A.
I	問1	ABC	116
		D	3
		E	5
		FG	−1
		H	2
		IJ	15
		KLM	112
	問2	NOPQ	1340
		RS	18
II	問1	A	2
		BC	12
		DE	32
		FGHI	3812
		J	1
		K	2
		L	2
	問2	M	2
		N	4
		OPQ	222
		RST	441
		UV	32
		W	1
		X	2
		YZ	34
III		AB	54
		C	1
		DE	15
		FG	26
		H	9
		I	1
		J	0
IV		A	3
		BC	12
		DEF	316
		G	4
		HI	34
		JKL	341
		M	4
		NOP	325

コース2　Course 2

問 Q.		解答番号 row	正解 A.
I	問1	ABC	116
		D	3
		E	5
		FG	−1
		H	2
		IJ	15
		KLM	112
	問2	NOPQ	1340
		RS	18
II		AB	23
		C	2
		D	2
		E	0
		F	1
		G	2
		HI	22
		JKL	100
III		AB	56
		CD	76
		E	9
		FG	32
		HI	12
		J	1
		KL	12
		M	2
		NO	13
		PQ	23
IV	問1	AB	33
		CD	27
		EF	32
		G	3
		HIJ	362
		KL	27
		M	6
	問2	NOPQ	2121
		RSTU	8342
		V	6
		WXYZ	5322

「記述」問題解答例 ①

　ある場所が観光地になると、交通が整備される。観光客は行きにくかった場所に行きやすくなり、その地を気軽に楽しめるようになるし、付近の住民にとっても利便性が上がる。また、宿泊施設や観光施設などでの雇用が生まれ、地域が活性化する。

　しかし、有名になりすぎて、あまりに多くの観光客が訪れるようになると問題が生じることもある。例えば、10年ほど前、家族旅行で蛍の飛び交う川の風景を楽しんだことがある。その後、そこは蛍がいる村として有名になり、蛍目当ての観光客が大勢押し寄せるようになった。その結果、川を行き交う船が増え、飲食店や土産物店もでき、その地域は活性化したが、皮肉なことに蛍の数は減ってしまったという。

　自然を観光資源とする場所で、観光地化によって自然が破壊されてしまうようでは本末転倒である。観光地化による弊害を防ぐためには、先程の例で言えば、船の数を制限するなど何らかの規制が必要だろう。

　観光地化は、その地のよさを長く受け継いでいけるような形で進めていくべきだ。

「記述」問題解答例 ②

　現在、社会の中で様々なロボットが使われている。身近なところでは、掃除をする一般家庭向けのロボットがある。また、店頭で客を案内するヒト型ロボットも登場した。

　ロボットは今後、私たちの社会にどのような影響を与えるだろうか。まず考えられるのは、私たちの代わりに作業をしてくれるロボットのおかげで、生活はより便利で楽になるということだ。また、災害現場等、人間が入れない危険な場所ではロボットが人に代わって作業することも多くなると考えられる。

　しかし、良いことばかりとは限らない。例えば、ロボットの活躍で、人間が仕事を失うこともあり得ると思う。経営者の立場から言えば、ロボットはいったん購入すれば、休憩も給料も与える必要がないからだ。

　さらに、このまま人工知能が著しい進化を遂げた場合、ロボットが人間を超えるという警告を発している科学者もいる。

　ロボット技術の発展と、それに伴う社会への影響は、想像を超える可能性がある。したがって、開発の際には、考えられる全ての状況についてどんな危険性が潜んでいるか検証し、それに基づいて使用上のルール作りをする等、慎重に検討する必要があると考える。

[기술(記述)] 채점기준

기술 채점에 있어서, 아래 기준에 근거하여 채점하고 점수를 표시합니다.

득점	기준
50점	(레벨S) 과제에 맞추어 글쓴이의 주장이 설득력이 있는 근거와 함께 명확하게 진술되고 있다. 한편, 효과적인 구성과 세련된 표현이 보인다.
45점 40점	(레벨A) 과제에 맞추어 글쓴이의 주장이 타당한 근거와 함께 명확하게 진술되고 있다. 한편, 효과적인 구성과 적절한 표현이 보인다.
35점 30점	(레벨B) 과제에 거의 맞추어 글쓴이의 주장이 대체로 타당한 근거와 함께 진술되고 있다. 한편, 타당한 구성을 갖추고, 표현에 정보 전달상의 지장이 보이지 않는다.
25점 20점	(레벨C) 과제와 거리가 있으나, 글쓴이의 주장이 근거와 함께 진술되고 있다. 그러나 그 근거의 타당성, 구성, 표현 등에 부적절한 점이 보인다.
10점	(레벨D) 글쓴이의 주장이나 구성이 보이지 않는다. 혹은, 주장이나 구성이 보이더라도 과제와의 관련성이 적다. 또한 표현에 부적절한 부분이 상당히 보인다.
0점	(NA) 채점이 이루어지기 위한 조건을 충족시키지 못함.

※ 레벨 A, B, C에 대해서는 동일 수준 내에서 상위 수험자와 하위 수험자를 구별해 득점을 표시한다.

※ 0점(NA)에 해당되는 답안은 아래와 같습니다.
- 백지(白紙)로 제출한 것.
- 과제문을 그대로 쓴 부분을 제외하고, 일본어로 쓴 부분이 40자 미만일 때.
- 주어진 두 개의 과제(1과2)를 모두 작성했을 경우.
- 과제문을 그대로 쓴 부분을 제외하고, 주어진 두 개의 과제(1과2) 중, 어느 것에 관해 작성한 것인지 판단할 수 없는 경우.
- 문제지의 표지 등 과제와 관계없는 문장을 그대로 베껴 쓴 경우
- 그 외, 위원회의 의견 수렴을 거쳐 0점으로 채점할 타당한 이유가 있다고 판단되는 것.

Score Rating of "Writing" Section for "Japanese as a Foreign Language"

We will score the "Writing" section according to the following rating standard and indicate the respective scores.

Score	Rating
50	(Level S) An essay at this level • clearly addresses the topic with persuasive reasons • is well organized and developed • uses refined expressions in language
45 40	(Level A) An essay at this level • clearly addresses the topic with appropriate reasons • is well organized and developed • uses appropriate expressions in language
35 30	(Level B) An essay at this level • addresses the topic with mostly appropriate reasons • is generally well organized, though it may have occasional problems • may use inappropriate expressions in language
25 20	(Level C) An essay at this level • roughly addresses the topic with reasons, which may be inappropriate • may have problems in its organization • uses inappropriate expressions in language
10	(Level D) An essay at this level • does not address the topic • is disorganized and underdeveloped • has serious errors in usage
0	(NA)* An essay does not meet the rating conditions.

※ Each of Levels A, B and C has two grades: higher and lower.

*An essay classed as NA
  • It is blank.
  • Excluding the part where the topic is copied, the part written in Japanese contains less than 40 characters.
  • It answers both topics of 1 and 2.
  • Excluding the part where the topic is copied, it is not clear as to which topic of 1 or 2 it addresses.
  • Texts which are not irrelevant to the topic such as front cover of question booklet are copied.
  • Others which are judged by the committee after deliberation as having the proper reason to be considered as NA

관서외어전문학교
KANSAI COLLEGE OF BUSINESS & LANGUAGES

본교의 특징

- 전문학교로서는 일본에서 최대규모의 유학생을 받아들이는 학교
- 본교 2년과정 졸업시 "전문사" 취득 (문부과학성 제정)
- 학교법인 전문학교의 충실한 설비와 확실한 커리큘럼
- 장학금제도, 학생할인, 오사카부내 문화시설 무료견학제도 등 혜택 있음
- 관서지역의 유명학교를 중심으로 한 대학교추천입학제도 있음
- 일본어과정을 비롯해 전문과정에 한일통역번역코스, 무역코스, 국제비즈니스코스, 대학교진학코스 등 있음
- 클래스 담임제이며, 희망하는 진로 실현을 위한 개인별 진로 지도 있음

코스 안내

		입학시기	기간
★일본어 과정	장기과정	4월	1년, 2년
		10월	1년반, 2년
	단기과정	4월, 6월, 10월, 1월	210시간

- 일본어 4기능(독해, 작문, 창해, 회화)의 양성
- 일본어능력시험, 일본유학시험 대책도 만전
- 주 6시간의 선택과목제도(비용은 학비에 포함 되어 있음)

  <선택과목 예>

  일본유학시험 대비수업, 일본어능력시험 대비수업, 수험준비, 한자, 회화, 비즈니스일본어, 발음, 관서입문, 만화연구, 일본요리 등

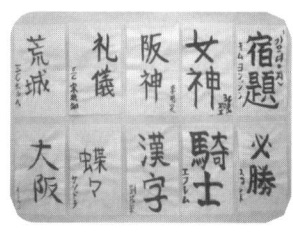

★전문과정
- 한일통역번역양성 전공 ·무역 전공 ·국제일본 전공
- 국제비즈니스연구 전공 ·대학진학코스
>> 일본어과정에서 전문과정으로 내부진학자에게는 전문과정 학비감면.
>> 일본어능력시험N2 또는 일본유학시험 일본어과목 200점 이상 득점자는 전문과정에 지원이 가능합니다.

関西外語専門学校

관서외어전문학교 일본어과정 유학생센터
주소 : 2-9-36 Matsuzaki-cho, Abeno-ku, Osaka Japan
전화 : 06-6621-8115 / 070-8635-8115 (한국전용)
E-mail : nihongo@tg-group.ac.jp
HP : www.tg-group.ac.jp/nihongo/
Facebook : www.facebook.com/kansaigaigojapanese

学校法人 東京国際学園

東京外語専門学校
Tokyo Foreign Language College

160-0023 東京都新宿区西新宿7-3-8　TEL(03)3367-1101(代)・(03)3367-1181(直)　FAX(03)3367-1106
www.tflc.co.kr e-mail: tflc@tflc.co.kr

동경외어는 유학생 여러분을 응원하고 있습니다!

▶특색

● 본교는 동경의 중심지 신주쿠에 위치하며 신주쿠역에서 7분거리 입니다.
● 일본어과는 대학, 대학원, 전문학교 진학을 위한 일본어 능력시험과 일본유학시험 대비 등 진학을 위한 교육을 실시하며, 일본 문화코스는 고도의 일본어 능력을 갖추고 싶은 한국인 유학생들에게는 최상의 교육 환경이 되고 있습니다.
● 일본에서의 취직이나, 한국에서의 일본계 기업에 취직을 원하는 분을 위한 전문사 과정의 통역번역과의 일한코스, 국제일본학과(비즈니스 일본어 코스, 투어리즘 일본어 코스)등이 있습니다.
　통역번역과는 기업에서 실전에 대응할 수 있는 고도의 언어 운용능력과 지식, 이해력 등으로 통역과 번역의 실력을 기르며, 국제일본학과는 비즈니스 현장에서 활용할 수 있는 비즈니스 스킬과 다방면의 지식을 습득할 수 있도록 지원합니다.

▶진로지도

매년 많은 학생이 대학원, 대학, 전문학교에 진학하고 있습니다. 진학 희망자에게는 빠른 시기부터 개인면담을 중심으로 세심한 진학지도를 하고 있습니다. 선택과목 제도도 실시하고 있습니다.
〈대학〉 요코하마국립대학, 게이오기쥬쿠대학, 와세다대학, 메이지대학, 사이타마 대학, 주오대학, 일본대학, 호세대학 등.
도쿄공업대학대학원, 치바대학대학원, 동경학예대학대학원, 동경대학대학원, 일본대학대학원, 메이지대학대학원 등.

▶설치학과

■ 일본어과 (1년제/4월입학,1.5년제/10월입학)
　(단기생/연중 입학)
■ 통역번역과·일한코스 (2년제/4월입학)
■ 국제일본학과 (2년제/4월입학)
　①비지니스일본어코스 ②투어리즘일본어코스
■ 국제커뮤니케이션학과 (2년제 : 반일/4월입학)
　※반일 : 오전클래스, 오후클래스
　네트워크 비지니스코스

▶장학금제도

■ 「유학생학습장려금」으로서 입학금을 면제(일본어과 제외)
■ 「유학생특별 장학금제도」로서 선고에 의해 최고 30만엔 지급
　(일본어과 제외)
■ 일본어과에서 전문과정으로 학내 진학자에게는 장학금 지급
■ 독립 행정법인 일본학생 지원기구(JASSO)의 「사비 외국인
　학습장려비 지급제도」(월 48,000엔) 수급자격이 주어집니다.

수험에 관련된 모든 고민을
「언제든지」 「합격할 때까지」 대응합니다.

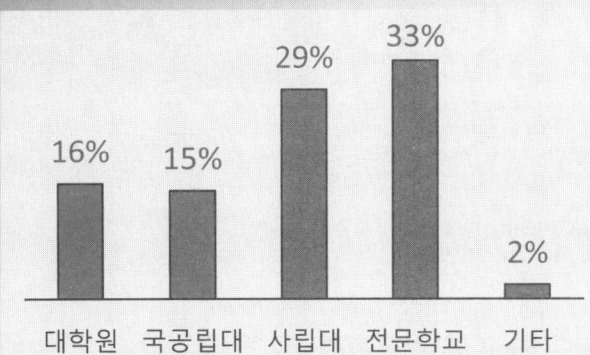

33%
29%
16% 15%
2%

대학원 국공립대 사립대 전문학교 기타

2016년도 합격비율

진학코스 특징

1. 다수의 학교를 추천 가능
2. 입학원서작성, 모의면접, 입학수속까지
   담임교사와 커리어 센터가 서포트
3. 9개월에 걸친 EJU대책수업과
   매월 모의시험 실시
4. 교내 진학설명회 및 교내 대학/전문학교
   모의수업 실시 (유명학교 참가)

2016년8월 EJU문제집 발행！

THE
NAGANUMA
SCHOOL

東京日本語学校
Since 1948

나가누마스쿨과 타교의 차이점

1. 1948년 창립의 확실한 일본어 교육력
2. 한 클래스당 15명 이하의 소인원제, 회화위주의 수업 실시
3. 시부야 소재의 건물 3동

학교법인 나가누마스쿨 도쿄일본어학교
HP→http://www.naganuma-school.ac.jp/kr/

HED

(주)해외교육사업단 부설
HED 한국유학개발원
HANKUK EDUCATIONAL DEVELOPMENT CENTER

강남본부 서울시 서초구 서초동 1319-11 ☎ 02-552-1010
www.hed.co.kr E-mail : hedc@hed.co.kr

외어비지니스전문학교
外語ビジネス専門学校
College of Business and Communication

일본국내
명문대학／대학원
진학실적 다수!!

東京大学大学院 도쿄대대학원
慶應大学大学院 게이오대대학원
筑波大学大学院 츠쿠바대대학원
早稲田大学 와세다대학
上智大学 조치대학
青山学院大学 아오야마학원대학
明治大学 메이지대학
中央大学 츄오대학
専修大学 센슈대학
駒沢大学 고마자와대학
東京造形大学 도쿄조형대학
多摩美術大学 타마미술대학
　　　　　　　　등등…

川崎市川崎区駅前本町 22-9
TEL +81-44-244-3200
http://www.cbcjpn.jp/korean/

하네다공항(羽田空港)에서 12 분
도쿄(東京)에서 16 분

일본 유학에 관한 정보는 여기에서!

일본 유학을 준비하는 분들이 정확한 정보를 만나지 못하여 애로를 겪고 있는 점을 감안하여 각 분야별로 유학정보를 정리하여 발신하는 홈페이지를 소개합니다.

1984년부터의 역사와 실적 속에 만들어진 정보의 바다.

- 일본연수(한국유학개발원) : www.hed.co.kr
- 일본고등학교정보센터 : www.high-hed.co.kr
- 일본전문학교정보센터 : www.prof-hed.co.kr
- 일본대학교정보센터 : www.univ-hed.co.kr
- 일본대학원정보센터 : www.grad-hed.co.kr
- 일본홈스테이 : www.homestay-in-japan.co.kr

■ 목적별 유학 사이트

○ 일본고등학교정보센터

○ 일본전문학교정보센터

○ 일본대학원정보센터

○ 일본대학교정보센터

○ 일본 어학연수(한국유학개발원)

○ 일본 홈스테이(홈스테이인재팬)

취업·승진·유학·비즈니스의 찬스를 잡으세요!
6단계 레벨로 최상급 일본어를 측정!

BJT 비즈니스 일본어 능력 테스트

BJT Business Japanese Proficiency Test

한국어 홈페이지 : **www.bjttest.com**

2017년부터 CBT형식으로 시험실시

많은 일본 기업 및 대일 비즈니스 기업에서 「직장에서의 커뮤니케이션 능력」을 갖춘 일본어 인재를 요구하고 있습니다. 그 요구에 대해 능력을 증명하는 시험이 BJT입니다. 일본에서의 유학생은 BJT를 활용하여 유학 후의 현지 취업에 임하고 있습니다.

① 비즈니스 일본어 능력을 객관적으로 측정하는 유일한 공적 테스트

② BJT학습으로 직장에서의 일본어 커뮤니케이션 능력이 향상됩니다.

③ 한국내 일본계 기업 및 대일 비즈니스 기업에서 채택

STUDY in JAPAN

주최기관	공익재단법인 일본한자능력검정협회		후원	독립행정법인일본무역진흥기구(JETRO) / 공익사단법인일본어교육학회/
협력기관	사단법인 한일협회			일반재단법인일본어교육진흥협회/ 특정비영리활동법인AFSA(국제교육교류협의회)/
				공익재단법인유네스코 · 아시아문화센터/ 공익사단법인경제동우회

문의 : **TEL.02-3452-5999   FAX.02-552-1062   E-mail:bjt@bjttest.com**

EJU는 모닝에듀인거 알지?

2004년부터 쭉~ 일본명문대 매년 국내 최다배출 학원이잖아.

올해 EJU전형으로 한국인은 동경대2명, 교토대2명만 합격했다는데
다 모닝에듀 출신이라고 하니 본고사도 명불허전인거지.

일본입시컨설팅학원의 원조잖아!!

철저한 수업관리, 맞춤식 진로상담으로 이미 유명하다고.

지망이유서, 면접도 역시 모닝에듀!!

☎상담문의 02-6253-2004~5

http://cafe.daum.net/NATIONAL (카페가 더 유명해요!!)

www.morningedu.com

모닝에듀

"올해도 최선을 다해 가르치겠습니다."

2016년도 제2회 실시
일본유학시험(EJU) 기출문제집

(청해 · 청독해 문제 CD포함)

발 행 일 : 2017년 9월 1일 초판1쇄

편 저 자 : 독립행정법인 일본학생지원기구

홈페이지 : http://www.jasso.go.jp

펴 낸 이 : 송부영

펴 낸 곳 : (주)해외교육사업단

　등록일자 : 1997년 4월 14일

　등록번호 : 제 16-1456

　주　　소 : 서울시 서초구 서초동 1319-11

　전　　화 : 02-736-1010

　팩　　스 : 02-552-1062

　이 메 일 : song@hed.co.kr

ISBN 979-11-85979-12-0

이 도서의 국립중앙도서관 출판예정도서목록(CIP)은 서지정보유통지원시스템 홈페이지
(http://seoji.nl.go.kr)와 국가자료공동목록시스템(http://www.nl.go.kr/kolisnet)에서 이용하실
수 있습니다.(CIP제어번호: CIP2017022096)

CDトラック番号一覧

トラック番号	問題番号等	トラック番号	問題番号等
1	音量調節	19	聴解の説明
2	試験全体の説明	20	聴解練習
3	聴読解の説明	21	聴解練習の解説
4	聴読解練習	22	聴解13番
5	聴読解練習の解説	23	聴解14番
6	聴読解 1 番	24	聴解15番
7	聴読解 2 番	25	聴解16番
8	聴読解 3 番	26	聴解17番
9	聴読解 4 番	27	聴解18番
10	聴読解 5 番	28	聴解19番
11	聴読解 6 番	29	聴解20番
12	聴読解 7 番	30	聴解21番
13	聴読解 8 番	31	聴解22番
14	聴読解 9 番	32	聴解23番
15	聴読解10番	33	聴解24番
16	聴読解11番	34	聴解25番
17	聴読解12番	35	聴解26番
18	聴読解終了の合図	36	聴解27番
		37	聴解終了及び解答終了の合図